# 国際機関の政治経済学

池島祥文
Yoshifumi Ikejima

本書は全国銀行学術研究振興財団の
助成を得て刊行された

# 目　次

## 序章　国際機関研究の視角と方法 …………………………………… 1
### 第1節　現代社会と国際機関——本書の課題　3
1. グローバル化による非国家主体の台頭　3
2. アクターから捉え直す国際開発政策　5

### 第2節　政治経済的な〈主体〉としての国際機関——分析の視角　7
1. 国際機関による市場形成　7
2. 国際機関の内面的特質　8
3. 国際機関による権力行使　10
4. 政策手段としての規制措置　13

### 第3節　本書の構成　15

## 第1章　国際機関研究の系譜 …………………………………… 21
### 第1節　食料・農業問題としての系譜　23
1. グローバル・イシューとしての食料・農業問題　23
2. 飢餓と食料・農業システム　25
3. アグリビジネスの展開と「資本による食料・農業の包摂」　27
4. 現代のフードレジーム　30

### 第2節　開発政策としての系譜　32
1. グローバル・ガバナンスと国際機関　32
2. 経済社会分野における国際機関　35
3. 国際機関による途上国開発　38

### 第1章のまとめ　43

## 第2章　国際機関の政治経済学 …………………………………… 45
### 第1節　国際機関の法理論的分析　47
1. 国際機関の法的定義とその機能　47
2. グローバル化における秩序形成　49

### 第2節　伝統的国際政治理論と批判的国際政治経済論　52
1. 国際政治理論の諸潮流　52

2. 批判的国際政治経済論による理論的再構築へ　55
 第3節　国際機関，国家，資本の関係性　59
   1. 秩序形成における資本の台頭　59
   2. 国際機関，国家，資本をめぐる再帰的で重層的な相互関係　64
 第2章のまとめ　71

# 第3章　国際機関の「普遍性」と市場形成 ……………… 73
 第1節　空間的階層と普遍性　76
   1. 自由貿易体制の中の国際機関　76
   2. 国際機関と空間的階層　78
   3. 普遍性の獲得　79
 第2節　国際通貨制度の整合化　81
   1. IMFの設立　81
   2. IMFの役割の変遷　82
   3. 国際通貨制度の整合化過程　84
 第3節　規格の整合化　87
   1. 技術的国際機関の活動　87
   2. 通商拡大と国家主権　88
   3. 標準化による市場競争　90
 第4節　貿易制度の整合化　92
   1. GATTからWTOへ　92
   2. 均一的市場の形成　94
 第3章のまとめ　97

# 第4章　途上国農業開発における官民協同事業の導入 ……… 99
 第1節　ICPの政策形成過程　104
   1. FAOの開発機関化と途上国農業　104
   2. ICPの目的と組織構造　105
   3. ICPの事業展開　107
 第2節　アグリビジネスとの協同とプログラムの変容　108
   1. プログラム初期の農業開発　108
   2. 企業主導型プロジェクトの発展と国連世界食料会議　115
   3. NIEOの樹立とFAOの転回　117

第3節　農薬問題とICPの転進　120
　　　1.「緑の革命」と農薬問題　120
　　　2. FAOの組織的矛盾　124
　　第4章のまとめ　128

第5章　開発援助の財政構造と国際機関の「自律性」……… 131
　　第1節　国際機関の自律性　135
　　　1. 国際財政と国際機関　135
　　　2. 国際機関の意思決定とその形成要素　137
　　　3. 相対的自律性と再帰的重層性　139
　　第2節　開発援助政策と国連開発援助の展開　142
　　　1. 開発援助政策の動向　142
　　　2. UNDPの設立とその展開　146
　　　3. 国連開発援助の変容と自律性の相対化　149
　　第3節　国連開発援助における自律性の追求と官民パートナーシップ　153
　　　1. FAOの財源構造　153
　　　2. 外部環境の変化と自律性の追求　155
　　　3. FAOにおける官民パートナーシップとその消極性　159
　　第5章のまとめ　163

第6章　規制から活用へ——国際機関と多国籍企業 ………… 165
　　第1節　海外直接投資の動向と市場としての途上国　170
　　　1. 資本の途上国進出とその歴史的展開　170
　　　2. 海外直接投資の進展とその動向　172
　　　3. インフラ整備に対する民間資本参入　176
　　第2節　世界銀行による民間部門開発　178
　　　1. 民間部門開発行動プログラムとその展開　178
　　　2. インフラ部門民営化の動向　181
　　　3. 民間部門開発と途上国開発　186
　　第3節　国連による多国籍企業行動規範の策定とその帰結　189
　　　1. 国連多国籍企業センターの設立　189
　　　2. 行動規範をめぐる対立と多国籍企業センターの解体　191
　　第4節　多国籍企業規制をめぐる国連システムの変容　195

1. 多国籍企業の規制から活用へ　195
　　　2. パートナーシップ形成における共通項　200
　　第6章のまとめ　203

## 終章　グローバル・ガバナンス研究が拓く未来 …………… 207
　　第1節　国際機関，国家，資本による再帰的重層性――本書の
　　　　　　総括　209
　　第2節　新しい世界秩序を探る試み――国際機関研究の課題と
　　　　　　可能性　214

参考文献　219

あとがき　236

初出一覧　243

索引　244

# 序章
## 国際機関研究の視角と方法

## 第1節　現代社会と国際機関——本書の課題

### 1. グローバル化による非国家主体の台頭

　現代の国際社会は地球規模で発生する課題，つまり，グローバル・イシューに多く直面している。冷戦の終結以降もとどまらない各地での武力紛争，テロの頻発，大量破壊兵器の拡散をはじめとする平和構築問題，温暖化，水不足，森林破壊，土壌汚染，大気汚染といった地球環境問題，飢餓や貧困に結びつく開発問題，ジェンダーや教育を含めた人権問題等がその代表的なものである。実際に，これらの諸問題は第二次大戦後から顕在化しつつあったが，グローバリゼーションの進展により，国内的問題が国境を超えて拡散するとともに，新たに国際的な問題が生じるなど，国民国家の枠組みとは関係なく，広範囲，かつ，多岐にわたって国際社会を脅かしている。

　しかし，その問題が大きいがゆえに，問題解決への道筋も容易ではなく，むしろ，難解ですらある。問題解決を困難にするひとつの要因は，問題が国民国家の領域を超えて発生していることである。問題が発生した地点と被害を受けた地点が国境を越えている場合には，国際的な対応をより難しくさせる。他方，グローバリゼーションの進展は国際社会における主体を多様化させている。国家間の協力に基づく国際機関だけでなく，多国籍企業や非政府組織（NGO）等の活動が拡大し，主権国家以外にも国際機関，さらには非国家主体が，国際社会において重要な主体として存在感を増している。

　国境を越えた事業展開を進める多国籍企業は経済のグローバル化を推進してきた主要因として指摘されてきたが，同時に，国民経済の枠を越えた資本活動は国際機関に媒介されて実現してきた。たとえば，第二次大戦によって疲弊した各国経済の復興とともに，途上国の経済開発を図るために，貿易事項に関しては関税と貿易に関する一般協定（GATT）および世界貿易機関（WTO）が，金融事項に関しては国際通貨基金（IMF）が，さらに，開発事項に関しては世界銀行が設立され，これら国際機関の活動を基盤に多国籍企業の事業展開が支えられ，経済のグローバル化が進展してきた。したがっ

て，グローバル化した現代経済を捉えるうえで，国際機関の役割を解明する必要性が高まっているのである。

　今や，少なくとも244の国際機関がグローバル・イシューに対して活動を行っていると指摘されている（Union of International Associations 2006：3）。しかし，経済学分野において，国際機関の役割を分析した研究は十分に進められてこなかった。GATT，WTO，IMF，世界銀行の活動は国際貿易論，国際金融論，途上国経済論，世界経済論といった諸分野においてもよく取り上げられてきたものの，国際機関それ自体の役割および特性に焦点をあて，国際機関を総体的に把握しようとした研究はそれほど多くない。国際機関の活動が「国際的」であればあるほど，日々の経済活動や生活を営むうえでは，直接的な影響を感じる機会は少なく，また地理的距離だけでなく心理的にも縁遠い存在かのように捉えられている。しかし，実際には，国際機関の活動は想像以上に日常の経済活動に密接に関連している。それにもかかわらず，上記の分野以外では国際機関の活動は注目されてこなかった。

　本書の課題は，現代世界における国際機関の役割および組織的特性を，政治経済学的な視点から解明しようと試みる点にある。世界的な政治経済過程の全体的趨勢に対して国際機関がどのように関与してきたのか，また，世界的な政治経済の変化によって，国際機関に求められる役割がどのように変容してきたのか，そうした問いに対して，政治的側面と経済的側面を複合させながら接近し，国際機関を総体的に捉える。

　国家間の調整機能を持つ組織として，国際機関はその創設以来，大きな役割を担ってきた。その最たるものとして，国民国家間の利害対立が生み出す悲惨な経験，特に20世紀に生じた2つの大きな戦禍への反省から，2014年現在，世界195ヶ国が加盟する国際連合が存在している。国連は主に戦争の防止や平和の構築といった安全保障問題や飢餓や貧困の削減といった開発問題に，さらには地球環境問題に，その活動の重点をおいているが，国際機関の活動はこれらの分野にとどまらない。国連は多くの専門機関や附属機関から構成され，軍縮，人権，教育，貿易，金融，観光，司法など実に多様な分野にまたがっており，総じて「国連システム」と称されている。近年では，世界の安全保障問題の背後には，食料不足や極度の貧困や経済的格差といっ

た開発問題が潜んでいるとの認識が深まり，政治的課題の解決にも経済的課題への取り組みが必要になってきている。

## 2. アクターから捉え直す国際開発政策

本書では，主に開発問題を念頭に国際機関の分析を進めるが，その際に，途上国開発が対象領域に位置づけられている。第二次大戦以降に政治的独立を果たした旧植民地を中心とする途上国は，実態としての独立を確保するために，経済的独立，または経済開発が必要であった。1960年に多数の途上国が政治的独立を果たして以降，半世紀以上にわたって多くの努力が費やされたものの，途上国開発は十分な成果をあげていない。

途上国開発に対する取り組みは多岐にわたるが，日本では，軍事的手段を用いた支援は国際貢献と表現され，他方，軍事的手段を用いない支援は国際協力と表現され，両者は区別されてきた。この国際協力のうち，特に，経済的手段を通じた支援は経済協力や開発協力と表現され，実際の政策文書等にも用いられている[1]。

経済協力・開発協力の文脈のもと，国際開発政策は途上国自身が自国経済の発展のために実施する政策というよりも，むしろ，先進国による途上国の支援策を意味する場合が多かった。石川（2006：ⅲ）において，国際開発政策は援助政策，貿易，投資を含め，途上国開発に影響する全ての分野にわたる先進国側の政策を総称する概念として規定されている。それまでの国際開発政策を先進国による援助政策に限定して把握してきた石川（1990）からの反省として，石川（2006）では援助以外にも貿易や投資を含めた政策全般として国際開発政策を定義し直している。この定義変更は先進国がより広い政策領域で整合性のある行動をとる必要性を指摘しているといえるが，政策主

---

1)「経済協力」は主に日本で用いられているが，世界的には経済協力開発機構（OECD）の開発援助委員会（DAC）によって概念規定された「開発協力」が用いられているものの，両者は同一概念である。この経済協力・開発協力は資金，技術，財・サービス等を先進国から途上国への移転として，つまり，金額換算した資金フローとして算出している（下村 2011：14-15）。資金の供給主体として，先進国政府・政府機関のみならず，民間資本や非営利・非政府組織，国際機関も含まれている。

体の点からすると，国際開発政策の主体は先進国に限定されないと考えられる。経済協力・開発協力という概念が先進国政府以外にも資金の供給主体を含めているように，途上国開発には，非国家主体，国際機関，さらには，途上国自身も取り組んでおり，途上国への支援策は多様な主体によって，多様な分野において実施されている。そうした意味で，本書では，国際開発政策を「途上国開発に関して実施される国家および国際機関の施策」と定義し，いわゆる先進国による各種政策のみならず，国際機関の途上国開発に対する理念やそれに基づく施策の方向性，また，それらを受け入れる途上国政府の政策的対応を含めて捉えている。

　国際機関は加盟国である主権国家を構成員としているとともに，組織の目的を定めて，それに向かって活動を展開するため，こうした施策方針は国家が生み出す政策と類似した性質を有しているといえよう。多国籍企業をはじめとする資本は利潤追求を目的とした行動原理を有しているが，途上国は資本活動によってもたらされる雇用創出，技術移転，インフラ整備等の効果を期待して，資本の受け入れに対する政策的支援を実施している。いわば，資本は政策対象となる主体であるが，しかし，資本はその政策が自らの行動原理に適合するように，国際開発政策の形成過程に深く関与している。このような政策形成過程には，NGOや非営利組織（NPO）もどのような政策が途上国開発に貢献できるのか，また，どのような点に考慮して政策を立案すべきなのかといった規範形成の点で関わっており，そうした意味から，主権国家や国際機関による開発政策を論じる際には，これらの非国家主体の動向も含めて捉える必要があるといえる。ただし，本書では，主な分析対象を国際機関，国家，資本に限定しており，この三者による相互関係を中心に分析が展開されている。そのため，NGOやNPOは考察の対象には含まれていない。

## 第2節　政治経済的な〈主体〉としての国際機関——分析の視角

### 1. 国際機関による市場形成

　本書の課題である現代世界における国際機関の役割および組織的特性を，政治経済学的な視点から解明する際に，以下の2つの視角を設定する。

　第一に，国際機関が市場機構を形成する過程に焦点をあてる。国境を越えた範囲での経済活動を成立させる市場機構は決して初めから整備されていたわけではなく，経済取引を円滑に進めるための多くの試行，交渉，ならびに，利害調整を経て，歴史的に形成されてきた。その市場形成に対して，国際機関がどのように関与してきたのかという視角である。

　英米によって志向されてきた自由貿易体制をはじめ，第二次大戦後の世界経済は一元的な市場の形成を強固な目的として発展してきた。国民国家の領域にとどまらず，国境を越えた経済活動が活発化するともに，自由貿易体制に適合的な資本形態として，多国籍企業が多く台頭し，巨大化してきた。多国籍企業による企業内貿易を含め，国際的取引の増大は国際通貨，製品規格，貿易ルールといった各国制度の国際的整合化，すなわち，市場の統合化を求めてきた。また，低開発状態にある途上国は資本にとって政治経済的なリスクが高いものの，潜在的な巨大市場として注目され，途上国経済の発展は世界経済への包摂を促し，より一層，世界的に共通した市場の形成をもたらすと期待されてきた。そのために，開発援助政策や国際開発事業を通じて，途上国には新たな市場が創出され，先進国資本の参入を媒介に，途上国経済と先進経済は密接不可分に結びついていった。農業が中心的産業である途上国も輸出指向型の開発戦略のもと，先進国資本とともに新事業の展開に取り組み，また，市場メカニズムが機能するために必要なインフラ整備や金融部門の育成が十分でない途上国には，先進国資本が市場開拓とともに積極的に参入を果たした。

　このように，戦後の先進国経済の復興とともに，途上国経済の育成が進められ，現在も取引される財・サービスの種類や投資分野やその方法を含め，

より多くの分野において，また，より多くの国民経済，地域経済において，一元的な市場に対する追求が続いている。こうした途上国市場の創出や世界的な市場の統合化の背景にある国際機関の機能を各章の分析から明らかにする。

換言すると，この分析視角は国際機関を外形的に独立した実体と捉え，市場形成に対する国際機関の動向を把握しようとしている。つまり，国際機関をひとつの実体として認識し，主権国家や資本に対置される主体であると位置づけている。上述したように，国際機関は多数存在しているが，本書では代表的な国際機関を取り上げ，それらが市場形成に及ぼす作用を析出しようとしている。いわば，総体としての国際機関を見出そうとしているのである。国内市場が国際市場へと拡張し，さらには世界市場へと規模を膨張させていく過程において，国際機関という主体が資本主義の発展にとって密接不可欠な役割を担ってきた点を析出する。

## 2. 国際機関の内面的特質

本書の分析視角として，第二に，国際機関の内面的特質に対して焦点をあてる。第一の分析視角が国際機関を外形的存在として位置づけ，その活動を考察する一方，第二の分析視角では，この国際機関の外形的側面ではなく，国際機関の構成要素や組織運営から，実体的に捉えられてきた国際機関の内面的特質を明らかにする。つまり，国際機関と主権国家や資本との関係を踏まえながら，国際機関が独自の組織論理を持ちつつも，国家や資本の論理にも規定されながら，その活動を展開する過程を考察する視角である。

国際機関は加盟国である複数国家によって構成されており，多国間組織であるがゆえに，各主権国家の領域を超えて活動できる。また，各国際機関はそれぞれに組織の設立目的があり，その目的に同意する主権国家のみが加盟しているため，国家間において多くの利害が衝突していても，国際機関の設立目的に対する国家間の同意は確保されている。

国際機関を通じて，国家間の利害は調整されつつ，加盟国の増大を通じて国際機関はより広域に，より共通した施策を執行できるようになる。逆に，基本的に主権国家の集合的意思決定が国際機関の活動を規定するために，加

盟国の増大が国際機関を単なる多国間組織から普遍的組織へと転化させていく一方で，国際機関内部において，複数国家間の利害調整をより一層困難にさせてしまう。外形的には，ひとつの独立した実体として活動している国際機関だが，その意思決定面に限ってみても，その組織内部では，加盟国数に応じた国家主権の応酬が繰り広げられている。国際機関の特質である普遍性は，一方では，主権国家を包摂していく共通性や広域性を意味しつつ，他方では，主権国家同士の対立やその結果として国際機関の施策変更が生じる余地をもたらしているといえよう。

　また，国際機関が組織運営を行い，独自の活動を展開するためには，その原資となるべき資金が必ず必要となる。多国間組織であるがゆえに，国際機関は加盟国からの資金拠出によって運営されているが，加盟国自身が財政的に厳しい状況に陥った場合や，国際機関の活動が特定の加盟国の利害と相反した場合に，その資金拠出は政治的判断によって削減され，国際機関の存続自体が不安定化する。国際機関は最終的な意思決定を主権国家に委ねつつも，組織の設立目的を追求するために，また，組織存続のために，自らの専門性を活用した自律的行動を模索している。特に，多くの資金拠出を担っている先進国の財政的余裕は 1990 年代以降，乏しくなってきており，グローバル・イシューへの対応が求められる一方で，国際機関の運営は財政的制約を課されている状態にある。そのような財政的制約を克服するための方法として，国際機関では，民間資本からの資金提供や協同事業を導入する機運が高まってきている。国家における民営化や規制緩和の潮流と同様に，国際機関においても，資本による専門性，機動力，資金力を積極的に活用しようと試みられている。しかし，当然ながら，資本は自らの利潤追求を第一義的な目的にしており，その範囲内で国際機関に協力するのみならず，むしろ，国際機関との関係構築を通じて，新たな事業参入の機会を獲得しようと積極的に働きかけてもいる。

　国家による資金拠出も資本による資金提供も国際機関にとって必要な原資となるものの，資金供給には，供給主体の利害が色濃く反映される。つまり，国際機関が資金拠出に関わる財政的な制約を克服するために，資本による資金提供を積極的に受け入れれば，それだけ国際機関の施策方針には資本

の利害が組み込まれるのである。国際金融機関のように，融資等を通じた自主財源を有する国際機関もあるものの，その財源面からは，国際機関が加盟国や資本と複雑に入り組んだ利害関係を伴いつつ，活動を展開している実態が浮かび上がるのである。国際機関が独立した実体として活動する一方で，国際機関が自らの組織論理に従って，自律性を追求していく結果，その財源確保の点から，国家や資本との利害調整を必要不可欠とするという国際機関の内面的特質が見出される。

　一方では，独自の組織論理を形成し，国家や資本といった主体と一定の距離を有する主体として国際機関は活動しながら，他方では，国際機関が有する組織的特質が反映された普遍性や自律性といった観点から，国際機関の運営や活動は主権国家や資本の論理に規定されている。そうした意味では，国際機関の実体性は外形的であって，実態は錯綜した利害に基づいた物質的凝縮であるといえる。つまり，国際機関による活動やその方向性は国際機関の組織内外の主体が施策方針の形成過程に大きく携わった結果として表出された成果なのである。したがって，国際機関の施策方針が外形的に主権国家や資本の活動を規定していく反面，その施策方針を主権国家や資本が規定している点が明らかとなる。国際機関，国家，資本は並列的な主体間関係のみならず，相互に影響しあう再帰的な主体間関係を築いているのである。

　国際機関の活動に着目して，外形的な国際機関の役割を検討すると同時に，そうした活動を支える内面的特質を通じて，現代世界における国際機関，国家，資本との関係性を検討する。これらの分析視角の設定によってこそ，国際機関を相対的に，かつ，総体的に把握する契機が得られるのである。

## 3．国際機関による権力行使

　《国際機関による市場形成》と《国際機関の内面的特質》として設定された本書の分析視角は，グローバル化した現代世界のガバナンスに対して，国際機関がどのように働きかけ，また，どのような意義を持ち得ているのか，複眼的に捉える役割を果たしている。この分析視角に従い，目に見える成果である国際機関の活動と表面的には目に見えてこない国際機関と国家や資本との関係性を追究する。多国間組織とはいえ，主権国家とは性質上異なるに

もかかわらず，国際機関はグローバル・イシューをはじめ諸分野で主体的に活動している。国際機関がその活動の一環として，主権を有する国家の行動に制約を与える場合も，民間企業の取引を促進させる場合もある。このように国際機関が他主体の行動に干渉している状況からすれば，国際機関は一種の権力を保持していると考えられる[2]。

国際機関が行使する権力を概念的に整理した Barnett and Duvall（2005）によれば，4種類の異なる権力が行使されている。第一に，強制的権力（compulsory power）である。強制的権力はあるアクターが他のアクターに対して直接にコントロールする主体間関係を意味している。第二に，制度的権力（institutional power）である。あるアクターが他のアクターに対して間接的にコントロールする主体間関係を意味しているが，特に社会的にも距離のある主体の行動を規定する公式・非公式な制度に焦点があてられている。第三に，構造的権力（structural power）であり，これはあるアクターが社会的にどのような構成要素として位置づけられ，どのような地位，立場にあるのかを規定する権力である。制度的権力がアクターの行動を制約する方向で発揮される一方で，構造的権力はアクターの社会的な能力（社会におけるポジション）や利益が形成される過程において，資本－労働者間関係のように構造内部の相互関係を規定する（Barnett and Duvall 2005：13-20）。つまり，構造的権力によって，アクターは社会における立場が形成されるのみならず，自己了解に基づいて，その地位に対抗するというよりもその地位を構造的に再生産するのである。

---

2) この権力（power）は「AがBに対して，そうでなければBがしないような何かをさせる」（一次元的権力観）という主体間関係から見出されるが，このAB間での争点が問題化する以前に，「事前にAが自分にとっての不都合を消去して回避する」（二次元的権力観）場合，さらには，「Aにとっての不都合な考え方をBがしないように，AがBを洗脳させる」（三次元的権力観）場合もあるとされる（杉田 2000：1-5）。主体間関係のみならず，その主体間関係が個人ではなく特定集団に還元される場合にも，また，権力主体が多元的に存在する場合や明確な権力主体が存在せずともシステムとしての社会規律が生じる場合にも権力は発生する（杉田 2000：24-35）。したがって，たとえ国際機関に明確な権力行使相手がいないとしても，活動を展開する中で，意識的，無意識的にかかわらず多様な権力を行使している可能性がある。

第四に，主観生産的権力（productive power）である。主観生産的権力とは，ある主観性の生産を通じて，その主観性に応じた社会的関係が普及していく効果を意味している。知識や言説が社会的に構成され，その知識や言説によって問題自体が設定されるとともに，その解決策に対しても社会的に構成された規範や価値観が反映されていく状態が，ここでは主観生産的権力の作用と捉えられている（Barnett and Duvall 2005：20-25）。構造的権力も主観生産的権力も明確な権力主体を想定しているわけではない点で共通しているが，構造的権力がある枠組み内部での主体間関係を対象にする一方で，主観生産的権力はその枠組み自体がある権力性を反映して構築されていく過程を対象にする点で異なっている。たとえば，国際機関が「人権」，「民主主義」，「自由貿易」，「経済成長」，「持続可能性」といった諸概念に基づいて，新たな国際的な対応を進める結果，それに従って，各国政府や各国資本が行動していくように，主観生産的権力は知識や言説を通じて新たな世界の枠組みを生産するのである。

　このような権力の4概念を援用して国際機関の分析を進めた結果，開発資金や食料，時には銃を用いて，直接的に国家や資本，諸個人の行動を変更させる強制的権力のみならず，間接的な政策的誘導の一環として市場経済化に向けた諸制度の形成を促進させる制度的権力，さらには，そうした市場経済化を進むべき規範として展開する世界観そのものを構築する主観生産的権力を，国際機関は行使していると捉えられている（Barnett and Finnemore 2005：175-181）。国際機関による主観生産的権力は解決すべきグローバル・イシューの定義やその解決策を提示する過程自体に作用しており，国際機関が多国間での利害調整を通じて世界における政治経済過程の安定化を図るのみならず，現代世界の方向性を規定しているのである。

　ただし，これらの権力形態は国際機関の行動の結果として生じる効果や影響によって把握されており，いわば，国際機関から外部に対して発せられる作用を捉えている。国際的な政治経済過程やグローバル・ガバナンスに対して国際機関が行使する権力を4種類に区別しつつ明らかにした点で，Barnett and Duvallの研究成果は有用であるが，これらの権力概念だけでは，国際機関がなぜ特定の行動を選択し，実行していくのかという組織内部に対する作

用が十分に捉えきれない。本書の課題は国際機関の役割および組織的特性を政治経済学的な視点から解明する点にあり，それゆえに，国際機関が外部に与える作用はもちろん，組織内部における作用も射程に収める必要があろう。すなわち，国際機関の外部への権力行使（power **of** International Organizations）と国際機関内部における権力行使（power **in** International Organizations）に着目していくが，これらはまさに《国際機関による市場形成》と《国際機関の内面的特質》という 2 つの分析視角と対応関係にある。

## 4. 政策手段としての規制措置

　国際機関による権力行使はその活動内容の中でも，より具体的には「規制」において鮮明化すると考えられる。国際機関の外部に位置する国家や資本，さらには，諸個人の行動を規定していく政策的手段として，各種の規制措置が多用されている。グローバル化とともに国家による公的規制が及ばない領域を対象に，国際機関を協議の場として各国の個別規制が整合化されたり，国際機関が独自に新規の規制を課したりする中で，国際機関による権力行使が浸透しつつある。一方で，公的規制の範囲と自らの活動領域に乖離が生じている多国籍企業においては，国際機関に対するロビー活動や資金提供を通じて，投資規制や労働基準・環境基準・公衆衛生基準の緩和を求め，また，公的規制に先行して，企業の社会的責任（CSR）に見られるように法的拘束力のない自発的な規制措置を導入しており，それが私的利益と公的利益の間に矛盾を発生させる事態も招いている（久野 2011：67；Fuchs 2007：117-118）。国際機関による権力行使に加え，Gill（1990）や Fuchs（2007）において，多国籍企業が「道具的権力」，「構造的権力」，「言説的権力」を用いて国際的な政治過程に影響力を行使する点も指摘されている。現在では，主権国家のみならず，国際機関，さらには資本も規制主体として，国際的な政治経済過程における作用を強めているのである。

　そのため，規制といっても単に制限的な措置を意味するだけでなく，実施する主体やその内容によって多岐にわたる措置が存在し，用いられている。規制主体別に整理すると，主権国家や政府間機関としての国際機関が講じる公的規制（public regulation），民間企業や業界団体等が公的部門からの介入を

受けずに自ら策定する私的規制（private regulation）や自主規制（self-regulation），さらには，市民団体やNGOが主導的に関与して策定する市民的規制（civil regulation）に分類される。従来からの公的部門による強制力を伴う公的規制に対して，より資本蓄積に適合的な政策，制度，基準等を求める資本によって，自発的な私的規制や自主規制が経済のグローバル化とともに台頭しはじめている。しかし，その私的規制や自主規制は資本による利潤追求と矛盾しないように，むしろ，さらなる資本蓄積を強化するために構築されている側面もあるため，社会的批判や規制強化の要求が高まる事態も生じている。そのため，1990年代後半以降には，資本による私的規制や自主規制の策定過程に対して，NGOや労働組合，政府組織，国際機関も関与する共同規制（co-regulation）が拡大してきている（Utting 2005：1）。

　資本による純粋な私的規制から，他の主体も交えたより共同的な規制，また，より社会的な規制が重視され，製品規格や製造規格を非政府間組織である国際標準化機構（ISO）が定式化する事例や，労働規制に関して労働組合とともに国連専門機関である国際労働機関（ILO）が関わる事例，さらには，資本によるCSRを世界的に拡大させるために国連本部がグローバル・コンパクトとして制度化する事例のように，国際機関も積極的に共同規制を進めているといえる（Utting 2005：3-4）。しかし，共同規制であっても，必ずしもその規制の内容が資本行動に対する抑制的措置に帰着するとは限らない。一般に，規制は私的利益の追求によって生じる負の側面，つまり，公的利益の侵害を防ぐために，アクターの行動を抑制すると考えられている。こうした規制を資本に対して適用する場合，Jansen and Vellema（2004）や久野（2008a）でも論じられているように，その規制は資本の行動に制約を設け，「資本蓄積を抑制する役割（regulation of business）」を果たす。その一方で，資本の行動を誘導し，調整を通じて，「資本蓄積を促進する役割（regulation for business）」を果たしている。つまり，資本に対する規制には，資本蓄積の抑制と促進の両面がある。この規制の二面性を踏まえれば，一般的に「規制緩和（deregulation）」と呼ばれる現象が公的規制による「資本蓄積を抑制する役割（regulation of business）」の緩和・撤廃を意味するのみならず，新たな「資本蓄積を促進する役割（regulation for business）」の出現を意味していると理解

されよう。なぜなら規制緩和には，資本蓄積に適合的な財産権，国際貿易，投資等の保護を目的として，それらに関する規制を国家や国際機関が強化する「再規制（re-regulation）」の側面も同時に見られるからである（Emadi-Coffin 2002：58，Utting 2005：1）。したがって，たとえ国際機関が多国籍企業とともに共同規制に取り組んだといっても，その主体構成だけからではその規制の性質，つまり，規制が資本蓄積に対して与える効果は判断できず，規制措置の内実と効果を丹念に分析する作業が求められるのである。また，多国籍企業による私的規制であれ，国際機関による公的規制であれ，グローバル化の進展に伴う主権国家以外の規制主体の登場は民主主義の空洞化をもたらしつつある。国民や市民の声や主張が届かない領域，さらには，国民や市民による意思決定プロセスが及ばない領域において，多国籍企業や国際機関による規制措置を策定される一方で，その規制措置は彼らの生活にも多大な影響を与えだしている。そうした点からも，共同規制の中でも，市民団体やNGOが関わる市民的規制が重視され，今後もその可能性が探られるであろう。

## 第3節　本書の構成

　以上のような検討を踏まえ，国際機関の活動に付随する権力行使の実態，さらには，国際機関による規制措置の動向に焦点をあてながら，本書では，設定された分析視角に応じて国際機関の総体的な役割の解析を進めている。
　本書は以下のように構成される。第0-1図において，章別構成を図示している。第1章と第2章では，本書が取り上げる国際機関に対する理論的なレビューを中心に，国際機関研究の論理的必然性や学術的必要性，さらには政治経済学的な分析の有効性を導出している。第1章「国際機関研究の系譜」では，途上国における飢餓をはじめとする食料・農業問題に対する研究潮流とその飢餓解消に向けて取り組まれてきた国際的な開発政策に対する研究潮流を整理しながら，これらの研究分野において国際機関研究が理論的にも不足している点を指摘しつつ，その必要性を明らかにしている。最適なグローバル・ガバナンスを模索するために，学術的にも実務的にも国際機関研究へ

第 0-1 図　本書の章別構成

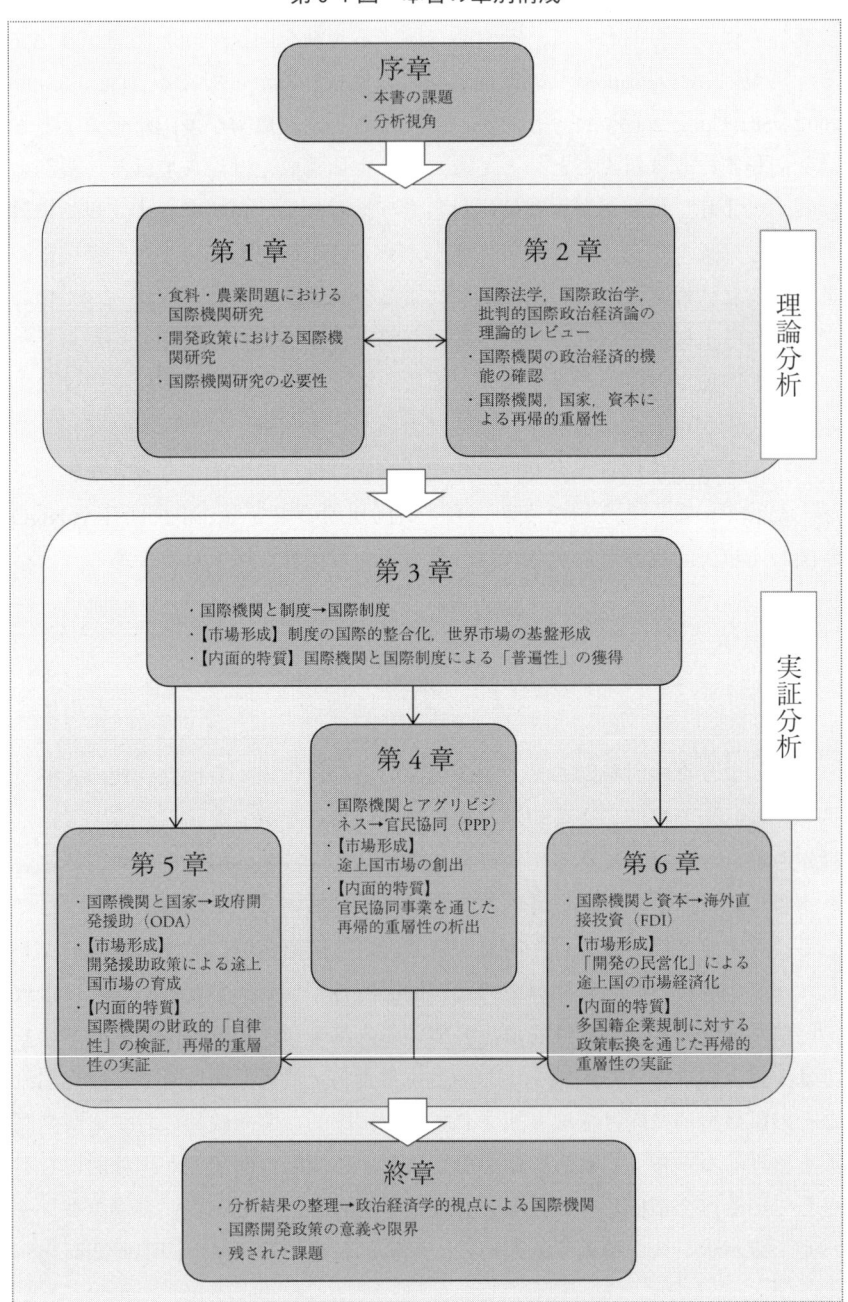

の要請は高まっているが，その中でも，政治経済学的なアプローチの有効性が確認される。

第2章「国際機関の政治経済学」では，国際法学・国際政治学の研究成果から国際機関の性質や意義を確認しつつ，政治経済学の立場から国際機関を分析する研究成果を踏まえ，先行研究を通じて確認される到達点として，国際機関の政治経済的機能や国際機関と国家，資本との関係性を理論的に検討している。国境を超える資本活動の増大に伴い，国家を基礎的分析単位とする既存の枠組みでは非国家主体を含めた秩序体系の形成過程を十分に捉えきれない状況において，批判的国際政治経済論を通じて見出される市場経済における政治的権力性に焦点をあてながら，国際的な官から民への権限シフトや価値増殖過程を介した国際機関，国家，資本による再帰的重層性を詳細に論じている。

第3章から第6章にかけては，政治経済学的なアプローチに基づいて，国際機関の具体的な事業活動や他主体との関係性を論じており，この実証的な分析は本書における中核的な役割を担っている。第3章「国際機関の『普遍性』と市場形成」では，制度形成および調整機能を発揮する国際機関が諸制度の国際的整合化を通じて，各国市場を「均一的市場」へと統合化していく過程を明らかにしている。国際通貨制度，規格制度，通商制度を対象に，国際機関を通じて整合化された国際制度が世界市場の基盤を形成する過程を実証する一方で，国際機関への加盟国の増大と経済的権益を追求する各国の市場競争を通じて，国際機関とその国際制度が「普遍性」を獲得していく過程を論証している。

第4章「途上国農業開発における官民協同事業の導入」は国連機関と多国籍アグリビジネスによって実施された官民協同事業の具体的事例を通じて，国際的な農業開発プログラムの政策形成過程に浸透する資本利害の動向や事業成果から浮かび上がる官民協同事業の意義を明らかにしている。第4章で取り上げる農業開発事業を通じて形成された官民協同のための制度的特徴はその後，国連による開発政策の中心的手法として継承されていくが，分析を通じて，国連機関と多国籍企業との官民協同事業が途上国開発に貢献するというよりも，新たな市場の創出によって企業の「資本蓄積を促進する役割

(regulation for business)」を担っている実態が確認される。また，国連機関による開発事業をめぐる錯綜した利害関係から，現代世界における国際機関，国家，資本による再帰的重層性が捉えられている。

第5章「開発援助の財政構造と国際機関の『自律性』」は途上国開発をめぐる各国政府による開発援助政策の動向を踏まえ，国連機関の財政構造に着目しながら，国際機関の「自律性」を考察している。開発援助政策に動員される資金フローの分析から，国連機関の開発援助事業にも資金拠出国の利害が強く反映されるとともに，開発援助政策が国際財政を通じて政治経済の再編成を志向している点が確認される。自主財源のない国際機関は財源確保を国家や資本に依存し，自らの事業展開や意思決定において相対的な自律性を有しているにすぎない実態が明らかにされる。第5章では，政府開発援助（ODA）を対象に，主権国家と国際機関の関係性に焦点をあてつつ，国際機関，国家，資本による再帰的重層性を検討している。

第6章「規制から活用へ——国際機関と多国籍企業」は公的機関による開発援助と対比して，民間資本による途上国開発の進展を「開発の民営化」と捉え，海外直接投資（FDI）の動向と国連機関による多国籍企業規制政策の変容から「開発の民営化」の潮流が形成されていく過程を明らかにしている。開発プログラムを通じた市場経済化の促進や多国籍企業行動規範の廃案を通じて，民間資本に依拠した途上国開発が国連機関による開発政策の中心に位置づけられていく経過を実証的に解明している。その中で，国連システム全体が多国籍企業の「資本蓄積を抑制する役割（regulation of business）」から多国籍企業の「資本蓄積を促進する役割（regulation for business）」へ規制政策の性質を変容させていく経緯が確認される。第6章はFDIを対象として，資本と国際機関の関係性を取り上げ，国際機関，国家，資本による再帰的重層性を分析している。

終章「グローバル・ガバナンス研究が拓く未来」では，各章の分析結果を踏まえ，現代世界における国際機関の役割および組織的特性を整理するとともに，政治経済学的な視点から国際機関を把握するうえで残された課題を論じる。《国際機関による市場形成》と《国際機関の内面的特質》を分析視角として設定した本書によって，国際機関による国際開発政策の意義や限界，

さらには，グローバル・ガバナンスへの期待とその実態が確認される。

*chapter* **1**

# 国際機関研究の系譜

第2章において国際機関を政治経済学的視点から考察するための理論的枠組みを検討する前に，第1章では，国際機関研究が必要とされている理由や国際機関研究が進められている分野を明らかにする。そのため，グローバル・イシューの発生事由とも関連して課題面から接近し，国際機関研究が必要とされている背景を論じる。第一に，グローバルレベルで生じる食料・農業問題を取り上げ，その学問的到達点を整理する中で国際機関研究の必要性を把握する。第二に，開発政策における国際機関研究の系譜を踏まえ，経済社会分野や途上国開発分野における国際機関研究の必要性を確認する。

## 第1節　食料・農業問題としての系譜

### 1. グローバル・イシューとしての食料・農業問題

　先進国では飽食と呼ばれるほどに，食料が有り余っている状態にもかかわらず，途上国では，依然として十分に食料を入手できずにいる人々が多く存在している。国連食糧農業機関（FAO）において，2009年における世界全体の栄養不足人口は10億2,000万人と推計された（FAO 2010：11）。2008年に発生した経済危機以前には少し改善の余地も見られていた栄養不足人口，つまり，飢餓人口はより一層悪化し，これまで以上に深刻な様相を帯びた。その後，状況はやや改善し，2010～2012年の栄養不足人口は約8億7,000万人に減少したが，それでも深刻な状況には変わりない（FAO 2013：8）。この高まる食料不安は農産物の収穫が不作であったためではなく，国内食料価格の高騰や所得の減少，失業増加等によって，貧困層による食料入手がより困難になったためである。すなわち，国際的な穀物価格の下落によって得られてきたそれまでの恩恵は世界的な経済危機によって相殺されるどころか，貧困層の増加をもたらしたのである。小麦，トウモロコシ，コメ，油糧種子，乳製品，砂糖および食肉の国際価格を示すFAOの食料価格指数（Food Price Index）では，2002～2004年平均を100として食品全体の平均価格が指数化されているが，2011年2月にこの食料価格指数は238に達し，農産物価格

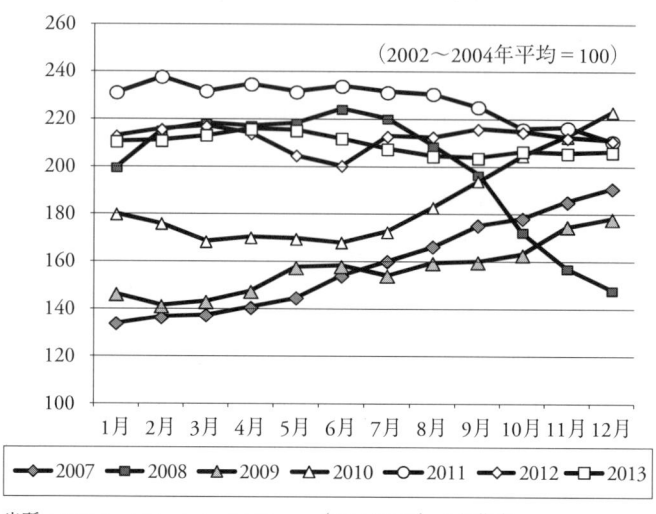

第1-1図　食料価格指数の推移

出所：FAO Food Price Index Full Dataset（2014/02/09）より作成。

が高騰した近年のピークである2008年6月の224.1ポイントを上回る過去最高水準となっている。第1-1図からも明らかなように，食料価格は乱高下しつつ，わずか10年足らずの間に2.5倍近い価格上昇を遂げている。

　こうした食品価格の高騰は飽食にある先進国においても生じたが，とりわけ途上国に対する影響は顕著であり，1億5,000万人規模の人口が追加的に飢餓状態に陥るなど生死に関わる状況に瀕している。食品価格の高騰は，当然ながら食品購買層に大きな負担を強いるが，特に都市の貧困層は経済危機による輸出需要の低迷や海外からの直接投資の減少が都市地域での雇用の減少をもたらすなど，農村地域よりもより密接に世界市場とつながっているために，世界経済の動向に自らの生死が翻弄される状態にある（FAO 2010：10）。都市住民はスーパーマーケットの展開によって，より広い選択肢，一層の利便性，低価格，高品質で安全な食品を入手できるようになったが，一方では，小数の巨大食品加工業者や小売業者が製品規格，価格，物流の設定を通じて一元的管理を強めるサプライチェーンへ統合されるようになっている。そのため，都市住民は自らの所得確保の側面にとどまらず，食品加工業者や小売業者といった資本を取り巻く経済環境の変化の側面からも世界経済

の動向に大きな影響を受けざるを得ない。

　近年に限らず，従来から途上国は慢性的な飢餓人口を抱えてきているが，この飢餓人口は農村地域に住む小規模農家，都市貧困者，土地のない農村住民等によって構成されている（FAO 2005：25）。農業生産に携わっている農家が飢餓に苦しむという構造は一見すると不可解であるが，この飢餓人口の半数を小規模農家が占めているとなれば，その疑問はより一層深まるといえよう。小規模農家が飢餓に苦しむ要因は多く存在するが，都市住民が利用するスーパーマーケットの出現はその一端を担っている。

　途上国に進出した多国籍企業によるスーパーマーケットでは，一括仕入れ方式と高品質基準を採用しており，その要求水準を満たすために必要な情報，能力および施設へのアクセスに欠ける小規模農家はスーパーマーケットの適格供給者になるまでに多くの障害を抱えざるを得ない。農産物を生産しても，その販売先がなければ現金収入は得られず，このグローバル化した食品産業からの疎外は生産者としてのみならず，消費者としても疎外される可能性をもたらすのである（FAO 2005：20-21）。これは小規模農家が飢餓に瀕する際の一例にすぎないが，都市において発生する飢餓，さらには，農村において発生する飢餓はともに食料・農業問題に深く根ざしており，象徴的なグローバル・イシューでもある。

## 2．飢餓と食料・農業システム

　Devereux（1993）は飢餓を個人や小集団の栄養不良や栄養失調と捉え，それに対し飢餓が広範囲にわたって大量に発生する状態を飢饉と定義し，その実態と原因に関する既存研究を批判的に検討している。Devereuxは飢饉をもたらす諸要因と飢饉発生の理論的説明を分析的に区分しており，飢饉を発生させる直接的な要因として，食料市場，開発，政策，戦争，国際政治等を指摘し，また，気候，人口，経済的脆弱性を3つの理論的説明として整理している。飢饉は確かに局所的に発生し，飢餓を深刻化させるものの，本書では，特に飢饉と飢餓の相違を重視していない。しかし，これまでにも指摘されてきた実態的な発生要因によって飢饉・飢餓を捉えるのではなく，理論的説明によって飢饉・飢餓の本質を解明しようと分析的に整理したDevereux

の視点は，飢餓問題というグローバル・イシューに取り組む際にも有益な出発点となっている。つまり，飢餓の発生要因は多様であり，かつ，複雑に絡み合っているが，その要因分析のみに拘泥するのではなく，その理論的分析を進め，飢餓の本質に迫る必要がある。

　従来，飢饉の原因として指摘されてきた供給サイドの「干ばつが飢饉をもたらす」（気候）説と「人口増が飢饉をもたらす」（人口）説は，食料供給不足に基づく見解として，広く適用されてきた。その一方で，人口が多くて食料が不足する事態だけでなく，食料が十分にあるにもかかわらず大規模な飢餓が発生する事態もあり，需要サイドの分析，つまり，個人や家計の食料不足に対する経済的脆弱性への着目が必要とされる（Devereux 1993 = 1999：242-245）。この需要サイドから飢餓を分析した Sen（1981）によれば，社会の異なる集団間の食料配分は個人や集団の経済的能力，またはその脆弱性によって決定され，飢餓が食料供給自体によって影響を受ける場合であっても，その影響は権原（＝エンタイトルメント）関係を通じて作用しているのである。Sen は飢餓を十分な食料を入手し，消費するだけの経済的能力や資格，つまり，権原が剥奪された状態と捉えており，飢餓と貧困を結びつけ，多様な要因から発生する飢餓を経済学的視点から分析する可能性を提起したといえる。市場は人々の必要性に反応するのではなく，購買力にしか反応しないために，貧困層は十分な食料を購入する能力を失い飢餓へと陥りやすい。つまり，市場メカニズムが作用する以前に，有効需要がないために市場が反応しないのであり，いわゆる「市場の失敗」とは論理が異なっている。いわば，「市場からの排除」といえよう。それがゆえに，経済学的な分析に際しても，市場内部だけでなく，市場外部を含めた考察が求められているのである。

　その後，Sen（1992，1999）は飢餓や貧困を経済的不平等として捉え，食料だけでなく，生活水準そのものを判断するために，「潜在能力（＝ケイパビリティ）」という概念を提示しつつ，潜在能力の剥奪という視点から途上国開発や貧困を分析し，自由そのものの必要性を提起している。しかし，エンタイトルメント・アプローチは購買力や実質所得からの経済的分析に加え，民主主義に代表される政治的，社会的権利に対する考察も理論的には含まれ，

市場の機能不全や個人の権原崩壊が飢餓に発展する社会的メカニズムを明らかにしつつも，食料が生産され，市場に流通し，個人に消費されるまでに至る現代の食料・農業システムの問題点には触れていないという限界がある。先述したようなグローバル・イシューとしての飢餓問題との関連からすると，小規模農家（生産者）や都市貧困層（消費者）を含めた個人の権原剥奪が有事の際のみならず平時において，なぜ構造的に発生しているのかといった視点が必要とされ，食料生産という供給サイドと食料消費という需要サイドの中間的な位置にある現代の食料・農業システムにおける問題点を明らかにする必要がある。

　飢餓発生の理論的説明として，経済的脆弱性は妥当するものの，では，なぜ人々が経済的に脆弱な状況に陥るのだろうか。Lewis（1954）や Rostow（1960）では，途上国には近代的都市工業部門と伝統的自給農業部門があり，生産性の低い農業部門から余剰労働力を吸収することで，工業部門を中心に都市が発展するという成長経路が示されている（Meire 2004＝2006：77-82, 95-98）。実際には，途上国における工業部門は比較的小規模であり，農業生産が国民経済の中心にあったものの，農村では，自給的農業から市場出荷を念頭においた換金作物生産へと転換しはじめ，資本主義的な農業経営が導入されていった。農業の「商品化」，つまり，外貨獲得を目的とした一次産品のプランテーション経営等を通じて，途上国農業は資本主義的経済へ組み込まれていったのである。この農業の「商品化」によって，食糧作物を購入するために，換金作物や自らの労働力を市場において売る必要が生じ，市場依存を強めた小規模農家や農業労働者は経済的脆弱性を高める傾向にあった（Devereux 1993＝1999：153；Scott 1976：20）。

## 3．アグリビジネスの展開と「資本による食料・農業の包摂」

　農業の「商品化」と関連して，現代の食料・農業システムにおいて看過できない主体である多国籍アグリビジネスも小規模農家や農業労働者の経済的脆弱性に対して非常に強い影響を与えている。George（1976）は1970年代の食料危機における食料の需給構造に焦点をあて，その「危機」を創り出した世界経済の仕組みを鋭く分析した。すなわち，先進国政府と多国籍アグリビ

ジネス，それらによって支えられる国際制度，さらには先進国の消費者が途上国の飢餓を構造的に生み出している点を詳細に明らかにし，そうした経済構造を現代の食料・農業システムが支えている側面を克明に論じているが，中でも，多国籍アグリビジネスが市場拡大と生産費削減による利益増大を追求するために，世界の食料供給を掌握し食料不足を煽る実態を批判的に析出している。食料危機による飢餓人口の増大はあくまでも資本による経済的利益の追求によって生じているのであり，また，その資本活動をアメリカの食料援助政策や世界銀行の農業開発政策が積極的に支援しているという政治的構図が現代の食料・農業システムに内在しているのである。

　このように，現代の食料・農業システムにおける政治経済的な構造が人々の経済的脆弱性を高めている点を確認できる。そのため，飢餓を単なる個人の経済的脆弱性に矮小化するのではなく，貧富の格差を生み出す資本主義の構造的矛盾の一形態へと拡張して捉え，世界的規模で展開される食料・農業システムそのものに問題解決の糸口を見出す必要がある。農業生産および食料供給を多国籍アグリビジネスに代表される資本が自らの蓄積過程として包摂していく過程で，飢餓と飽食が生み出される状況にあり，そうした資本の活動を規定する世界的な政治経済の動向とともに，食料・農業問題を追究しなければならない。

　1970年代の食料危機の背後にあるアメリカの対外援助政策について分析した関下（1987）では，戦後アメリカの農業政策，食料援助政策が多国籍アグリビジネスの活動基盤を形成した点が明らかにされている。途上国に対する食料援助政策を通じて，多国籍アグリビジネスが資本蓄積を進めるとともに，ドル防衛や軍事援助といった政治経済的な世界戦略の一環として，アメリカ的な食料・農業システムが世界中へ波及していったのである（関下 1987：191-205）。関下は，食料・農業問題を通じて，世界の主導権を獲得しようとするアメリカと世界市場を掌握しようとする多国籍アグリビジネスの一体的な戦略を克明に描いたが，そうした資本主義における農業構造の変化について中野（1998），中野・杉山（2001），大塚・松原（2004），中野・岡田（2007）は「資本による食料・農業の包摂」という視点から，実証的に分析してきた。そこでは，農業資材部門から農業生産，食品の加工・流通・消費

に至る全工程に対してアグリビジネスが統合化を図るとともに，直営農場生産や契約農業の形態をとって，農業の生産過程にも直接的，間接的に参入し，独立性の強かった家族経営農業が従属的傾向に陥っている実態，ならびに，そうしたアグリビジネスの参入によって変化する品目別の産業構造の動態や各国，各地域の農業構造の資本主義的変容，さらには，アグリビジネスの参入を促進させる各国，各地域の食料・農業政策の動向が明らかにされている。アグリビジネスの事業展開に起因する「資本による食料・農業の包摂」は経済過程においてのみならず，政策的な政治過程によっても媒介されており，その一方で，その媒介は政策形成過程に「資本の論理」が浸透していく契機にもなっている。そのために，このような複雑な政治経済過程を通じて現出している食料・農業問題に対して，政治経済学的研究は経済過程（産業分析）と政治過程（政策分析）の接合を志向している（久野 2008a：83）。

これらの政治経済学的研究は急速に変化する農業政策や農業の実態の把握を重視してきたために，アグリビジネスの個別企業分析を独自に分析する視点が弱い点や，農業構造分析と農業政策分析に付随する限りにおいてアグリビジネスを論じていた点などの課題が指摘されている（久野 2008a：84）。ただ，そうした課題を抱えながらも，産業分析を通じてアグリビジネスと農民・農業労働者との関係や食品産業と消費者との関係，さらには，政策分析を通じて，アグリビジネスと国家との関係を考察し，実態解明に貢献してきている。ただし，アグリビジネスによる食料の生産・加工・流通の国際的展開は食料・農業システムのグローバル化をもたらし，それまでの国民国家による領域限定的な政策的対応が効果を失い，二国間や多国間による枠組みも空洞化しつつある（中野 1998：7）。食料・農業問題が国際的な資本循環によって生じている以上，多国籍企業と同様に，国家領域を超えて活動する国際機関や国際産業団体，国際 NGO 等の独自な役割にも留意する必要がある（久野 2008a：85）。これらの国際的組織に関しては研究が十分に進んでおらず，特に，世界的な農産物市場形成における国際機関の役割や多国籍企業と国際機関の関係を検討する研究が待たれている（久野 2002a：67-69；谷口 2008：164）。

久野（2002a）も論じるように，食料・農業問題に関する多国籍企業と国

際機関の関係については，食料危機が生じた1970年代前後からすでに指摘されはじめていた。途上国の農業開発事業に積極的に多国籍アグリビジネスが参入し，開発事業そのものを利潤形成の機会として利用していったが，それを国連専門機関であるFAOが支援し，また，それを産業協同プログラムとして制度化していたという経緯が，グローバル・イシューを解決すべき国連専門機関が商業的色彩を帯びていると批判されていたのである（Garreau 1971＝1981：84-85；Lappé and Collins 1979＝1982：78）。同様に，久野（2002b：52-53）はFAOの産業協同プログラムによってアグリビジネスの多国籍的展開や種子事業を中心とした農業研究普及事業への参入が促進されたと指摘し，岩佐（2005：84-87）は世界銀行の開発援助政策によって発展したマレーシアの土地開発機関がアグリビジネスへ変貌していった点を部分的に指摘しているものの，食料・農業問題に対する政治経済学的研究においても，国際機関を直接的に対象とした分析は十分に進展してこなかった。

## 4．現代のフードレジーム

さらに，政治経済学的研究では，Freidmann（1994，2003，2005）がより歴史的展開過程に焦点をあて，「フードレジーム」概念から食料・農業システムにおける政治経済的な構造とその変化を明らかにしている。レジームとは，ある特定の問題領域における主体間の行動を規制ないしは調整する仕組みであり，ルールや意思決定手続きの集合体を意味する。Freidmannは食料・農業分野における資本のグローバルな活動を具体的に明らかにするために，国境を超えた商品連鎖の視点から農業と工業とを分析的に統合するとともに，資本が主導する経済的部面とそれを調整する政治的部面も包含しつつ，ある時点のある空間における食料・農業システム全体の枠組みとして「フードレジーム」概念を提起している（記田2006：207）。イギリスを中心に，ヨーロッパ諸国と新旧植民地によって形成された第一次フードレジーム（coronial diasporic food regime：1870〜1914年）によって，基本的食料の国際市場が世界史上初めて形成され，戦後ブレトンウッズ体制下のアメリカを中心に展開される第二次フードレジーム（mercantile industrial food regime：1947〜1973年）では，アメリカの経済的地位と資本活動に対する国家政策による規制を

通じた食料貿易体制が形成された（フリードマン 2006：62）。その後，ドル体制の崩壊とともに，アメリカは相対的地位低下を余儀なくされるとともに，第二次フードレジームは不安定化する。第二次フードレジームのもとで資本蓄積を進めていたアグリビジネスの多国籍展開と新自由主義的農業政策を追求する各国による国際貿易体制の構築が新たなレジームへの移行として想定されうるが，実際には，そうした新自由主義的な食料・農業システムへの対抗も高まっており，第三次フードレジームの特徴や概念規定に対する見解はまだ統一されていない（久野 2008a：87）。

　1980年代以降，新自由主義的な各国政策のもと，アグリビジネスの資本蓄積は増大しているが，それに対して生態系の破壊やエネルギー枯渇に代表される環境保護的な視点，途上国生産者の厚生や消費者の健康等の要求も高まっている。ただし，それらの視点や要求をも蓄積過程に組み込む「グリーン・キャピタリズム」も出現しており，資本蓄積と環境・福祉への配慮が拮抗しつつある現状を踏まえ，Freidmann（2005）では，第三次フードレジームを「企業＝環境・フードレジーム（corporate environmental food regime）」と規定している。また，新自由主義における食料をめぐる生産関係への着目から，輸出加工産業や経済特区における予備労働力や大規模な小作農業による食料生産が資本主導で進んでいる現状を踏まえ，McMichael（2005, 2009）は大英帝国やアメリカによるレジーム形成とは異なり，市場によるレジーム形成をその特徴として，第三次フードレジームを「企業・フードレジーム（corporate food regime）」と規定している。さらに，規制緩和に基づく市場原理の導入によって，先進国と途上国の不平等が拡大している現状を踏まえた「新自由主義・フードレジーム（neoliberal food regime）」（Pechlaner and Otero 2008），食品製造業から小売業への食料サプライチェーンに対する主導権の転換を重視した見解（Burch and Lawrence 2005），その発展的段階として，それらの食料サプライチェーンに金融資本がM&Aを通じて参入していく過程を踏まえた「金融化されたフードレジーム（financialized food regime）」（Burch and Lawrence 2009）等，名称や重点は異なるものの，現代の食料・農業システムが資本・市場によって主導されている実態が浮かび上がる。

　ただ，フードレジーム概念を用いて食料・農業システムにおける政治経済

的な構造とその変化を把握する場合にも，部分的には言及されているものの，食料・農業システムに対する国際機関の役割は十分に論じられていない。特に，第三次フードレジームにおいては，グローバル化した資本による食料生産，市場によるレジーム形成が特徴的である一方で，その資本活動および市場の機能は国際通貨制度，国際貿易制度等を通じて支えられているともいえるため，IMF，WTO，FAO 等の国際機関は食料・農業システムの全体的枠組みを明示するレジーム形成の解明にとっても重要であろう。

ここまで食料・農業問題を対象とする研究成果をたどりながら，食料・農業システムにおける国際機関の分析が不十分である点を確認してきたが，途上国における飢餓が深刻化する状況に対して，FAO 事務局長が 2008 年ローマ食料サミットで「原因と結果は説明し尽くされており，今は行動の時である」(FAO 2008) と演説したように，貧困層が飢餓に陥る際の原因究明はすでに進展しているとされている。にもかかわらず，問題解決への進捗がない背景には，解決への行動をとるべき国際社会において，各国政府や国際機関が実効的な行動をとれていないという状況がある（久野 2008b：6；久野 2009：45）。つまり，国際機関が機能不全に陥っている可能性も高い。こうした点に留意しながら，単に国際機関の活動を分析するのみならず，機能不全に陥っていく状況に対して，国際機関を含めた国際社会全体の動向や国際機関を取り巻く政治経済的構造を明らかにする準備を整えなければならない。

## 第 2 節　開発政策としての系譜

### 1. グローバル・ガバナンスと国際機関

食料・農業問題に対する先行研究の整理を通じて，飢餓解消に向けた課題面から国際機関研究の必要性を確認してきたが，その一方で，途上国の飢餓には，先進国の援助政策や多国籍企業の事業展開が深く根ざしている側面が指摘され，国際機関を含めた現代世界の全体的課題である点も確認された。つまり，食料・農業分野に関する国際機関だけを対象として分析を進めて

も，飢餓を形成する政治経済的な全体的構造は解明できず，より包括的な分析が求められる。その点に関して，本書では，国際機関自体のみならず，国際機関と主権国家や多国籍企業のような資本との関係性も分析対象に含めて考察しており，世界的な政治経済の動向を規定する全体的構造の解明に努めている。こうした構造の解明が食料・農業分野や他分野においても，有益な解決策にむすびついていくといえよう。

　緒方（1982）によれば，1980 年代まで日本における国際機関研究は以下の傾向を有していた。第一に，一般に国連研究と称される研究の多くは国際法による制度論的なアプローチであり，研究対象も安全保障・平和維持活動が中心であった。第二に，国際経済を支える IMF や世界銀行，GATT 等は国際経済学分野において研究されてきたものの，それら国際機関自体へは関心が低く，第三に，海洋法，環境，資源，人口，食料，人権，軍縮等のグローバル・イシューについての研究も不足していた。第四に，国際機関の中でも，地域的組織に関しては欧州共同体研究で占められていた。こうした傾向は主に，国際機関を政府間組織として前提しているために，国家を超えた国際社会の制度化や国際機関自体の自律性が研究対象として認識されてこなかった点に起因している（大芝 2009：2-3）。

　しかし，国際機関研究が不足していた一方で，1980 年代後半から 1990 年代にかけて，グローバル・イシューが顕在化し，国家間協力のみならず，資本や NGO といった非国家主体も含めた協力がなければ課題解決は難しい状況が生まれた。そのため，グローバル・イシューをいかにして国際機関，主権国家，非国家主体の協力体制を構築しながら解決していくべきかという問題意識が登場してきたのである。その問題意識を理論的に提起した概念がグローバル・ガバナンスである。

　グローバル・ガバナンスは国際政治学における研究潮流のひとつである自由主義（リベラリズム）の到達点であり，概念的起源としては，多岐にわたる国際政治学理論のひとつである（Rosenau and Czempiel 1991；Young 1994, 1999）。しかし，グローバル・イシューの解決という現実的課題に直面している今日，グローバル・ガバナンスは理論的概念というよりも，喫緊に取り組むべきテーマとして位置づけられてきている。グローバル・ガバナンスは 1990 年代初頭から

急速に研究対象として取り上げられた一方で,多様な角度からの理論的な議論が展開されてきたため,統一された概念規定はない状態にある。

　従来,政治経済的領域では,秩序形成・維持に対して主権国家による公的権威が必要と考えられてきたが,上述のように,グローバル・イシューの発生を通じて,主権国家のみでは十分でなく,多国籍企業やNGO,国際機関を含めた秩序形成・維持が望ましいと考えられるようになったのである。これら多様な主体が活動しているものの,現在,世界政府のような統一的権威主体は存在していない。とはいえ,多様な主体は統一的権威主体がなくても,国際的に形成されている規範やルールを遵守し,ある一定の秩序が形成されている状態にある。このような状態を指してグローバル・ガバナンスと表現するとともに,その中でグローバル・イシューを解決するための最適な主体間配置を模索する研究がグローバル・ガバナンス論として展開されているのである（渡辺・土山 2001：4-7）。つまり,グローバル・ガバナンスとは,主権国家以外の主体を含めた政治経済の枠組みを理論的に追究する概念といえる。その最適なガバナンス形態を形成する中心的主体を,主権国家,国際機関,非国家主体等のいずれとして捉えるかは論者によって異なっているが,本書では,国際機関を中心に捉えながらも,グローバル・ガバナンスを形成する主体間関係の実態を解明する点に焦点をあてており,ガバナンスの構築過程における政治経済の構造自体に関心を寄せている。

　このように,グローバル・イシューをめぐる国際機関,主権国家,非国家主体の協力体制の理論的模索や実践的課題が検討されるようになっているものの,緒方（1982）の指摘から30年を経てなお,国際機関研究をめぐる傾向は現在も大きくは変わっていない。国際機関の代表的存在である国連は「安全保障（恐怖からの自由）」と「経済社会（欠乏からの自由）」という二大課題を活動の中心に置いているが,依然として,経済社会分野における国連諸機関の活動,すなわち,開発問題に対する国際機関研究は少ないままである（大平 2008：iv）。グローバル・イシューに対する関心が高まり,グローバル・ガバナンス論が多く展開されつつも,前述のように国際機関自体の研究は十分に進んでいない。しかし,当然ながら,最適なグローバル・ガバナンスを模索するためには,国際機関自体の研究が要請され,世界的な政治経済

の枠組みとともに，個別組織の研究が同時に追究されなくてはならない現状にある。

## 2. 経済社会分野における国際機関

確かに，飢餓は途上国にとって放置できない重要な問題であるが，飢餓以外にも多くの課題が途上国を取り巻いている。2000年に国連が開始したミレニアム開発目標では，大規模な貧困撲滅計画として，8の目標と18の目的を掲げ，2015年までの目標達成を目指している。その目標は，①極度の貧困の半減と飢餓の撲滅，②普遍的初等教育の達成，③ジェンダーの平等の推進と女性の地位向上，④幼児死亡率の削減，⑤妊産婦の健康の改善，⑥HIV／エイズ，マラリア，その他の疾病の蔓延防止，⑦環境の持続可能性の確保，⑧開発のためのグローバル・パートナーシップの発展となっている。この目標群からもわかるように，途上国開発のためには複数の分野における課題を克服していかなければならない。そのため，国際労働機関（ILO），FAO，国連教育科学文化機関（UNESCO），国連工業開発機関（UNIDO），世界保健機関（WHO），世界銀行，IMF，国際電気通信連合（ITU），国連合同エイズ計画（UNAIDS），国連児童基金（UNICEF），国連貿易開発会議（UNCTAD），国連女性開発基金（UNIFEM），国連開発計画（UNDP），国連環境計画（UNEP），国連難民高等弁務官事務所（UNHCR），国連人間居住計画（UN-HABITAT），国連人口基金（UNFPA），国際貿易センター（ITC），WTOをはじめ，多くの国連専門機関や附属機関がミレニアム開発目標に参加している（UN 2011）。

開発問題という大きな課題に対して取り組む国連機関は多いにもかかわらず，経済社会分野における国連機関への研究が不足している点はすでに指摘したとおりである。その背景には，安全保障分野は法規定や政治的力学が明快であり，主に国連安全保障理事会を分析対象とするなど，分析視角や対象がある程度固定化されており，国際政治学からアプローチしやすい一方で，経済社会分野は扱われる課題が広範囲にわたりつつ，貧困，保健，教育，産業，経済制度，環境，食料等，課題特性自体がそれぞれに異なっているとともに，管轄する諸機関も多様であり，法律・政治的視点からはアプローチし

にくい側面があったからと推察される。また国際経済学では，金融，貿易，貧困削減等の分野を対象としつつも，国際機関はそれらの分野における制度的枠組みを設定する組織，または，経済活動を支える公共財を提供する組織として扱われ，その制度的展開や公共財の供給問題が分析対象となり，国際機関はその後景に退いていたと考えられる。もちろん，個別分野や問題設定において，たとえば，Gardner (1969) によるブレトンウッズ機関 (IMF・世界銀行) 研究，Bissel (1985) による UNDP 研究，Black (1986) による UNICEF 研究，Talbot (1990) による FAO をはじめとする食料・農業分野の国連機関研究は早くからあるものの，総体として，経済社会分野における国際機関研究は空白のまま推移してきた。しかし，グローバル・イシューの解決，また，そのためのグローバル・ガバナンスの模索にとって，経済社会分野における国連機関，さらには，それらを含めた国際機関に対する研究は必要不可欠である。

そうした観点から，国際機関研究を体系的に進めてきた一連の研究として，*Routledge Global Institution Series* が 2005 年以降順次発刊され，IMF (Vreeland 2006) や世界銀行 (Marshall 2008) 以外にも，世界知的所有権機関 (WIPO) (May 2006)，UNCTAD (Taylor and Smith 2007)，UNHCR (Loescher, Betts and Milner 2008)，WHO (Lee 2009)，FAO (Shaw 2009) といったこれまで十分に検討されてこなかった経済社会分野の国連機関が組織ごとに分析されている。

このシリーズはグローバル・ガバナンスを理解するために「グローバル機関 (global institutions)」の解明が必要であるという趣旨のもとで編纂されており，それまで国際機関の組織構造，過程，関連事項を体系的かつ補完的に考察した研究が少数であった点を指摘し，国際機関の機能に対する詳細な説明よりも組織構造やその変遷過程への分析を重視している。したがって，各国際機関に対する時系列的な組織構造の変遷が主だった活動との関連で整理されている。ただし，加盟国や資本，ないしは他の国際機関との関係，または，組織運営に必要な財源の問題等は断片的に論じられているものの，国際機関の組織特性から浮かび上がる課題やグローバル・ガバナンスにおける役割は十分に考察されておらず，各国際機関の組織，歴史，活動を体系的に整理した研究成果にとどまっている。とはいえ，それまで不足していた経済社

会分野の国連機関に対する理解が促進される点については有意義な成果をもたらしているといえよう。

しかし，このような体系的研究は上記シリーズ以外でも，同様の背景的要因を有しながら進められている。国連知的歴史プロジェクト（the UN Intellectual History Project）では，1999年から，それまでの国連研究に欠けていた経済社会分野における国連機関の足跡を包括的に論じる取り組みが開始されている。このプロジェクトでは，貿易・金融，人権，多国籍企業，開発援助，グローバル・ガバナンス，持続可能性等の各トピックについて，関連する国連専門機関，附属機関の活動を，国連文書や関係者インタビューによって明らかにしている。

プロジェクトの成果のひとつである Sagafi-nejad（2008）では，国連と多国籍企業との関係を歴史的に解明するために，国連の附属機関である国連多国籍企業センター（UNCTC）を取り上げ，UNCTCの動向を軸に，国連が資本に対してどのような思想に基づき，対応してきたのかを詳細に分析し，整理している。また，Stoke（2009）では，国連による開発援助の軌跡を膨大な資料分析を通じて時系列的に整理し，各時代における開発援助に対する思想とそれによって変動する開発援助の動向を，UNDPとWFPの活動を軸に論じている。1940年代から現在までに至る国連機関による人道救済，経済支援，食料援助の歴史的展開過程を，国連システムの組織再編や国連が援助活動に携わる意義を交えながら明らかにしている。そこから，開発援助に潜む加盟国の国益追求の「場（arena）」と，中立性を背景に国際社会において期待される「主体（actor）」という性質を併せ持つ国連の二面性が析出されている。Weiss and Thakur（2010）は世界政府なきグローバル・ガバナンスの限界を認めつつ，グローバル・ガバナンスにおける国連システムの役割を規範設定，意思決定，行動，監視に求め，安全保障，開発，人権の分野における国連の動向を整理している。特に，国連によるこれまでの活動業績や今後の改善策を，知識，規範，政策，制度，法令遵守の5分野における間隙という視点から検討している。この間隙は「ガバナンス・ギャップ」と表現され，現在生じているグローバル・イシューの根本原因は経済的主体の活動領域やインパクトとそれらの悪影響を管理する社会の許容量との間隙にあるという認識に

基づいている（Ruggie 2008：3）。

　国連知的歴史プロジェクトは経済社会分野における国連機関の足跡を残す点に目的があるため，また，各トピックに関わる国連専門機関，附属機関の活動を包括的に論じようとしているため，どうしても総論的な活動レビューに陥っている傾向にある。このプロジェクトを通じて，経済社会分野に多くの国連機関が関与している実態を確認できる反面，国際機関としての独自性や理論的特徴に対する分析は弱く，この分野において国際機関研究を発展させる余地が多く残されている点を再確認できるのである。特に，経済社会分野においては，国連機関の活動における財源，途上国を中心とする活動対象国との制度的，政策的調整，貧困層の生活改善をはじめとした途上国発展への各種取り組みの成果判断，活動に必要な物資調達を担う資本との調整等，政治経済学的なアプローチがその有効性を発揮できる課題を多く含んでいるといえる。国際機関研究における政治経済学的アプローチについては第2章で詳述する。

### 3. 国際機関による途上国開発

　グローバル・イシューの顕在化は多様な主体による解決を要請しているが，もちろん，国際機関に対する期待も大きい。国際機関が積極的にグローバル・イシューの解決に加わっていく背景には，国家領域を超えて発生するというグローバル・イシューの領域性のみならず，主権国家とは異なる役割を国際機関が果たしてきたという経緯がある。第二次大戦以降，安全保障に加え，経済社会分野の中でも，特に，金融，開発，貿易の分野において国際機関が，すなわち，IMF，世界銀行，GATT・WTOが積極的に活動を展開してきた。これら国際機関は，大局的には世界における市場メカニズムの浸透・確立を目的として活動しており，植民地支配の遺制が多く残存していた途上国は，自らの政治経済的自立を追求する際にも，市場経済化を目指す国際機関の動向に大きな影響を受けてきた。

　途上国の低開発状態を理論的に解明する開発経済学を含め，開発研究は依拠する経済学や学問分野を問わず，多岐にわたって蓄積されてきている。そうした研究成果を背景に，途上国の低開発状態を改善するために，広範囲に

わたる開発援助が展開されてきた[1]。

(1) 経済開発理論の変遷と新古典派開発経済学の台頭

途上国開発に関する経済的理論の変遷を国際機関の活動に関連する部分において簡略に示すと，1960年代～70年代初頭にかけては，経済発展に対する政府の役割が重視されており，先進国と途上国は構造的に異なった経済を有しているという社会の二重構造・硬直性に注目した「構造主義」による「市場の失敗」論や，途上国経済を先進国経済の支配下にあると捉えた「従属理論」を通じて，事態の打開を政府・国際機関等の積極的関与に求めた。新古典派開発経済学が依拠するミクロ経済学やケインズ主義的なマクロ経済学は先進国経済を分析する有益なツールであったが，市場メカニズムが未発達，もしくは，機能不全に陥っている途上国には適用できないと考えられていたからである（大野 1998：293）。ただし，途上国の伝統的農村社会の慣習に制約されていると捉えられてきた農民でさえ，利潤追求に向けて合理的に行動する点が明らかにされ，途上国経済においても，合理性，極大化，競争，効率性といった経済学的理論が応用可能と主張された（原 1992：33；Schultz 1964＝1969：44-49）。

その結果，1970年代後半～80年代以降，開発政策に対して，市場メカニズムの浸透による経済成長が求められ，一転して，途上国政府による介入を強く否定した「政府の失敗」論が展開されたのである。この市場メカニズムの浸透による経済成長を主張する新古典派開発経済学に依拠して，IMF・世界銀行は経済開発および体制移行を途上国開発の中心的戦略に位置づけた。市場メカニズムを開発政策の基本原理とする経済理論はIMF・世界銀行の現実の政策形成過程に支配的影響を及ぼし，IMF・世界銀行は構造調整借款・融資を通じて，途上国の構造改革を強く求めた。それが逆に，開発経済理論における新古典派開発経済学の学問的優越性を助長する結果ともなった[2]。

---

1) しかし，開発研究で得られた理論的見解に基づきつつも，必ずしも理論に沿って実際の援助活動が展開されていたとはいえず，理論と現実の齟齬が存在しており，その理論的問題点も多く指摘されてきた（Chang 2003；絵所 1997；Martinussen 1997；Meire 2004；白井 2008；Toye 1993）。

(2) 国際機関と開発理論の結びつき

　市場メカニズムによる途上国開発を志向する新古典派開発経済学に基づき，IMF・世界銀行が途上国の構造調整を実行していたように，国際機関の活動は依拠する学問的背景によって大きく異なっている。新古典派開発経済学が隆盛になっていくと同時に，雇用の増大，公正な所得分配，ベーシックニーズの充足を途上国開発の主要課題にすべきと主張する改良主義が国連諸機関において浸透しだしていた。構造主義や新古典派開発経済学が志向する経済成長優先的態度に対して，改良主義は批判的であり，教育，保健，雇用確保等における政府主導の開発戦略を提起した（絵所 1997：98）。この改良主義は 1960 年代後半から 70 年代前半における ILO による「成長を伴う再分配」戦略や，1970 年代後半から 80 年代における UNICEF による「人間の顔をした調整」戦略，さらには，1990 年代における UNDP による「人間開発」戦略として，各専門機関の所管分野を中心に，貧困層に焦点をあてたプログラムやプロジェクトを実施した。それによって，IMF・世界銀行の経済成長至上主義ともいうべき政策志向に対して小幅ながらも改善を促した。特に，世界銀行は UNICEF の批判を吸収しながら，構造調整政策における貧困層への影響を検討しはじめ，反貧困プログラムや社会部門への融資を組み込むように積極的に対応してきた（World Bank 1990b：103-104）。

　また，原料・一次産品と工業製品との交易条件に基づき，周辺国たる途上国は中心国である先進国同様に，工業化なしには発展できないとする「中心－周辺理論」や，単なる工業化も多国籍企業を通じて先進国への経済依存を強めてしまうという「従属理論」を背景に，1970 年代には，先進国による途上国の収奪構造を変革する新国際経済秩序（NIEO）の形成が強く求めら

---

2）しかし，完全競争市場を念頭においた「理念型としての市場」，歴史性を考慮しない「時間概念の抽象性」，社会・政治・文化を軽視した「非経済要因の捨象」といった新古典派開発経済学の特性を踏まえた IMF・世界銀行の構造改革は，当然ながら，市場経済を支える諸制度が不在，もしくは，未発達な途上国において理論的にも有効ではなかった（大野 1998：296-297）。さらに，「政府の失敗」論に基づきつつも，実際の構造改革の実施を途上国政府に要求したという実務的な矛盾もあり，その結果，IMF・世界銀行の構造調整借款・融資は所得分配の悪化による貧困層の増加，厳しい緊縮財政による生活基盤整備の崩壊などにより，途上国側の批判が噴出した（本間 1996：82-83）。

れた。こうした理論的特徴は主に，途上国開発における貿易事項を所管していた UNCTAD の活動に大きな影響を与え，IMF，世界銀行，GATT が推進してきた自由貿易体制への対抗軸として現れだした（山岡 1979：vii, 13-14）。

　これらの改良主義的開発志向や従属論的改革要求は国連諸機関の開発事業を通じて，経済成長至上主義的な開発志向に対して，一定の改善をもたらしたといえる。しかし，産油国やアジア新興工業経済地域（NIEs）の経済成長による途上国自体の多様化が NIEO に対する結束の低下をもたらし，1980 年代の南米諸国における累積債務問題や 90 年代後半のアジア通貨危機など，国際金融の破綻が明らかになるその都度，途上国の貧困層の生活水準の改善よりもマクロ経済の安定化が優先され，結局は既存の国際経済秩序のもと，構造調整政策が主導的な開発戦略に定着している状況にある。そのため，途上国における貧困削減は十分に進展していないままである。

(3) 国際機関による地球公共財の管理

　このように，途上国開発をめぐる国際機関の活動には，背景として，国際機関の組織的理念やそれを支える理論的志向が密接に結びついてきたが，グローバル・イシューが顕在化するとともに，国際機関の活動に対して新たな理論的視点が導入されだしている。国際機関による地球公共財の管理という理論的視点である。

　途上国開発において優勢だった構造調整政策では，コンディショナリティによる途上国への主権侵害や内政干渉が多く批判されたが，IMF や世界銀行のみならず，UNDP のような国連機関であっても，開発援助を実施するために，途上国側は UNDP の提示する政治経済的条件を受け入れる必要があり，開発援助を通じた途上国の管理が進められる点も指摘されている（二宮 1993：118）。つまり，外部主体としての国際機関が途上国開発に関わる際には，国家主権に対してどこまで配慮すべきなのかという政治的課題が付随する。ただし，そもそも自己解決に向けた政策執行能力に乏しいと判断された途上国であるために，国際機関が積極的に関与してきたのであり，むしろ，援助国の利害が直接的に反映される二国間援助よりも国際機関による多国間援助が好まれてきた。また，コンディショナリティへの不評から，途上

国の主体性を尊重したオーナーシップの奨励や途上国の住民自らが開発事業の意思決定過程に加わる参加型開発のように新たな方向性が生まれてきた。これらの開発に対するアプローチの改善にとどまらず，主権国家の管轄内にある内政分野とみなされてきた治安，金融システムの安定性，人権，環境，公衆衛生等を地球公共財（global public goods）と捉え，その地球公共財の供給のために国際機関が途上国開発に積極的に携わっていくという視点が提示されたのである（Kaul, Conceição, Goulvanm and Mendoza 2003＝2005：25-28）。

公共財は，非排除性と非競合性という性質を有している。非排除性は財・サービスの対価の支払いにかかわらず，その財・サービスを消費できるという性質であり，非競合性は誰もが同様の財・サービスを消費できるという性質である。地球公共財は国家，所属集団，世代に関わりなく普遍的にその便益が提供されるべきであると強調されているが，その公共財の供給における費用負担と便益享受の齟齬に関わる「ただ乗り」や「囚人のジレンマ」といった問題を克服するために，各国政府のみならず多様な主体による国家を超えた新たな協力体制が求められている（Kaul, Grunberg and Stern 1999：10-11）。国家の枠を超えたグローバル・イシューの顕在化は地球公共財の不足に起因すると捉えられ，国際機関による地球公共財の供給が現実的に要請された。特に，2000年前後から，UNDPでは国際協力における有用な概念として地球公共財を途上国開発に精力的に導入しており，WHO，WTO，IMF，世界銀行，ILO等の国際機関も各所管領域にて地球公共財を措定し，国際機関の正統性を示している（古城 2009：21-22）。

国際機関が19世紀後半以降に担ってきた国際河川，度量衡，郵便，防疫，電気通信の各分野における国際制度の管理・運営の延長上に，この地球公共財の供給も位置づけられており，国際制度の管理・運営は一見，国際行政事項に見える。しかし，そもそも地球公共財には何が含まれるのか，誰が管理・運営を行うのか，どのように負担を配分するのかといった政治性を伴う問題が残されており，国際機関の活動自体がこうした利害調整のうえに成立している点をより鮮明に浮かび上がらせている。

経済社会分野の中でも，途上国開発に対して多数の国際機関が積極的に活動を展開しているが，開発政策では，個々の国際機関の途上国開発に対する

開発政策の視点や手法が大きく異なっているとともに，それが途上国開発の方向性に多大な影響を与えている。国際機関の理念や組織構造上の特性の相違が具体的な開発政策として表出されていると考えられるが，国際機関の行動原理ともいいうる経済的理論の存在も重要な要素と位置づけられる。現在では，グローバル・イシューに対する国際機関の役割のひとつとして地球公共財の供給が提起されてきているが，国際機関の内部環境および外部環境における利害関係によって，供給されるべき地球公共財それ自体が変化するため，その政治性も含め，国際機関の行動原理となる経済的理論とともに，国際機関の意思決定を導く政治的理論もあわせて論じていく必要があろう。

## 第1章のまとめ

　第1章では，国際機関研究が必要とされる理由やその研究状況を確認したが，その考察結果を簡潔に整理する。
　まず，飢餓という象徴的なグローバル・イシューを素材として，その解消に向けた食料・農業分野における研究成果を検討した。その結果として，第一に，食料・農業問題が国際的な資本循環によって生じているために，国家領域を超えて活動する主体への研究が必要とされている点が明らかにされている。そうした主体の中でも，特に，これまで十分に分析されてこなかった国際機関に対する研究が期待されている。とはいえ，国連ミレニアム開発目標によって，世界の飢餓人口の半減が目指されているものの，2014年時点でその実現がまだ厳しい状況にあるように，食料・農業問題が深刻化している背景には国際機関や先進国による開発援助政策の機能不全が指摘されている。
　そのため，第二に，食料・農業分野における国際機関の分析だけではなく，国際機関を含めた国際社会全体の動向や国際機関を取り巻く政治経済的構造にも注目する必要がある。つまり，飢餓の解消に向けて食料・農業分野における研究成果を踏まえれば，国際機関とそれを含む政治経済的構造を分析する作業が重要になってくるのである。
　また，途上国の飢餓には，国際開発政策に対する多国籍企業の動向も深く関

与しているため，食料・農業問題にとどまらず，開発政策の視点からも，世界的な政治経済構造を解明しなければならない。したがって，第三に，経済社会分野における国際機関に対する研究が不足する中で，個別組織の具体的活動を踏まえつつ，その独自性や理論的特徴を分析する必要が見出されている。

経済社会分野の中でも，特に，途上国開発に対して多数の国際機関が活動しているものの，各組織の理念や理論的志向によって，開発政策の視点や手法が大きく異なっている。そのような国際機関間による開発政策に対する相違は主に，各国際機関が依拠する学問的背景に起因している。それゆえに，第四に，国際機関の行動原理を規定する経済的理論や政治的理論に焦点をあてて，その理論的展開を踏まえながらより詳細に分析していく必要性が確認されている。このように，食料・農業分野においても，開発分野においても，今まさに途上国開発に関する国際機関研究が待たれているといえよう。

→ 次章へ

*chapter* 2

# 国際機関の政治経済学

第2章では，次章以降での実証分析に先だって，概念や定義を含め，国際機関に対する理論的な先行研究の動向を踏まえながら，政治経済学的視点から分析する意義を明らかにする。政治経済学的なアプローチを通じて，秩序形成における国際機関の役割や国際機関，国家，資本による再帰的重層性といった，本書において重要な分析枠組みを論じる。

## 第1節　国際機関の法理論的分析

### 1. 国際機関の法的定義とその機能

国際機関は「(1) 国際法上の意思の合致（通常は条約の形式による）に基づき，(2) 複数の国家（国家以外の国際法主体が含まれる場合もある）から構成され，(3) 一定の目的のもとに活動する，(4) 組織体（常設機関を有する）」と，法概念上から規定されている（渡部 1997：17）。ただし，実際の国際法では，「国と国際機関の間及び国際機関の間の条約法に関するウィーン条約」(1969年) において，「国際機関とは，政府間機関をいう」[第2条1項(i)]と規定されているだけであり，国際機関の規定として一般的に指摘されている上記の4要素に加え，(5) 加盟国の意思とは別に国際機関独自の意思を有する点も特質と考えられている（家・川岸・金 1999：12）。

国際機関は19世紀後半以降に，国際行政連合として活動しはじめたという経緯を有しているが，現在のように多数の国際機関が設立されるようになった背景には，世界を巻き込む二度の戦禍が大きく影響している。国際連盟，国際連合に代表されるように，世界平和の維持を目的とした国際機関が大きな存在となっているが，しかし，その平和維持のためには，政治，経済，文化，社会，貧困，環境等の諸課題を包括的に扱う必要が生じている。さらに，そのために，政治体制，宗教の差異を超えて多数の国家・地域が国際機関に加盟するとともに，国際機関自体の組織体制や法的権原の強化が求められてきた。

しかし，多数の国家が各国際機関に加盟し，国際機関が普遍性を備えつつ

ある一方で，個別国家は基本的に自国の利益を追求しており，国際機関の内部組織または対外関係において，国家利益と加盟国間全体の国際利益との調整が常に必要とされている。加盟国は組織内部の構成要素として活動する一方で，国際機関と対等な外部主体として位置づけられているように，「二重性」を帯びている（横田 2001：187-188）。それがゆえに，国家主権と国際機関の権限をめぐって，国際機関の性格規定に対して種々の見解が存在している[1]。

「加盟国の二重性」は国際機関の活動形態において具体的に反映されており，渡部（1997：24-30）による整理を参考にしつつ大きく区分すると，国際機関は加盟各国が主体となって利害調整を図る場＝「フォーラム」として機能するとともに，自らに課された任務を遂行する主体＝「アクター」として機能している。

「フォーラム」としての国際機関は以下のような役割を果たす。第一に，ある課題を国際的問題として位置づけ，討議・協議・審議する場を提供する（**討議の場の提供**）。第二に，直接的には各国の国内政策に該当する分野の国際的調整を図る（**各国政策の国際的調整**）。特に，国際海事機関（IMO），国際民間航空機関（ICAO），国際電信連合（ITU）等の行政的業務を司る国連専門機関や IMF，WTO 等の経済分野に関する国際機関が国内政策の国際的調整を取り扱っている。第三に，国際的問題や各国状況に対する情報を収集す

---

1）国際機関を国家結合の一形態である国家連合として把握する国家連合説では，複数国家が共通目的のために連合を形成する点を重視しているといえる。ただし，国家連合は委譲された権限をもとに，限定的であれ主権を備えるが，国際機関はまだ主権を認められていない。また，法人説では，国際機関は構成員である国家によって形成された国際法人であり，国際機関は加盟国に対して権力的な関係にはないと捉えられている。しかし，確かに国連のように法人格を認められている国際機関が存在する一方で，国連法人説は EU のような超国家組織の存在を権力関係の点から説明できないという問題点も指摘されている。さらに，機能的統合説では，国家主権の部分的委譲を受けた団体として国際機関を捉えている。とはいえ，実際には国際機関への権限委譲，さらには，その権限の強化は進んでいない状況にある（家ほか 1999：14）。それぞれの見解で説明できる国際機関もあれば，そうでない国際機関もあり，実態を考慮しつつ法解釈によって，国際機関の概念や性質を一意に規定する作業は難航するであろう。

るとともに，それらを専門的知識によって分析を進め，報告書および統計として各国に提供する（**情報の収集提供**）。

「アクター」としての国際機関は以下の役割を担う。第一に，ある規範的方向性に向けて，法的拘束力による規制や法的拘束力によらない勧告，さらには，技術的規則や安全に関する基準の設定・作成を通じて，加盟国が特定の行動をとるように誘導する（**規範的方向性への規制誘導**）。第二に，一定の条約，勧告，合意された基準・規則に対して加盟国の遵守状況を監視・監督する（**監視・監督の実施**）。第三に，加盟国や私人に対して具体的な財やサービスの提供を通じて，業務的活動を遂行する。各国際機関の事務局による国際会議の運営に始まり，世界銀行による途上国への融資やFAOによる農業開発事業，WHOによる医療支援，UNHCRによる難民支援等が含まれる（**業務的活動の遂行**）。

これらの「フォーラム」や「アクター」としての役割を中心に国際機関は活動を展開しているが，前述したように，経済的軋轢から世界的な軍事衝突が生じた経験を踏まえ，各国際機関は金融，農業，環境，公衆衛生といった自らの所管分野の課題解決を進めつつ，最終的には個別課題の解消を通じて世界の平和と安全を追求しているといえる[2]。そうした意味では，国際機関の最大目的は戦争防止と平和維持である。したがって，国際機関は戦争のない状態が維持される世界を創出するために活動しているのであり，換言すれば，国際秩序の構築を模索しているといえる。

## 2. グローバル化における秩序形成

国際法学的な視点から国際機関の定義やその機能を概観した結果，国際機関は個別分野を活動対象にしつつも，安定した国際秩序の形成に関与している点を確認してきた。この秩序形成に関して，国際機関の理論的分析を進めたBarkin（2006）において，国家主権は，国家領域内に対する排他的権力を

---

[2] この渡部（1997）による国際機関の「フォーラム」および「アクター」としての機能は，Stoke（2009）が指摘した「場（arena）」と「主体（actor）」という国連の二面性にそれぞれ相当していると考えられる。

表す対内主権と他国等の外部権力から独立している状態を表す対外主権に区分されている。グローバル化のもとで，非国家主体の台頭が国家の対内主権を低下させてきたが，それに伴って，それまで国際政治における独占的な意思決定権を有していた国家の対外主権も弱体化してきた。しかし，その一方で，国家領域を超える活動範囲を有する国際機関が意思決定に関する権限を徐々に獲得するとともに，国家は国際機関を通じて安定的な国際協調を実現しつつあると論じられている（Barkin 2006：6-7）。

　Barkinは近年における国際機関の意思決定権限の増大を念頭に，国家主権の自律性が否定されているわけではなく，むしろ，国際機関という主体を通じて，個別国家の協調による国際社会の形成が進んでいると論じている。つまり，各国が国家主権を維持しつつ，安定した秩序を享受できるシステムが形成されているのである。この国際機関を通じた秩序形成は主権国家間において構成される国際関係だけでなく，非国家主体を含めた世界全体の安定性にも影響を与えていると捉えられ，そうした意味から，国際機関の代表的存在である国連は単なる「フォーラム」や「アクター」として活動するのみならず，国家間の相互作用を整理する「システム」として機能していると指摘されている（Barkin 2006：56-57）。国際機関が定めるルールや慣習，行動規範によって，主権国家や非国家主体の行動が統御され，主体間対立の回避・緩和・解消を通じて，世界的な秩序が維持されていく。ただし，実際には国家間に限らず多くの対立が生じており，それほど，国際機関による秩序形成が効果的に作用しているわけではないかもしれない。とはいえ，「システム」としての国際機関の機能によって，国家や非国家主体の相互調整が進み，対立が表面化する以前に解消されていく場合も多くあり，対立を未然に防ぐ効果を発揮しているという意味で，一定の秩序を生み出しているといえる[3]。

---

3）Barkin（2006：xi）は国際機関に関する諸理論の整理を通じて，国際機関の理解を深める点を目的としており，ある特定の理論的見解に基づいて，国際機関の分析を進める手法を選択していない。しかし，諸理論の整理に先だって，「秩序」のフレームワークを提示している点からも，既存研究においても，国際機関による秩序形成に対する視点は広く受容されていると考えられる。

国際政治学分野において，秩序とは社会的生活を成立させる最低限の普遍的目的が実現している状態を指し，生命の安全保障や契約の履行，所有の安定性等が実現した状態を念頭に置いているが，この秩序概念をもとに Bull（1977）は「国際秩序」と「世界秩序」を整理している。「国際秩序」とは，複数の主権国家が利益や価値を共有していると自覚し，制度等の共通ルールの制約のもとで相互承認を与えている状態を意味する。つまり，主権国家同士による秩序形成を「国際秩序」と表現している。

　一方，「世界秩序」とは，主権国家以外の主体，資本，NPO，宗教組織，NGO，個人を含め，人類全体による社会生活の安定的状態を求める傾向を意味しており，「国際秩序」よりも規模が大きく，普遍的で先験的な概念である（Bull 1977＝2000：24）。この「世界秩序」概念の導入によって，現存する主権国家，さらには，それらによって構成される「国際秩序」という枠組みを歴史的に相対化し，人類全体が追求すべき秩序の枠組みを再検討する視角が切り開かれている（遠藤 2000：32）。資本主義が特殊歴史的であるように，「国際秩序」もまた歴史的な社会的産物にすぎないのであり，したがって，必ずしも世界における秩序形成を主権国家のみが担う必要はなく，まさに，非国家主体による活動が活発なグローバル化時代において，この「世界秩序」の分析が必要とされている。

　Bull は「世界秩序」の枠組みを導入し，1970 年代までの国際的動向を素材として，国益追求を行動原理とする国家同士が形成しつつある当時の「国際秩序」を分析している。その結果，世界政府のような上位権力が存在しないにもかかわらず，諸国家による権力追求とそのための国家間競争が繰り広げられるアナーキカル・ソサイエティ（無政府社会）においても，一定の「国際秩序」が生じている点が析出されたのである。Bull は秩序形成に際して，国家による権力関係以外にも，国家間の相互作用を生み出す共通の関心事や各国における規則，諸制度の存在に着目し，国際関係だけでなく，その構成単位である国家自身の性質や国内制度，経済体制等が無政府状態における「国際秩序」を形成していると捉えたのである。さらに，その国家間相互作用を生み出す具体的な要因のひとつとして，国際行政連合や国際連盟，国際連合といった国際機関の役割も見出している（Bull 1977＝2000：51）。しか

し，国際機関は国家間関係の制度的象徴として認識され，あくまでも政治的側面に焦点があてられているため，Bull は世界の秩序形成を主権国家の政治的な権力関係に限定して把握する現実主義(リアリズム)の枠組みにとどまり，国際機関が有する経済的側面に対する分析は乏しいという限界を有している。とはいえ，直接的には，「世界秩序」の分析・検討を進めたわけではないものの，現存の「国際秩序」を歴史的産物として位置づけ，非国家主体をも含めた「世界秩序」の形成を理論的に進める契機を切り開いた成果は評価できよう。「加盟国の二重性」に示されるように，国際機関は，国家間組織として「国際秩序」の形成主体にも，また，非国家主体として「世界秩序」の形成主体にもなり得るのである。Bull はその可能性を先駆的に見出していたともいえる。

Barkin が指摘した国際機関が国家間の相互作用を調整する「システム」として機能する点は，いわば，加盟各国が自国の利害を主張し，相互に調整されていく国際機関の組織内部への着目から発生した秩序的視点である。また，Bull が指摘した「国際秩序」や「世界秩序」，さらには先述したグローバル・ガバナンスは，国際機関の組織外部への着目から発生した秩序的視点である。したがって，これらは着眼点が異なっているものの，国際機関の組織内外に対する秩序形成機能を析出している点では共通している。

## 第2節　伝統的国際政治理論と批判的国際政治経済論

### 1. 国際政治理論の諸潮流

このように，国際機関には秩序形成を担う主体としての機能が理論的にも析出されてきているが，こうした捉え方は先述した概念である「グローバル・ガバナンス」とも通底している。グローバル・ガバナンスは，現代世界において統一的権威主体がなくても，多様な主体が規範やルールを遵守して一定の秩序を生み出す状態を意味している。その概念的起源は自由主義(リベラリズム)にあるが，自由主義(リベラリズム)は国際的な諸制度や通商関係を通じて，ヒト・モノ・カネの

流れを中心に，各国間で相互依存が進み，経済的利益の側面から国際協調が進展すると捉えている。この自由主義(リベラリズム)は，国際関係を国家間関係に還元し，主権国家の行動から世界の政治過程を分析しようとする現実主義(リアリズム)への批判から生じた理論的潮流である。

　国際機関研究は主に国際政治学分野において取り組まれてきたため，その国際政治理論によって国際機関の性質や位置づけも異なっている。国際政治理論も時代の推移とともに，変遷してきているが，大別すると，現実主義(リアリズム)，自由主義(リベラリズム)，そして，第三の理論がある。現実主義(リアリズム)は分析単位を主権国家に限定し，国家は軍事力に反映される国益を追求すると捉えて，そうした国家間の勢力均衡（バランス・オブ・パワー）が国家安全保障，さらには，世界の政治的安定性をもたらすと考える理論である。主に，19〜20世紀におけるヨーロッパ諸国の保護主義的政策やアメリカとソ連による冷戦構造を素材に，軍事力による安全保障を研究対象とし，Morgenthau（1948），Carr（1964），Waltz（1979），Gilpin（1987）らが代表的論者に位置づけられている。特に，Waltzは無政府状態と各国間の権力分布によって形成される国際構造が主権国家の行動を規定していると捉え，個別国家の行動を制約するシステムとして国際構造の重要性を指摘している。しかし，現実主義(リアリズム)では，主権国家が自らの意向をもとに「国際秩序」を構築するための手段として，国際機関は捉えられている。

　自由主義(リベラリズム)は国益を追求する主権国家同士も協力しあい，共存できると捉え，分析単位も国家に限定せず，国際機関や多国籍企業，NGO等の非国家主体の役割を積極的に評価する点で現実主義(リアリズム)と異なっており，国際政治経済問題や環境問題，さらには，人権問題等の多様な争点を対象に，多面的な分析を志向する理論である。主に，多国籍企業の台頭や国際貿易の拡大がもたらす国家間の経済的な相互依存性が国際的な政治的協調を必要とする過程を分析するKeohane and Nye（1977）の「相互依存論」や，そうした経済的，技術的な相互依存関係が諸国家や非国家主体間の介在を受けながら，規範，制度，ルール等によって調整されていく過程を論じたKrasner（1983）の「国際レジーム論」，大国による国際制度の形成とその経費負担が国際政治の安定をもたらすと論じたIkenberry（2001）が代表的研究である。自由主義(リベラリズム)におい

て，国際機関は国家と異なる主体として位置づけられているが，全体として，国家行動を規定する制度的側面，すなわち「システム」としての役割に焦点があてられている。

　第三の理論として，1960年代末〜70年代にかけて，先進国や多国籍企業による経済的搾取が途上国を従属的な地位にとどめていると指摘し，国際関係を国家間の支配 – 従属関係から論じるFrank（1967）やAmin（1970）による「従属論」，さらに，世界を単一のシステムと捉え一国経済の停滞を資本主義の蓄積過程から論じるWallerstein（1974）の「世界システム論」が台頭した。自由主義（リベラリズム）が国家間の水平的な相互依存関係を展開する一方，従属論や世界システム論は垂直的な従属関係に焦点をあてたといえる。国際機関は国家間の従属関係を強化する制度装置，もしくは，その従属性を克服するための政治的手段として，研究対象というよりも実践的な組織と捉えられ，明示的には分析されてこなかった。

　途上国の中にも経済発展を遂げる諸国が現れはじめる1980年代以降になると，国際政治理論における従属論や世界システム論の学問的影響力は低下していったが，その一方で，1990年代には，軍事力や経済的利益等の客観的な物質的現象ではなく，理念，規範，知識，規則等の非物質的な要素から政治経済過程を分析する構成主義（コンストラクティビズム）が新たに現れだした。構成主義（コンストラクティビズム）は，国際構造は所与ではなく，主体間で共有された規範やルールに基づいて社会的に構成されると捉え，主権国家による「パワー」や追求すべき「利益」自体が形成される過程，または，国家行動の基盤となる制度が形成される過程を解明する理論である。

　国際構造の実体をアイデンティティから分析するWendt（1999），規範や規則から国際システムの変化を分析するKoslowski and Kratochwil（1994），国際機関を通じた多角的自由貿易体制の安定と各国の経済政策による市場介入が両立する「埋め込まれた自由主義（リベラリズム）」を提示したRuggie（1998）が代表的である。国際機関も構成主義（コンストラクティビズム）の視点から分析され，Finnemore（1996）では，国際機関が国家の利益を再構築する過程，ならびに，国際機関を通じて形成された規範が国内政策に反映されていく過程が事例研究をもとに分析された。星野（2001）では，理事会や総会における立法機能，諸業務の執行によ

る行政機能，法解釈と適用による司法機能を通じて，国際機関が集団的な意思決定を介した規範の形成を図り，国際社会の総意としての正当性を獲得する過程が分析され，主権国家同士で形成される「国際秩序」に対して国際機関が大きく影響を与えている点を明らかにしている。国益や経済的利益を追求する主権国家の行動が合理的選択の結果と捉えている現実主義(リアリズム)や自由主義の前提そのものに対し，構成主義(コンストラクティビズム)は異なる視点を提示する枠組みとして定着しつつある。

現在の国際政治理論の代表的潮流である現実主義(リアリズム)，自由主義(リベラリズム)，構成主義(コンストラクティビズム)等，それぞれの視点を踏まえると，国際機関による秩序形成という観点は主に国際制度的な側面を提示した自由主義(リベラリズム)に依拠している点が再確認されるものの，現実主義(リアリズム)が提示する主権国家の手段としての側面も構成主義(コンストラクティビズム)が提示する社会構成的な側面も国際機関の多面性を指摘していると考えられる。特に，自由主義(リベラリズム)を出自とする「グローバル・ガバナンス」概念は現代世界における多様な主体の役割を評価し，それらが統一的権威主体の存在しない中で水平的で対等な関係を築き，秩序形成を進めると捉えている。しかし，主体の多様化によって，逆に，主権国家による権力行使過程が視点から脱落しつつある点が指摘され，権力行使をより明示的に扱うために，「ガバナンス」ではなく「統治」の概念が適切だとする見解もある（石曽根・王・佐藤 2010：4）。また，ガバナンスが形成される過程には，主権国家による権力行使以外にも多国籍企業によるロビー活動，各主体の行動を正当化する規範が実際には効力を発揮しているため，次に論じる批判的国際政治経済論の立場からも，それらの物質的，非物質的な影響の行使を射程に収める必要性が指摘されている（久野 2008b：15）。すなわち，国際機関による秩序形成に対しても現実主義(リアリズム)や構成主義(コンストラクティビズム)の視点が不可欠になるとともに，国際関係に影響を与える資本の動向も十分に捉えなければならないといえる。

## 2．批判的国際政治経済論による理論的再構築へ

上述のように，国際政治理論は政治過程への着目がゆえに，また，比較的に経済過程へ関心を有する自由主義(リベラリズム)においても経済活動を通じた国家間関係を分析するために，資本活動に対する分析は直接的に展開されていない傾向

にある。従属論や世界システム論は資本主義の展開から先進国と途上国の国家間関係を分析するため，経済的分析はあるものの，国家間の従属関係に対する政治的批判も強いために，全体として主権国家が直接的な分析単位として設定されている。そうした意味で，国家間関係はいずれも政治的局面へと収斂される傾向にあったが，むしろ経済的局面を主軸にすえ，政治と経済の相克を把握しようとする研究潮流も現れてきた。また，国境を超える資本活動の増大により，分析単位を主権国家とする従来の視点では対応できない現実も生じている。そのような中で，従来の視点を再考するために登場した潮流が「批判的国際政治経済論」である。論者としては，Cox (1986) や Gill (1990)，Strange (1996) が代表的である。

　伝統的な国際政治理論である現実主義(リアリズム)や自由主義(リベラリズム)が世界をあるがままに捉え，現状の国家間関係や権力格差，さらには，それらによって形成されている諸制度を所与の枠組みとして位置づけている一方，批判的国際政治経済論は国家間関係や制度の起源やその変化の過程に着目し，世界の現行秩序そのものを改めて問い直そうとしている (Cox 1986＝1995：216-217)。問題意識としては，構成主義(コンストラクティビズム)とも通底している。ただし，現行秩序を検証する際に，構成主義(コンストラクティビズム)が理念や規範の役割を重視する一方，批判的国際政治経済論はその理念や規範に内包される権力により強い関心を持ち，その権力が生み出す政治経済的構造や言説を分析する点に相違が見られる。したがって，国際機関分析に対しても，グローバル・ガバナンス論では，多様な主体が共通利益を追求して得られる水平的な秩序を論じる一方で，批判的国際政治経済論では，国際機関の秩序形成機能に付随する主体間の権力配置やその源泉となる経済的基盤等を通じた垂直的な秩序を論じている。

　特に Cox では，新グラムシ主義(ネオグラムシアン)として，グラムシの中心的概念であるヘゲモニーを導入して分析する点に特徴がある。ヘゲモニーとは，物質的な力の配置状況，「世界秩序」に関する共有された理念，普遍性を備えた制度の三者が作用し，「世界秩序」が相対的に安定している状態を意味する (Cox 1986＝1995：236)[4]。グラムシのヘゲモニー概念は物質的な力によって国家権力を支える「強制」の側面とともに，そうした権力によって形成された制度や規範を受容する「同意」の側面を融合させて捉えている (Gill 1990＝

1996：123-125)[5]。グラムシは国家による強制と市民社会による同意の両面を複合的に捉えようとしたのであり，それがゆえに新グラムシ主義（ネオグラムシアン）では，国際関係を主権国家による政治過程と市民社会で展開される経済過程から把握する国際政治経済論が探究されている。ただし，批判的国際政治経済論は国家（政治）と市場（経済）という二項対立的な分析枠組みにとどまらず，国家を「多数の権威」，市場を「多数の市場」に置き換え，国家の枠を超えた全ての権威の源泉や多様な市場形態を総体として捉える分析枠組みを想定し，非国家主体が有する権力やその源泉としての経済的役割を重視している（Strange 1996 = 1998：71-73）。この包括的な分析枠組みによって，市場経済における政治的権力が分析の対象となり，多国籍企業が行使する権力や秩序形成を形成する国際機関に潜む権力が新たな観点として浮上してきている。その際に，強制と同意によるヘゲモニー概念がそのような非国家主体の権力性を解明するために，有益な視点を提供しているのである。

Cox（2002）は国際機関が抱える組織間の階層構造に着目し，IMFや世銀等の国際金融機関と途上国の声を反映するNIEOを支える国連機関との間の権力的相違を指摘しつつも，NIEOのような取り組みに国際機関と市民社会における社会運動との連動の可能性を見出している。Strangeは国際機関での議論の背後にある利害関係企業や業界団体の存在を指摘し，国際機関を通じて形成される諸制度が，誰に利益を与え，誰が費用を負担する構造にあるのかという点を析出している。また，批判的国際政治経済論の立場から国際機関を理論的に研究したEmadi-Coffin（2002）はグローバル・ガバナンスが進展する過程における国際機関，国家，資本の相互作用を分析している。その際に，経済的側面からの分析が重視されるものの，現実を資本の動向に還

---

4) 現実主義（リアリズム）の立場から，Kindleberger（1973）やGilpinは軍事力と経済力を一国が独占的に保持している場合に，国際社会が安定するという「覇権安定論」を提示した。つまり，ヘゲモニーをある国家の他国に対する優越性として捉えており，グラムシのヘゲモニー概念とは異なっている。
5) グラムシは物質的な力，理念（イデオロギー），制度に着目しているが，特にイデオロギーが力や制度に作用する点を重視している。このイデオロギーのような非物質的な力を分析の俎上に載せた点に新グラムシ主義（ネオグラムシアン）の特徴がある。

元して把握する「資本の論理アプローチ」に基づいた分析だけでは，グローバル・ガバナンスにおける両面性（「public と private」や「政治と経済」），すなわち，多国籍企業による権力行使や国際機関が抱える政治経済的機能が十分に捉えられないと指摘する。「資本の論理アプローチ」は国家領域を越える多国籍化した資本活動が国際制度や国際機関の機能強化の必要性を高めている実態を明らかにしている点では有用であるものの，それに加えて，「公（public）と私（private）」，さらには「政治と経済」といったグローバル・ガバナンスにおける両面性を踏まえた国際機関の理論的再構築が求められている（Emadi-Coffin 2002：15-19）。

Emadi-Coffin は国際機関，国家，資本の相互作用がグローバル・ガバナンスの歴史的構造を発展させてきたと指摘し，その具体的な相互作用を「規制（regulation）」に見出している。国家の数だけ多様な規制が存在しているものの，世界的に統一された法規制を形成する動向が国際機関を中心に取り組まれてきている。多国籍企業をはじめとした資本活動に対する諸規制として，先述の NIEO や国連多国籍企業行動規範が含まれているが，特に，自由貿易区域（Free Trade Zone：FTZ）が取り上げられ，各国における FTZ の形成過程に対して，国際機関で議論される規範や勧告が各国の政策変更や多国籍企業の事業展開に与える効果を分析している。FTZ の形成が単なる諸規制の廃止に起因するわけではなく，むしろ，自由化政策として諸規制の変更・修正に起因している点を明らかにし，そうした「規制緩和」が国際機関を通じて強く推進されていると論じている。ただし，国際機関，国家，資本の相互作用を分析の対象においているとはいえ，あくまでも規制に対する三者の動向がそれぞれ解明されている研究にとどまっている。つまり，複雑な利害を抱えながら，また，強固な権力関係を築きながら，規制が三者の相互作用を経て形成されていく過程を分析できているとはいえない。国際機関が独立した実体として位置づけられている点にも，そうした分析上の限界があるといえる。政治経済学的な視点から国際機関の理論的再構築を果たすためには，その活動実態として表出された規範や勧告を対象とするだけでなく，活動を支える組織構造や財源，さらには規範や勧告を形成する背後にある政策的志向性や調整過程を論じなければならないだろう。グローバル・ガバナンスにお

いて，国際機関，国家，資本が形成する関係性を明らかにする作業が国際機関の理論的再構築に帰着していくといえよう。また，そうした三者の関係性を解明するうえで，国際機関における利害の錯綜過程や権力行使への着目がより一層求められよう。

ここまで取り上げてきた批判的国際政治経済論は新グラムシ主義(ネオグラムシアン)に依拠して，「世界秩序」の構造把握を追究しており，いわば，その「世界秩序」の一部として国際機関を位置づけている。一方，本書では，国際機関の秩序形成過程で繰り広げられる主体間関係の動向から，現在のグローバル・ガバナンスの構造を解明しようと試みている。いわば，国際機関の秩序形成過程から「世界秩序」の縮図が見えてくるわけである。そうした相違はあるものの，批判的国際政治経済論によって示されたように，多国籍企業による権力行使や国際機関が抱える政治経済的機能を踏まえた「世界秩序」の分析を志向する点では共通しており，資本の分析を組み込んだ国際機関研究やその秩序形成を通じて，「世界秩序」やグローバル・ガバナンスの構造が徐々に解明されるだろう。

## 第3節　国際機関，国家，資本の関係性

### 1. 秩序形成における資本の台頭

本書では，統一的権威主体がなくても，現代世界で形成される規範やルールに従って，一定の秩序が形成される状態をグローバル・ガバナンスと表現してきたが，当然ながら，非国家主体，特に，資本による秩序形成に対する作用もガバナンスの主要部分となっている。「国家（公）＝政治」，「市場（私）＝経済」という二区分的な把握への反省から，主権国家間によって形成される「国際秩序」のみならず，非国家主体を含めた「世界秩序」の形成が理論的に模索される中で，資本同士の相互監視やルール設定に基づいた一定の自主規制，さらには，その規制による国際的な取引方法や規格の統一が進んでいる。資本によるこうした傾向はPorter（1993）によって「プライベー

ト・レジーム（private regime）」と称されている（山本 2008：346）。プライベート・レジームは当初，資本間における自主規制を通じたルールの集合体として想定されていたが，NGO の国際的展開が増大するにつれて，非国家主体として NGO によるルール設定や規範形成もプライベート・レジームに含まれるようになっている。つまり，これまで主権国家がその領域内の規則を公的に定め，それに基づいて資本や NGO は行動していたが，これら非国家主体の活動が国境を越えはじめると，各国内部で通用していた規則や規範だけでは対応できず，自ら国際的なルールを形成する必要が生じている。

　さらに，非国家主体が定めた規則や規範が国際的にも通用し，事実上の世界標準として，主権国家も受容していく状況が生まれてきている。Cutler, Haufler and Porter（1999）は公的機関の媒介を必要とせずに，非国家主体による意思決定が実質的に正当化され，新たな規則や規範として定着していく現象を「プライベート・オーソリティ（private authority）」と表現し，主に，資本同士の協力形態といえる提携関係や下請関係，業界団体の形成が国際的な経済活動において定型化され，各国資本に受容されていく経過を分析している。グローバル化している市場において，いわゆるディファクト・スタンダード（de facto standard）として，資本による国際基準や国際制度の設定が正当性を帯び，諸分野でプライベート・オーソリティは続々と現れてきている。すなわち，国家領域を超えた国際的な経済活動を通じて，従来，主権国家のみが保持してきた権力を資本が実質的に備えつつある（Hall and Biersteker 2002：4）。このようなプライベート・オーソリティの発現は，まさに，資本による秩序形成の一形態といえよう。それに伴って，世界的に共通した制度，ルールに基づく市場が資本主導で形成され，資本は拡大する市場を通じて自らの利潤追求を図っている。

　また，資本同士，NGO 同士によって個別にプライベート・レジームが形成されるだけでなく，国家・非国家主体が混成してレジームが形成される場合もある（山本 2008：348-349）。特に，貿易や通貨のみならず，企業内貿易や海外直接投資を通じて，生産や販売の世界的展開が高度に進展している多国籍企業は自らの事業展開に有利なレジーム形成を強く望んでいる。そのため，多国籍企業は自主規制のみならず，世界的な領域で資本蓄積が進むよう

に，公的機関を介して規則や規格の統一化を図っている。資本の要求を受けて主権国家，さらには，国際機関が新たなルールや規則を設定するとともに，それらの制度化を進め，正当性のある秩序を形成させている。このように，蓄積過程を円滑に進めるような規則や制度の制定を，資本が自ら進めるだけでなく，国家もそれらを受け入れ，直接投資の誘致を進めるために，積極的に政策変更を実施している（Sumner 2009：65-67）。

　Pattberg（2007）は非国家主体の中でも，資本とNGOによる制度化された協力関係を取り上げ，両者が共同でルール設定やその制度化を図る過程を分析している。世界規模における森林保全を対象に，主権国家が十分に対応できていない中で，資本とNGOが先行して保全に向けた新たな枠組みを形成し，その枠組みが国際基準として波及していく点を明らかにしている。このような非国家主体による基準策定が森林保全に限らず，グローバル・イシューの諸分野において進展している状態は「プライベート・ガバナンス（private governance）」と表現され，国家と非国家主体を含めたグローバル・ガバナンスと区別されている[6]。プライベート・ガバナンスは非国家主体が主権国家よりも秩序形成において主導的な役割を果たしはじめている現状をより強調する概念といえる。国境を越えた資本移動の増大や市場経済の世界的な浸透とともに，主権国家による領域内に対する規制が徐々に効力を失いはじめているが，それに対して，資本が自ら規則や基準，行動規範の制度化を進める「資本による自主規制（business self-regulation）」や，資本とNGOが形成主体となって資本の行動を規定する「共同規制（co-regulation）」が効力を発揮している（Pattberg 2007：14）。いわば，主権国家や国際機関といった公的機関による規制と異なり，「規制の民営化」が進展している現象を，プライベート・ガバナンスは見出しているのである。

　このようなプライベート・ガバナンスを食料・農業分野に焦点をあてて詳細に分析したClapp and Fuchs（2009）では，国際的な農産物貿易や小売資本

---

6）もともと，グローバル・ガバナンス概念には，主権国家中心の国際秩序に対して，多国籍企業やNGOもその秩序形成に影響を与える側面が含まれているものの，非国家主体は主権国家に比べ二次的な位置にあるといえる。

の世界的な事業展開の結果，食品の生産加工プロセスや品質管理・食品安全性における規格，有機農産物の認証，遺伝子組換え作物の生産・流通加工に対する許認可，種苗やバイオテクノロジーに関する知的財産権，さらには，食料援助政策に対する民間企業の影響力行使が指摘されている。政策形成過程や基準策定過程に対する資本の政治的機能が増大し，社会的責任（CSR）や行動規範（code of conduct），私的基準（private standard）という形態で，資本主導のグローバル食料・農業ガバナンス（Global Agrifood Governance）が形成されている。

　食料・農業分野において，この資本主導のグローバル食料・農業ガバナンスは急速に発展しつつあるが，CSRや行動規範，私的基準はあくまでも私的利益の追求を目的とした各資本による自発的な取り組みにすぎない。市場アクセスの向上を通じた利益追求を動機とする多数の資本によって，この自発的な基準は次々と受容され，結果的に，世界的な規模で定着しているのである。また，自発的な基準策定であるがゆえに，食品安全性の確保や環境保全対策が私的利益を損なわない範囲で設定され，さらに，その成果を監視する仕組みもなく，公的規制に比べ実効力が乏しいといえる。そのため，法的拘束力を伴うより制約の厳しい公的規制を回避するために，資本が先行して形式的に私的基準を策定しているにすぎないという批判も提起されており，このプライベート・ガバナンスの正当性に対する検証の余地が残されている（Fuchs, Kalfagianni, Clapp and Busch 2011：336-339）。食品安全基準や知的財産権のように，主権国家や国際機関が従来から取り組んできた諸基準もあり，資本による自発的な諸基準と公的基準との整合性も課題である。資本の利潤追求と公的基準が求める社会的，環境的な諸条件との齟齬が生じはじめているだけでなく，公的基準に私的基準が浸透し，両者の相違が曖昧になりつつある。食料・農業分野におけるガバナンスが資本主導で形成されてきているために，多国籍アグリビジネスを先頭に先進国資本の資本蓄積が進む一方で，途上国の小農の周縁化や家族農業の崩壊に伴う貧困の増大や環境破壊の増進という矛盾が解消されるどころか，より深刻化している（Fuchs et al. 2011：341-342）。したがって，私的利益と公的利益の不一致に伴う矛盾やそうしたプライベート・ガバナンスの正当性の観点を含め，公的部門に対する期待

も，その反作用として高まってきているのである。

　プライベート・レジーム，プライベート・オーソリティ，プライベート・ガバナンスという諸概念はいずれも，国際的に官から民への権限シフトが生じている現象を把握しようとする点で共通しており，特に，資本の多国籍化とともに，資本蓄積に適合的な諸制度，ルールを資本自らが形成しだした現況を示している。国家主導で世界の政治経済過程が推移してきた時代から，資本が経済過程を主導するのみならず，政治過程にも公然とその影響力を行使する時代へ大きく変化しているのである。これらの研究は主に，資本主導の秩序形成や「規制の民営化」が諸分野で現れ，国際的な調整の新たな形態が機能している点を中心に明らかにしている。また，貿易に関するルール設定をはじめ，電子署名，保険，証券，会計基準，インターネットにおけるプライバシーの保護，労働基準や行動規範，食品の品質管理や安全性等，多数の規格・標準が資本による自主規制の結果として現れつつ，それらがWTO，ILO，FAO，国連多国籍企業センター，ISO等の国際機関を通じて追認・正当化される実態や，国際的な分野における資本と国際機関による官民パートナーシップ（public-private partnership）の形成を指摘している。しかし，資本主導の秩序形成はあくまでも市場アクセスの向上による利潤追求を目的とする。そのため，国境を越えて活発化する資本活動や「規制の民営化」の動向に対して，社会的，環境的な持続可能性を図るために，国際機関は一方では規制強化や法令遵守の徹底化を期待されている。しかし，他方では，官民パートナーシップを通じて，国際機関は資本利害を反映させた公的基準の策定や私的基準に準拠した公的基準の具体化を図り，実質的には資本による自主規制を正当化させている側面もある。つまり，国際機関が介在しながら，資本の活動領域に応じた国際市場や世界市場が形成されているのである。資本主導の秩序形成が高まるにつれ，主権国家以上に国際機関による調整作用は効果的になり，国際機関の媒介を通じて，世界規模で資本蓄積に適合的な規則，規格，基準が定着している。秩序形成における資本の台頭（**資本による政治的機能**）に伴って，世界的な市場形成に対する国際機関の関与（**国際機関による経済的機能**）が増大しているといえよう。

## 2. 国際機関，国家，資本をめぐる再帰的で重層的な相互関係

　これまでに明らかにしたように，資本の活動領域が国家を超えるために，主権国家による国内規制だけでは対応できず，その結果，多国間による調整機能を国際機関が担い，国際的な資本蓄積に向けた諸制度や規則の正当化を図っている。主権国家が有していた秩序形成機能が資本のみならず，国際機関にも移行している。いわば，権力の再配置が行われているのである。ただし，必ずしも，「国家の退場」と表現されるように，国際的な秩序形成において主権国家が既存の優越的な権力を失ったわけではない。むしろ，国家領域内への権力行使による調整ではなく，国際機関を通じた国際的領域への調整に焦点を移しながら，権力を行使し続けているといえる。貿易，金融，投資の自由化が進むにつれて，省庁間の主導権のバランスも変化し，国内問題を管轄する国務省等よりも国際的金融機能を掌握する金融財務省の機能が強化されてきている（Sassen 1996＝1999：13，2006＝2011：189-198）。

　多国籍化した資本は国家の軍事的装置や社会的，技術的な生産基盤に依存しつつ，一方で，国家は資本の国際移動に対応して国家行政間の重心移動とそれによる国際化対応を強化している。このような国家の変容過程は「国家の国際化」として把握されている（Hircsh 2005＝2007a：147-151）。Hircsh（1995）が論じるように，グローバル化とともに，主権国家は弱体化しているわけではなく，むしろ，資本に有利な条件を整えるために，規制緩和や民営化を通じて国内外の民主主義的な諸制度を空洞化させながら，他国との競合を念頭に，資本誘致に向けた国家介入を強化する「競争的国民国家」が出現している。つまり，資本主導の秩序形成であっても，また，それを支える国際機関による秩序形成であっても，主権国家の介在は形態を変容させつつ継続している。主権国家による権力行使が一方では資本に，他方では国際機関にそれぞれ移行しつつあるとはいえ，国家行政間の重心移動に見られるように，外形的には表出していない部分において，国際機関，国家，資本は相互作用を通じて世界における政治経済の全体的趨勢を規定していると考えられる。前述したように，国際機関の理論的検討においても，その活動自体を分析するだけでなく，国際機関，国家，資本が形成する関係性を検証する必

第2-1図　外形的に独立した実体としての国際機関

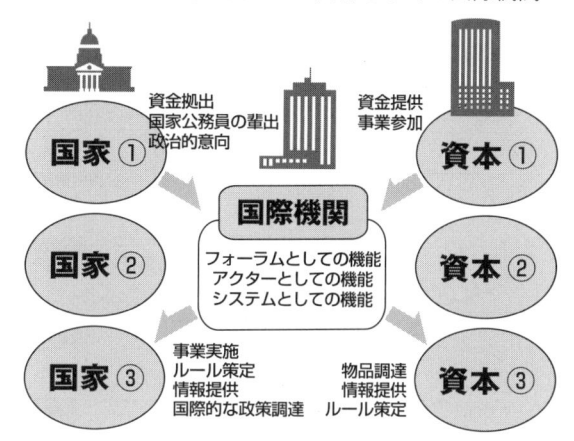

国家①　資金拠出／国家公務員の輩出／政治的意向
資本①　資金提供／事業参加

国家②
国際機関
フォーラムとしての機能
アクターとしての機能
システムとしての機能
資本②

国家③　事業実施／ルール策定／情報提供／国際的な政策調達
資本③　物品調達／情報提供／ルール策定

注：国際機関，国家，資本は独立した実体として，お互いに対峙しあう。
出所：筆者作成。

第2-2図　主体間の再帰的な関係性

国家　←　国際機関　←　資本

事務総長／事務局長
事務局
事務職員
理事会　理事
委員会　専門家
総　会

注：国家，資本はそれぞれ，国際機関の組織内部にある理事会や委員会において，自らの利害を反映させるべく意見表明や資金拠出／提供，職員・専門家の派遣等を行う。
➡国際機関を通じて，政治経済的環境の変化を生み出す。
※資本は国家に自らの意向を介して，国際機関に働きかける場合もある。
出所：筆者作成。

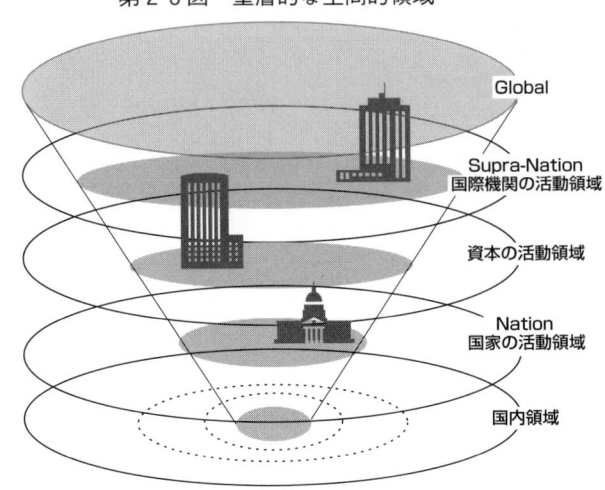

第2-3図　重層的な空間的領域

注：国際機関は加盟国の領土＋公海＋公空（公海上空）＋南極等を活動領域とする。
　　国家は自国の領土＋領海を活動領域とする。
　　資本は原則として，国家領域をベースとしつつ，複数の国家領域において活動を
　　展開できる。
➡三者はそれぞれの空間的領域（階層）で活動をしつつ，実際には，それが統合さ
　　れた形（重層的な空間的領域）で現れている。
※この三者の空間的な活動領域は概念的に整理された「分析的な区分」である。
※国家領域を超える範囲であっても，資本（多国籍企業）は活動できるため，国家
　　主権が及ばない場合がある。そうした際に，国際機関による対応が望まれている。
出所：筆者作成。

要性が指摘されているが，同時に，その三者による相互関係を実証的に分析する必要性も高いといえよう。

　国際機関の理論的分析に際して，国際機関による国家や資本との関係性を実証的に分析する必要が求められる背景には，すでに序章で本書の分析視角として提示したように，国際機関が外形的に自律した実体として機能する側面に加え，国際機関の内面的特質として，国家や資本の利害に組織運営を大きく規定される側面があるといえる。換言すれば，国際機関は国家や資本に対して，第2-1図のように外的存在として対峙する一方で，国家や資本が内生的存在として国際機関の組織運営を規定していくという，いわば，第2-2図のように再帰的な関係にある。組織独自の論理に従い行動する国際機関の自律性とその運営や活動に対する国家や資本の「介入」は国際機関の本質と

もいえ，この三者は錯綜した利害を抱えた再帰的な主体間関係を形成している。この再帰的な関係性は主体間関係の性質を示している一方で，こうした主体間関係は三者が第2-3図のように重層的な活動領域を有しているがゆえに生じているといえる。国際機関，国家，資本は活動領域の相違に基づいて，協力や連携を通じた並列的な関係を構築しつつも，その一方で，各主体の意思決定に対して，直接的，間接的に影響力を相互に行使する再帰的な関係にもある。したがって，主体間関係の性質および空間の視点から，国際機関，国家，資本の関係性を「再帰的重層性」と表現することができよう。その概念的イメージは第2-4図において示されている。

主権国家は自国領域を活動領域とするが，明確に閉じられ，集権的に統制された空間によって国民経済が成立するとともに，市場経済を十分に機能させる規則や資本蓄積のためのインフラが整備され，浸透している。一方で，資本は主権国家がもたらした規則やインフラに基づきつつも，一国にとどまらず，国際的に活動領域を拡大させている（Hircsh 1995＝1998：5）[7]。他方で，国際機関は多国間組織であり，理論的には，加盟各国の領域や公海・公空，南極のように国家に属さない領域を含めて，国際機関が対応すべき課題の発生地点を自らの活動領域とするが，国際機関ごとに加盟国数は異なり，また，加盟国の増減も生じるため，活動領域は多様である[8]。ただし，グローバル・イシューへの対応や資本が志向する国際的に共通化された市場のように，国家領域を超えた協議が必要な際に，国際機関の活動は効力を発揮する。このように，三者の空間的な活動領域に見られる共通性とその乖離がある中で，各主体は相互に作用しあっており，多層に及ぶ空間的構成が生じ

---

7) 資本は国家領域に制約されずに国際移動を可能とするが，とはいえ，どの国家でも全く自由に移動できるというわけではなく，事業を展開できる基盤としての国家からの許認可や法制度，インフラがあり，さらには，顧客の存在等，収益性の見込まれる市場がある国家を選択して移動している。したがって，潜在的には，資本は世界各国へ進出できる可能性を秘めているものの，実際には「市場」がある程度形成されている諸国家を対象に，不均等な活動領域を示している。

8) 国際機関は空間的には主権国家よりも広範囲を対象とするといえるが，国家領域内に対する活動は非常時等を除いて主権国家の権限によって影響を受けるため，必ずしも加盟各国の全域を対象とするとはいえない場合もある。

第 2-4 図　再帰的重層性

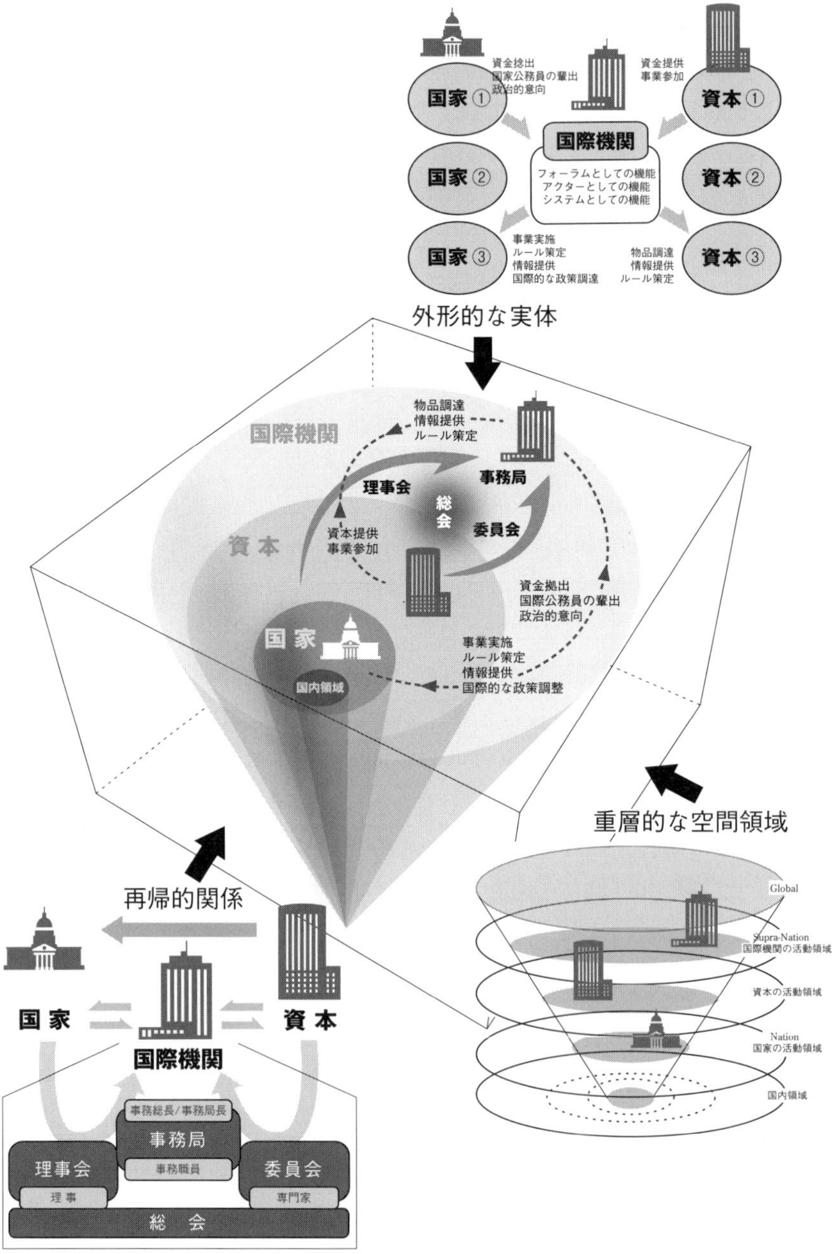
資金捻出
国家公務員の輩出
政治的意向
資金提供
事業参加
国家 ①
国家 ②
国家 ③
資本 ①
資本 ②
資本 ③
国際機関
フォーラムとしての機能
アクターとしての機能
システムとしての機能
事業実施
ルール策定
情報提供
国際的な政策調達
物品調達
情報提供
ルール策定
外形的な実体
物品調達
情報提供
ルール策定
国際機関
理事会
事務局
総会
委員会
資本提供
事業参加
資本
資金拠出
国際公務員の輩出
政治的意向
国家
事業実施
ルール策定
情報提供
国際的な政策調整
国内領域
重層的な空間領域
Global
Supra-Nation
国際機関の活動領域
資本の活動領域
Nation
国家の活動領域
国内領域
再帰的関係
国家
資本
国際機関
事務総長/事務局長
事務局
事務職員
理事会
理事
委員会
専門家
総　会

ているがゆえに，国際機関，国家，資本による再帰的重層性が明瞭に現れだしているのである。

国家領域を超えて活動する多国籍企業とはいえ，その活動は多数の国家領域内にとどまり，国家領域と切り離されて事業を展開するわけではない。常に，足場として，主権国家と密接に結びついている。領域的観点からすると，国際機関と主権国家も同様の関係にあり，国際的な活動を展開できる国際機関といえども，公海や南極を除いて，常に足場となる国家が存在している。したがって，三者による再帰的重層性において，明確な領域性を有する主権国家が軸となって，資本や国際機関との関係性が形成されており，「国家」そのものに対する理解を深める必要がある。

グローバル化の進展に伴う資本主義国家の変容過程を理論的に分析している Hirsch（1995，2005）では，国家の本質が探究されながら，資本主義における「国家」と「市場」の相互関係が解明されている[9]。国家を資本家階級の支配手段と単純に把握してきた従来の国家理論を批判しながら，Hirsch は国家を妥協と均衡を仲介する「社会的諸関係の制度的表現形態」として位置づけている。個人や政党・利益集団，さらには，社会運動，官僚制，資本等によって形成される社会的関係が政治的な制度，組織，装置に反映され，具体的な国家として形状化する（Hircsh 2005＝2007a：18）。その中でも，資本主義国家は租税国家であるため，資本主義的生産過程から生み出される租税がないと活動できない。したがって，国家は本質的に資本の価値増殖過程に依存しており，国内の主要な社会的利害の中でも，資本の利害と構造的に強く結びついているのである。

この資本蓄積が単一国家を超えてグローバル化する際に，「競争的国民国家」として，各国は多国籍企業の誘致を図る立地競争に対して「国家の国際化」を強め，自国内に価値増殖の最適条件を創出するとともに，世界規模で

---

9) Hirsch は物象化論的視座に基づき，私的労働の社会性が商品の価値や貨幣形態という人間と対立する客体として表現されるように，政治における個人の社会性も貨幣の流通過程や資本の価値増殖過程を通じて，客観化され，物化された国家という形態で諸個人に対立して現れると捉えている（Hirsch 1995＝1998：9-11）。つまり，国家は資本主義における「政治的形態」とされる。

の安定した商品，労働力，貨幣，資本の流通を保証するための国際的な調整メカニズムを必要とする。そこで国際機関が国際的な調整機能を担うものの，その国際調整の具体的な形態は多国籍化した資本の利害に適合せざるを得ない（Hircsh 1995＝1998：78-79）。そのため，グローバル化によって，国内における民主主義的手続きを経ずに，国際機関や多国籍企業のような国際的に活動する多様な主体の協議に基づいて政策形成が行われるようになり，多国間交渉における資本利害の浸透や国際機関と多国籍企業による官民パートナーシップのように，国内的にも国際的にも政治過程の民営化が進展している。

　このように，資本主義国家の理論的分析からは国家自体が自律した主体としてのみならず，グローバル化とともに，他主体との社会的関係に規定されながら行動せざるを得ない性質，つまり，国家の相対的自律性が見出されている。グローバル化による空間的領域性の変化から，国際機関，国家，資本の関係を再帰的重層性として捉えてきたが，資本主義における国家や国際機関と資本の価値増殖過程との密接な依存構造から，国際機関，国家，資本の主体間関係はいわば構造的に形成されていると捉えられる。つまり，再帰的重層性は単に三者が関係しあっている状態を表すだけではなく，むしろ，国際機関，国家，資本は価値増殖をめぐって互いの存続を規定しあう構造に組み込まれている状況を表すといえよう。したがって，国際機関，国家，資本による再帰的重層性は三者間関係のみならず，その関係性が常態化した構造としての意味をも有するのである。Hirsch の国家理論では，主に，国際機関の中でも，世界規模における資本蓄積を進める政策的対応を強めている IMF や世界銀行，WTO 等が念頭に置かれているが，当然ながら，国際機関にはこれら以外に多様な目的を持つ諸機関がある。国連機関のように，他の国際機関においても，世界的な政治経済過程に対して国際機関，国家，資本による再帰的重層性が通底しているのかどうか，検討が必要になるだろう。

## 第2章のまとめ

　第2章では，国際機関を政治経済学の視点から考察する意義を，先行研究の検討を通じて明らかにした。その結果を以下に要約する。

　第一に，国際法による規定から国際機関の性質を確認していく中で，主権国家は国際機関の内部主体であるとともに，外部主体でもあるという「加盟国の二重性」が指摘されたが，その二重性によって，国際機関は加盟国間の調整を図る「フォーラム」であるとともに自らの任務を遂行する「アクター」でもあるという点が明らかにされた。こうした「フォーラム」や「アクター」としての役割を通じて，国際機関は非国家主体を含め，主権国家間の相互作用を調整する「システム」としての機能を発揮し，世界全体の安定性に貢献する秩序を形成している。

　第二に，国際政治理論の各潮流において，国際機関の捉え方は異なっているものの，それらは国際機関の諸側面を個別に示しているのであり，現実主義(リアリズム)，自由主義(リベラリズム)，構成主義(コンストラクティビズム)の各視点は国際機関の秩序形成機能を分析するために必要不可欠であると明らかにされた。現実主義(リアリズム)が提示する主権国家の手段としての国際機関，自由主義(リベラリズム)が提示する国際制度としての国際機関，さらには，構成主義(コンストラクティビズム)が提示する理念や規範を形成する役割としての国際機関は，国際政治理論における国際機関研究の到達点として確認される。しかし，その国際政治理論における国際機関研究では，多様な主体の水平的関係を中心に分析しており，主体間の権力行使過程が見えにくくなっている。

　第三に，世界の政治経済過程における権力行使過程に視点をあてた批判的国際政治経済論では，国際機関の秩序形成機能に付随する主体間の垂直的関係を分析の射程に収めており，政治経済学的な視点から国際機関を捉え直す契機として確認された。特に，新グラムシ主義(ネオグラムシアン)の視点から，資本による政治的機能や国際機関が抱える経済的機能を踏まえて，グローバル・ガバナンスの構造を解明する試みが求められている。政治経済学的な視点に基づく国際機関の理論的再構築に向けて，権力行使を軸に，国際機関が主権国家や多国籍企業と織りなす関係性を分析する重要性が明らかにされている。

　第四に，プライベート・レジーム，プライベート・オーソリティ，プライベート・ガバナンスと表現されるような，資本による秩序形成が世界的に台頭してきているが，そうした動向を国際的な資本蓄積に適合する制度，規則，基準の形成を媒介に，国際機関が支えている点が確認された。資本による秩序形

成に対して，国際的な調整の新たな形態として国際機関が機能しており，世界的な市場の形成に関与しているのである。

　第五に，政治経済学的なアプローチによって，国際機関，国家，資本による関係性を理論的に検討した結果，三者は活動領域の空間的相違に基づき，協力や連携を通じた並列的な関係を構築しつつ，意思決定に対して相互に影響力を行使しようとする再帰的な関係を築いている点が明らかにされた。また，そのような三者の再帰的な関係性を資本主義国家の本質的性質から考察した結果，国家や国際機関が資本の価値増殖過程に依存せざるを得ない構造を抱えており，国際機関，国家，資本による再帰的重層性は互いに規定しあう重層的な構造として形成されている点が明らかにされた。

　本章における国際機関に対する理論的研究の整理を通じて，政治経済学的視点から分析する意義やその視点から生じる分析枠組みが明確になったといえる。この成果を踏まえて，次章以降では，より実証的な分析を展開する。

　　　　　　　　　　　　　　　　　　　　　　　　　　　　➡ 次章へ

*chapter* **3**

# 国際機関の「普遍性」と市場形成

国際機関とは，複数の国家が共通の目的を達成するために，条約に基づいて設立される常設的な機関を有する多国間組織である。国際電信連合（1865年），一般郵便連合（1874年），国際鉄道輸送連合（1890年），国際衛生事務局（1907年），万国農事協会（1905年）が国際行政連合として活動を展開し，国際機関の嚆矢となった（家・川岸・金 1999：9；城山 1997：24）。その他にも，国際機関は軍縮・人権・教育・観光・司法等，多様な分野で設立され，国際社会において重要な役割を果たしてきている。国際機関は多国間組織であるがゆえに，国民国家の領域を超える活動を展開しており，現代世界において独自の役割を果たす存在である。しかし，一般に，国際機関の活動分野が広範囲に及ぶことも影響してか，政治経済過程における国際機関の役割はまだ十分に解明されていない。

　戦後，「自由・無差別・多角」原則に基づいた自由貿易体制の追求による経済的厚生の増大が強く求められてきたが，その自由貿易を体現させる制度を設計し，さらに，制度の国際的整合化を図る主体として，国際機関が機能してきた。特に，自由貿易体制の構築は「均一的市場」を創出するためといえるが，経済諸制度の国際的整合化はグローバリゼーションの深化とも大きく関わっている。その意味で，グローバリゼーションを理解するためには，国民国家や多国籍企業のみならず，経済活動のプラットフォームとしての制度を設計する国際機関への着目が重要になろう。

　経済取引は財・サービスを交換する主体同士において，一定の交換ルールが確保されたうえで成立する。法制度，慣行，規範により有形無形に形成される制度は，経済取引を実現するために必要不可欠なルールである。しかし，諸制度は国家領域を超える場合にはその相違が大きく，国際的な経済取引において，制度の相違は円滑な経済取引を阻害してきた。国際行政連合として国際機関が創設されはじめたという歴史的経緯も，国家間で異なる諸制度の共通化を図る必要性が高かった証左と考えられる。国家間の制度的調整を行うために，多国間組織である国際機関が適当な役割を果たしている。

　国際機関は設立目的の実現に向けて，相異なる諸制度を整合化させながら，世界各国において制度の共通化を促進させていく。ただし，「整合化」はひとつの過程であり，必ずしも一元化を意味しない（Tay and Parker 1990：

73)。とはいえ，諸制度が国際的に整合化される結果として，各国市場が統合化され，「均一的市場」が形成される事態も現れてきている。国際機関による制度の整合化の帰結として，統合化された市場の形成が進展しているのである。

　第3章では，国際機関が市場の統合化を支えるとともに，共通化された市場の形成を積極的に推進させている過程を，その制度形成的側面に着目して明らかにする。とりわけ国際通貨制度，規格制度，通商制度を取り上げ，制度形成および調整機能を果たす国際機関を軸に，国民経済をベースに形成されてきた市場が国民国家の領土的境界を越えて，世界的な「均一的市場」へと統合化されていく過程を論証する。そのため，本章では，主に自由貿易体制の構築に関与する国際機関を分析対象とする。

　本章は以下のように構成される。第1節において，自由貿易体制に関する国際機関に対する先行研究を踏まえ，国際機関と制度の整合化の関係を明らかにする分析視角を提示する。第2節では，国際取引の基本的要素でもある国際通貨制度を管理する国際通貨基金（IMF）に焦点をあて，第3節では，取引される財の成形に関連する国際規格制度を司る国際諸機関，さらには，第4節において，取引制度そのものである国際通商制度の構築を強く推進させている世界貿易機関（WTO）を対象として検討する。これら三事例を通じて，国際的経済諸制度が適用範囲を拡張させるとともに，経済活動の空間的領域として，共通化された市場を形成する過程を論じる。

## 第1節　空間的階層と普遍性

### 1. 自由貿易体制の中の国際機関

　自由貿易体制は，主に，金融と貿易の領域を中心に世界経済の方向性を模索する中で検討され，学術研究においても，国際金融および国際貿易の分野で議論が交わされてきた。たとえば，国際金融の分野では，国際金融情勢の歴史的推移，国際通貨制度による各国経済・国際経済への影響を考察する視

点（Gardner 1969；石山・日下部 1978；James 1996；国宗 2009；大原 1963；白井 1999；Vines and Gilbert 2004；ウィリアムソン 2005）や，戦後の世界経済の性質規定を金融市場の動向から論じる視点（深町 1993；Gilpin 1987；松村 1993；奥田 1989；Strange 1976；山本 2002）から，IMF の設立経緯や歴史的展開が分析されてきた。西川（2011）のように，IMF の主体性を重視し，「国際機関の論理」から国際通貨制度の安定・構築過程を再構築しようとする研究も近年になって現れてきているが，全体としては，IMF の分析を通じて国際金融および世界経済の変化を把握する点に主眼があり，IMF の活動を介して，国際機関の役割を理論的に抽出するという視点はとられてこなかった。

　国際貿易の分野においても，円滑な国際貿易を実現させるために組織された関税と貿易に関する一般協定（GATT：1948～1995 年）と WTO（1995 年～）を対象に，組織の設立過程や農業をはじめ各分野における貿易交渉の経緯を論じる視点（遠藤 2004；服部 2000；外務省 1996；Jackson 1990；Josling, Tangermann and Warley 1996；筑紫 1994）や法制度的特徴を論じる視点（小寺 2000；Krueger 1998；松下 2000），国際貿易の枠組みが形成されたことによる産業構造・貿易政策の変化，各国経済および世界経済への影響およびその問題点を論じる視点（Bhagwati 1991, 2004；George 2001；Josling, Roberts and Orden 2004；中野・岡田 2007）から多くの研究が蓄積されてきた。ただし，WTO が国際機関であるがゆえに，その目的に従って積極的に世界共通の貿易制度の構築・管理運営を進め，強力な執行力を行使して加盟国の貿易制度を整合化するという視点は十分にとられてこなかった。つまり，単なる交渉の場＝「フォーラム」ではなく，「アクター」としての WTO の活動を考察する視点である。

　金融・貿易に比較すると，直接的には自由貿易体制を構築する分野としては把握されてきていないものの，物理的に貿易を支える輸送・通信諸制度や貿易される財そのものの製品規格も現実には不可欠な要素である。国際的な輸送・通信体系の形成過程を論じる視点（Barkin 2006；古畑 2008；Molle 2003；澤 1993；山内 1991；Zacher 1996）や規格の標準化に関わる企業の競争力を分析する視点（原田 2008；渡部・中北 2001；山田 1999）から，国際取引に必要な技術的事項を管掌する国際機関の概略や活動内容が言及されている。城山（1997）はそれらの国際機関を中心的対象として，組織の設立過程とその活

動の実態を詳細に検証している。技術的事項を管掌する国際機関の組織内部の統制構造に焦点をあて，その組織特性と機能を分析しており，本章においても摂取する部分が多く有用な研究であるが，行政学的視点に基づいているため，明示的には自由貿易体制との関連に対する視点が不足している。

　こうした先行研究に不足している視点を補いつつ，自由貿易体制に関連した国際機関の役割を解明するための分析視角を検討する。制度形成自体は国際機関に限らず，国民国家，地方政府をはじめとした公的主体，企業や市民社会組織のような民間主体でも行うことができる。しかし，その中でも，制度形成に関する国際機関の特徴を「空間的階層」と「普遍性」の視点から確認する。国際機関の空間的階層および普遍性を踏まえることにより，現在の国家領域を超えて展開されるグローバルな経済取引を，国際機関およびその制度形成・調整機能が構築している点を明らかにできよう。

## 2. 国際機関と空間的階層

　国際機関は多国間組織であるために，本部・事務局はある特定国に立地しているとしても，組織の活動としては特定の国家領域内において完結しているわけではない。むしろ，理論上，加盟各国全ての国家領域が国際機関の活動対象範囲となり，また公海や南極等のいずれの国家主権にも属さない領域を管轄する場合もある。

　従来の社会科学では，グローバルな現象を把握するに際しても，国民国家を基本的分析単位として，国家領域の枠組みからアプローチする傾向が一般的であったと指摘されている（久野 2008a：85）。もちろん，グローバルな範囲にわたって生じる現象であれ，一部の領域を除いて，それぞれの国家領域内部において生起しているが，その事象が複数国家間に及ぶ場合や，逆に単独国家内部の一定範囲で完結している場合に，国民国家・国民経済を分析単位とする研究の限界は指摘するまでもない。経済現象の領域性は事象解明に対する重要な視点といえるが，その際には，空間的な認識枠組みを適切に設定する必要がある。

　経済学の発展過程において基本的単位とされた国民経済を Nation レベルとすれば，国際機関の活動次元は Supra-Nation レベルと考えられる。Supra-

Nation レベルは，ヨーロッパ連合（EU）や北米自由貿易協定（NAFTA）等に見られるような，国家領域を超えつつも一定の地域性を帯びる Macro-Region とは異なり，その地域性を有さない空間的階層を表している。特定の国民国家内部に事務局等の施設を有する，また，特定の加盟国に権力資源が偏在している等の留保事項を持ちつつも，国際機関の活動範囲は全ての加盟国に及び，基本的には局地的な地域性を帯びない。加えて，国際機関は国家主権を超える権限を持たないため，世界政府としての存在でもない。したがって，国家を超える Trans-Nation や地球全体を捉える Global ではなく，多数の加盟国によって構成されつつ，国家主権のもとで活動する国際機関が位置する空間的階層は国家の上位にある Supra-Nation と表現される[1]。

　分析対象に応じた分析単位の設定によって，異なる空間的階層間における状況認識の相違が浮かび上がり，また，階層間の認識の相違および齟齬は問題設定の相違・対立を引き起こす。Supra-Nation レベルを活動次元とする国際機関の場合には，経済諸制度の形成・調整過程において，構成要素たる加盟国間の利害対立を含みつつも，その利害関係の帰結として制度が形成される。つまり，国際機関を軸に，利害対立の凝縮として国際制度が構築され，その制度に基づいて国家をはじめとした各主体が行動するのである。

### 3. 普遍性の獲得

　国際的な経済取引の基盤として，整合化された諸制度が作用するためには，個々の具体的制度の機能的な卓越性が求められるだけでなく，加えて，その制度の適用される地理的，分野的範囲が十分に確保されている必要がある。また，経済取引は制度的障壁が削減されれば，円滑な取引が可能となり，制度的な整合性を志向する傾向にある。少数の国家間のみだけではなく，より多数の国家間で通用する諸制度であれば，経済取引における地理

---

1）「階層性」や「重層性」として空間的規定を明確にした研究は，地域経済学や環境経済学をはじめ，国家領域と分析対象領域の相違・齟齬が諸矛盾の生成をもたらす諸分野で行われてきている（池島 2009；岡田 2005；植田 1996；谷内 2005）。だが，国際政治経済学分野においても同様に，空間の「階層性」や「重層性」は指摘されている（Held 2000；Hirsch 1995）。

的，分野的範囲も拡大し，同一制度であることのスケールメリットが発揮されよう。こうした点はネットワーク外部性と呼ばれる現象に類似している[2]。

　国際機関を通じて形成される制度についても，ネットワーク外部性が作用していると考えられ，国際機関に加盟する国家は当該制度を受容することになるが，加盟国数が増加すればするほど，制度の適用範囲は拡大していく。つまり，国際機関への加盟国数が増大すれば，当該機関の設立目的やその国際機関を通じて形成される制度の適用範囲も世界的に拡張され，どの国においても共通した制度が整備される状態が生まれる。いわば，国際機関とその国際制度が世界的に「普遍性」を獲得していく。

　一方，そのような国際制度が通用しない非加盟国は加盟国との経済取引において制度的障壁が高く，調整が必要となる。したがって，加盟国と非加盟国との間で取引を行うよりも，加盟国間で取引を選好する国家が増加し，非加盟国は加盟国に対する市場アクセスが格段に低下する。国家によって組織された国民経済圏同士の競争は，それぞれの経済圏に属する企業間競争として具体化され，貿易上の利益や合理化の必要性という形態で市場競争による強制が発生する（Hircsh 1995＝1998：29）。そのため，国際機関が追求する目的への賛同の有無に関わりなく，現実的な経済的権益を確保しようとすれば，非加盟国はその国際機関に加盟し，国際制度を受容せざるを得なくなる。ネットワーク外部性が作用することにより，国際機関への加盟には一種の強制力が発揮されているともいえる。

　このように国際機関への加盟国増大は，結果として，国際機関の形式的な「普遍性」を高め，また，諸制度の整合化を促進させながら実質的な「普遍性」を付与する。集合的意思決定と市場競争の相互作用が国際機関の「普遍性」をより一層強固に築き上げ，市場の統合化を促していくのである。そうした過程に焦点をあて，以下では，具体的な国際機関とその制度的調整機能についての分析を進めていく。

---

2）ネットワーク外部性とは，通常，ある財の利用者数が増えるほど，利用者個人がその財から受ける便益が増加する現象と定義され，利用者数が十分に大きいと，その便益を求めて累積的に新規の利用者が増える状態を示す（田中・矢崎・村上 2003：2）。

## 第 2 節　国際通貨制度の整合化

### 1. IMF の設立

　現在の市場経済を支えるためには，貨幣価値の安定性を保持する制度が必要である（柴田 2008：5）。市場経済は「貨幣」を用いて商品を売買するという暗黙のルールが成立している。しかし，貨幣価値の急変動によってこのルールへの信頼は動揺し，経済取引の遂行にとって大きな障害となってしまう。貨幣価値の安定化を図る必要性から，IMF は為替制度の構築・変更に大きく関与し，国際通貨制度の維持を目的として，加盟国の経済政策や国内制度に深く介入してきた一方で，国民経済の領域的蚕食は国際的な貨幣と金融の規制緩和を契機に進展してきた（ヒルシュ 2007b：35）。そのため，国民経済を超えた範囲での調整，つまり，IMF による調整機能がより一層求められることにもなったのである。このように，国際的な経済制度の必要性とも関わって，国際機関分析において IMF は重要な位置を占めていると考えられる。

　第二次大戦後，世界平和にとって経済の安定化が必要であるとの理念のもと，自由な国際商品取引を支える新たな国際通貨制度を構築する具体策として，1947 年に IMF が発足した。当初 30 だった加盟国・地域数は 188 にまで達している（2014 年 5 月現在，加盟国数については以下同様）。戦時下において中断していた国際貿易の再開を可能にする安定した為替相場と国内経済に対する自律的な財政金融政策の実施を目的として，英米両国の合意に基づいて IMF は構想された。しかし，戦後世界最大の債権国として巨額の経常黒字を継続的に維持するアメリカと，戦費調達のためにアメリカを筆頭に巨額の対外債務を負い，経常赤字の発生が継続するイギリスとの間の政治経済的地位の相違に基づき，IMF 構想は当初から国家利害が反映されていた（山本 1997：79-80）。その結果，アメリカによる提案を中心に，IMF 構想はまとめられていくことになった。IMF が加盟国の経済政策に介入し変更を要求する点をアメリカは重視しており，基軸通貨ドルの安定と流通によって，国際

貿易の活発化と資本主義経済の拡大が目指された (Gardner 1969＝1973：279-280)。いわば，戦後経済におけるアメリカの経済的地位を確立・維持するための手段としての性格をIMFは内包していたといえる。

英米間の交渉の末に設立されたIMFは2つの機能を有していた。第一は，自国通貨の為替管理を加盟各国に義務付けることで，金・ドル本位による固定相場を維持するという国際通貨制度の管理・運営機能である。第二は，加盟国ごとの割当額に応じた出資（クォータ）によって「基金」を設立し，加盟国が国際収支不均衡に陥った場合に資金を融資し不均衡を是正するという融資機能である。IMFはこれらの機能を軸に，「最後の貸手」として加盟各国の国際収支危機への対応を期待され，戦後の国際通貨制度を支える常設機関として位置づけられた。国際金融・国際貿易では，一国の経済情勢の変化が瞬時に他国へと連鎖的に波及するため，国際金融の安定を優先させるべく，IMFは金融危機発生国や債務累積国に対して強硬的な圧力を加える側面も有していた（毛利2001：63-64；Stiglitz 2002＝2002：146-150）。ただし，優先される「国際金融全体の安定」は往々にして，アメリカの利害が反映されており，それに対する批判も多いが，この問題について本章ではこれ以上踏み込まない。以下，歴史的推移とともに変化するIMFの役割を確認する。

## 2. IMFの役割の変遷

戦後経済の回復とともに，1950年代後半から機能しはじめた金・ドル本位による固定相場制は，ドルの対外流出とそれに伴うアメリカの金流出によって維持困難に陥り，主要各国は1973年に変動相場制に移行した。国際通貨制度における変動相場制への移行は1978年のIMF協定第二次改定により，公式に承認されたが，固定相場制の維持を目的としたIMFの第一機能は早くも失われたかに見えた。しかし，アメリカによる金・ドル交換停止に先だって，IMFはドルと異なる国際通貨の創出を含め，国際通貨制度の維持を図っていた。その結果，固定相場制を放棄しつつも，新たな通貨である特別引出権（SDR）の発行により，国際通貨制度は継続されたのである（Clark and Polak 2004：53-54）。

SDRは金やドル等の既存の準備資産に対する補完通貨として，IMF協定

第一次改正（1969年）により創設された。固定相場制のもとでは，SDRの国際通貨としての役割は限定的だったが，IMFが自由な為替制度の選択を正式に承認して以降，金の代わりにSDRを中心的な準備資産にする国際的合意が得られ，加盟各国の通貨やIMF取引に関する価値表示が全てSDR表示へと改められた。その結果，価値基準はSDRを介して各国の通貨価値と結びつくことになり，特に，民間需要の高い，最も対外価値の安定した通貨であるドルが実質的な価値基準として機能し，SDRは有用なドルの補完物と見なされた（Strange 1976：350）。つまり，固定相場制から変動相場制への移行の背景には，SDRを介してIMFがドルを中心とする国際通貨制度を支えていた点を見出せるのである。ただし，変動相場制のもとでは，IMFが国際通貨制度の管理・運営に主導的な役割を果たしていないという側面も浮かび上がってこよう。

　1960〜70年代はIMFによる国際通貨制度の管理・運営機能が国際金融に大きな影響を与えていたが，1980年代以降には，もう一方の融資機能が脚光を浴びることになった。その要因のひとつが途上国への資金流入に起因する債務累積問題である。1982年にはメキシコが債務不履行に陥るが，その資金供給源である多国籍銀行も損害を被る事態になるため，債務累積危機は途上国のみならず国際金融全体の動揺を招くことになった。IMFはこうした途上国の債務累積に対して，経常収支改善を目的とする資金供給に加え，経済構造を改革する中長期的な構造調整政策を展開したのである。ただし，途上国の債務累積の背景には，アメリカ民間銀行による高金利の超過貸付があり，IMFへの資金拠出を通じた銀行救済に対してアメリカ議会では批判が嵩じていた。しかし，国際社会からの圧力が強まり，議会はIMF増資を承認したのである（ワシントン駐在員事務所 1984：8）。その増資をもって，IMFは構造調整政策を具体化させていった。

　1980年代前半に顕在化した途上国の債務累積問題の一方で，基軸通貨供給国であるアメリカは経常収支不均衡を大幅に拡大させており，1985年には純債務国へと転じた。しかし，この不均衡は先進諸国間による金融資本市場の自由化や為替介入を誘導する政策協調に基づいて是正され，IMFの融資を必要としなかった。国際機関であるIMFがその融資機能を中心に，途

上国経済の構造改革に対応する一方で，主要先進国は政策協調による各国通貨の安定を志向し，実質的な国際通貨制度の管理・運営機能を果たしていたといえる。

　1990年代になると新興市場国経済の金融・資本市場の自由化に伴い，巨額かつ短期的な資本移動が生じはじめ，メキシコや東アジア，ロシア，ブラジル，トルコ，アルゼンチンと各国で通貨危機が発生し，次々と実質的な固定相場制は放棄されていった。構造調整政策や融資額の拡充をはじめ，IMFによる対応策も急激な資本移動には十分な効力を得られず，危機発生国は変動相場制へと移行し，変動相場制の通用する地理的範囲はそれこそ地球規模に及んだ。その結果，急激な通貨流出入の発生機会は減少したが，巨額資金を運用するヘッジファンドによる投機等，依然として国際的金融危機の可能性は残されている。そのため，IMFは新たに政策監視機能を強化し，各国当局への是正勧告や市場参加者への経済政策情報の提供を実施することで，国際通貨制度の安定化を支えている。

### 3. 国際通貨制度の整合化過程

　以上より，IMFは直接的な国際通貨制度の管理・運営機能を発揮し，その後，債務累積問題への対応としての融資機能，さらには，政策監視機能によって，間接的に国際通貨制度の安定化に取り組んできた。また，加盟国の増大により，IMFに支えられた国際通貨制度は世界全体に波及・通用することになったが，加盟国が採用する通貨制度は多数ある中でも「変動相場制」に収斂する傾向にあった。第3-1①～③図からは，世界各国に占めるIMF加盟国の増大と，それに伴う各国通貨制度の国際的整合化の過程が確認されよう。第3-1①図（1971年時点）では，IMF加盟国は全て固定相場制を採用している。第3-1②図（1989年時点）は中南米債務累積危機が発生した80年代後半における各国通貨制度を図示している。第3-1①図から第3-1②図にかけて，加盟国数は121から157へと増大しており，また変動相場制を採用している加盟国は地域的に偏在している。ところが，アジア通貨危機を経た1998年には，IMF加盟国数は184となり，第3-1③図からは，明らかに変動相場制が地球規模で通用している。世界各国がIMFに加盟する

とともに，加えて，同様な通貨制度を採用することによって，「国際機関を通じた制度の整合化」の一例が示されている。1991年のソ連崩壊による冷戦構造の解消もあり，このような国際通貨制度の整合化が世界市場を拡大させる前提を形成していったといえる。

　このように，IMFは外形的には国際通貨制度に対する調整機関として機能してきているが，出資比率に応じた議決権配分によって，アメリカが事実上の拒否権を有している点や，途上国に対する構造調整政策の勧告に対する批判も多い。また，本章では，IMF内部の利害対立やIMFと国家との権力関係に対しては十分に考察できていない。しかし，国際機関は加盟国の利害対立が凝縮された組織的実体であり，複雑な内部事情の表出がIMFの活動を構築している。外形的な役割からでも，国際通貨制度をめぐるIMFの重要性は鮮明に浮かび上がるといえよう。

　上述のようなIMFに対する批判が多いにもかかわらず，加盟国数は増加し続けている。IMFの役割は時代の推移とともに，固定相場制の維持から国際的な経済・金融危機への対応，さらには，それら危機に対する国際的支援の枠組み形成のための政策監視へと変化してきた。加盟国は国際収支不均衡の際の資金支援のみならず，他国にて発生した金融危機の余波が世界的に波及する事態に備えた国際的な危機対応を目的として，IMFに加盟している。IMFによる政策監視は全加盟国に対して実施され，加盟国数が多いほど，世界経済や国際金融市場の正確な情報が得られ，より実際的な対応が可能になる。また，国際的な取引の拡大により，相互依存的な経済状況が生まれ，通貨制度においても先進諸国を中心に変動相場制への収斂傾向が見られる。民間資金移動の量的拡大と急速な流出入により，通貨当局による為替介入の限界が露呈し，各国は変動相場制と政策協調による国際金融の安定化を志向するようになったのである。

　国境を越えた経済取引が進展する以上，取引に参加するためには，諸通貨間の決済に関して同一制度を志向せざるを得ず，その結果として，IMF加盟国の増大と国際通貨制度の国際的整合化が進んだといえよう。

第3-1①図　各国の為替制度（1971年時点）

□ IMF未加盟
▨ ドルへの固定相場

出所：IMF, *International Financial Statistics* より作成。

第3-1②図　各国の為替制度（1989年時点）

□ IMF未加盟
単一通貨に対する制限変動相場
SDR・通貨バスケットへの固定相場
ある指標によって調整
その他の単一通貨への固定相場
協調為替取極
ドルへの固定相場
■ 変動相場（フロート制およびその他）

出所：IMF, *International Financial Statistics* より作成。

第3-1③図　各国の為替制度（1998年時点）

□ IMF未加盟
単一通貨に対する制限変動相場
SDR・通貨バスケットへの固定相場
その他の単一通貨への固定相場
協調為替取極
ドルへの固定相場
■ 変動相場（フロート制およびその他）

出所：IMF, *International Financial Statistics* より作成。

## 第3節　規格の整合化

### 1. 技術的国際機関の活動

　財・サービスの取引形態や製品規格の相違は，当然ながら，国際的な取引における障害になるとともに，製品流通範囲の限定を招くことになる。取引形態が異なれば，商品ごとに個別対応が必要になり，それだけ，取引コストは高まる。取引の効率化には，反復的な取引の実現とともに取引様式の定型化が必要とされる。この取引様式の定型化には，多岐にわたる分野・領域において「制度」が積極的な役割を果たしているが，特に，取引の数量的・地理的範囲の拡大につれて，規格・基準の標準化が求められる。なぜなら，規格や基準が「制度」の構成要素として機能するからである。換言すれば，一定の規格や基準をもとにした各国共通の制度的基盤があれば，国際取引はより円滑に遂行されるのである。

　また，国境を越えて企業活動を展開する多国籍企業の台頭により，原料調達・生産工程の国際分業に伴う企業内貿易が活発化したが，その結果として，最終製品の生産に至るまでに，各国で生産される諸部品や中間製品等の規格の共通化が必要とされることとなった。取引の国際的拡大とともに，生産の国際的分散により，国際的に共通した取引形態および規格の構築が課題になったのである。

　国際的に通用する技術的な規格・基準を管理する組織として，多くの国際機関が活動しているが，本章では，運輸部門から，国際海事機関（IMO）と国際民間航空機関（ICAO），通信部門から，国際通信連合（ITU），さらに規格登録分野から国際標準化機構（ISO）と国際電気標準会議（IEC）を取り上げる。技術的事項を管轄する諸機関を，以下では技術的国際機関と称する。

　1948年に創設されたIMOの目的は海上輸送に関する包括的な規制枠組みの提供であり，航海の安全性や効率性だけでなく，海洋の環境保全を追求している。加盟国数は170，準加盟地域は3であり，公海で生じる利害対立の中で，特に，海運や漁業のような海事業の非経済的側面での協定を発展さ

ている。1944年には，民間航空の安全と発展を目的とするICAOが設立された。加盟国数は191であり，空運に関する技術的標準や手続きの設定による安全水準の向上を目的としている。ICAOが作成する航空機の技術や空港施設の運用，運航上の基準等によって，国際航空業務の安全かつ円滑な遂行が実現している。通信技術の発展とともに，その通信範囲も拡大する中で，1932年に電気電信利用に関する国際秩序形成の必要からITUが設立された。主に，通信技術，情報ネットワークの維持・発展とそれらへの全人類の普遍的アクセスの促進を目的としている。市場を介した民間企業による開発競争によって，技術的基準は確立していくため，193の加盟国だけでなく，700を超える民間企業・業界団体・学術団体もITUに加盟している。IMO，ICAO，ITUはそれぞれ，海運，空運，通信網を管轄対象とした政府間組織であり，戦後には国連専門機関として国連システムの一翼を担うに至っている。

　その一方で，ISOは財・サービスの国際交換の容易化のための規格統一や，それらをめぐる国家間協力を発展させることを主な目的として，1947年から活動を開始している。ISO参加国は162に及び，電気および電子技術分野を除く全産業分野（鉱工業，農業，医薬品等）に関する国際規格の作成を行っている。構成員は各国の政府代表ではなく，代表的標準化機関であるため，ISOはNGOとして位置づけられている。このISOが担当しない電気および電子技術分野の国際規格を所管しているIECは1906年に設立され，参加国数は準加盟国を含め82である。IECもISO同様に，NGOとしての組織的立場にある。ISOとIECの管轄する標準化作業には，実際に製品開発を担当する民間企業の意向が反映されるものの，代表的標準化機関がその取りまとめ的な役割を果たしている。

## 2. 通商拡大と国家主権

　これらの技術的国際機関の設立が必要になった背景には，通商の拡大とそれに絡む国家主権の問題があった。海運において，船舶自体は民間所有だが，どこを航行していようともその船舶の所属する国家には管轄権があり，また，寄港地となる国家はその船舶による入港や市場アクセスに対する許認

可権を有している（Molle 2003：214-216）。自国の主権のおよぶ範囲として排他的に支配できる領海とその主権の及ばない公海の利用に関しては，国家領域の問題だけでなく，自国海運資本の競争力強化による海運市場圏の排他的確保にまで結びつくため，国家間調整がより重要な意味を持っていた（澤 1993：36-38）。空運に関しても同様であり，国家主権がその上空にも及び，他国の上空はその国の承認がない限り飛行できない。この領空主権に基づいて，民間航空企業は締約国の上空通過と技術着陸が許可され，締約国相互の調整を経て，各国の航空行政の世界的な標準化が進められたのである（古畑 2008：3-8）。

電信技術の開発以降，電信回路は国境を越えて設置されるまでに普及した。国際電信回路の設置に伴い，その業務運営のための国際的枠組みが必要とされたが，通信範囲の拡大とともに，通信対象各国の多様化は国家主権との関係で問題を抱えることになった。電信収入は回線距離に応じて各国間で配分されていたが，電信量の相違に加え，各国の領域の広さと電信回路設置のための地理的条件が異なるため，公式的な国家主権の単位では，各国の財政負担に不均衡が生じた。そのため，国際電信業務では，既存の国家主権単位とは異なる別の行政的単位を設定・利用した（城山 1997：100-109）。これは国家主権単位以外の領域設定を行う必要が生じたという問題であり，主権領域の相互承認が課題になる海運・空運とは異なる形で国家間調整が必要であった。

同様に，無線通信業務では，無線通信技術の発展が私的独占によって阻害されないように国際的規制が求められていた。規制の焦点は主に，周波数配分制度の基本的枠組みについてであった。無線技術の進歩とその利用分野の拡大につれて，分配周波数帯も拡大されたが，各国への周波数割当において，国家間調整が必要になった（城山 1997：110-117）。無線利用に関する国際的枠組みは技術標準に関する規定も含んでおり，無線技術の独占を回避するとともに，無線通信の利用範囲の拡大と標準化を推進する役割を果たした。

規格の標準化については，早くから軍事物資の互換性が重要視されていた。そのため，規格原案の相互配布をシステム化する国際的合意が得られ，

工業規格や電気機器の国際的統一と調整が進められていった。標準化は多くの利害対立が伴う分野であり，たとえば，標準化の時期が早すぎると開発方法に枠をはめてしまい，技術革新を阻害する可能性が生じる一方で，時期が遅いと各国標準が既得権益化してしまい，標準化そのものが困難になる。さらには，標準化に伴う利得の相対的配分に内在する経済的利害対立に加え，標準化対象分野が各国の象徴的産業部門に及ぶ際の国内政治的反響を考慮するとより「政治化」される領域であり，政治経済的調整が必須であった（城山 1997：213-215）。

このように，通商範囲が国家領域を超えて国際間へと拡大されていくに従い，領土・領海・領空といった国家主権の及ぶ空間に対する各国の相互承認や軍事物資の互換性をはじめ製品規格の標準化が必要になり，国家戦略や軍事戦略と密接に関連した高度な政治性を帯びつつ，それらを供給する資本の利害を代表する側面をも含め，国家間調整を執行する場として，国際機関の設立ならびに制度設計が求められたのであった。

これら技術的国際機関は所管領域が個別的課題における技術的事項であることから，軍事・外交問題に比べて非政治的分野であり，国際協力の制度化ならびに共通利益の追求が可能だという機能主義的な位置づけをされる傾向にあった（Mitrany 1948：358-359）。とはいえ，非政治的分野での国際協力の背後に潜む政治的権力の存在は無視できず，実際には技術的事項をめぐる各国の政治経済的な利害対立が当然ながら生じており，それゆえに国際機関による調整は軍事・外交問題同様に政治的側面を多分に有していたのである。各国利害の対立の背後には，当該分野の資本間競争が潜んでいたが，国際機関を通じた調整過程を経て，技術のハーモナイゼーションが進行したのである。しかし，逆に，資本が国境を越えて事業展開する基盤を，技術のハーモナイゼーションが生み出したともいえよう。本章では，技術的国際機関による通商制度と規格の統合化とその意義について焦点をあてており，組織内部で生じる各国間および資本間の利害調整過程についてはこれ以上触れない。

## 3. 標準化による市場競争

技術的国際機関による制度設計・調整による規格の標準化に伴って，以下

のような3つのコスト低下が期待される。第一に，標準化による部品の相互利用は規模の経済性や経験を通じて製造コストを低下させる。第二に，開発基盤となる知識の共有化は互換性の向上とともに開発コストを低下させる。第三に，購買に必要な時間コストの短縮，それに伴う在庫コストの減少が可能になる（山田 2008：12-13）。これらのコスト削減によって，輸送・通信手段そのものの生産コストならびに輸送コストの低下が実現した。たとえば，第3-2図のように，国際運輸・通信コストについては新技術が導入されて以降，年月の経過とともに著しく低下傾向にある。特に，衛星通信や国際電話料金のコスト低下は顕著である。

もちろん，輸送・通信コストの低下には，技術革新の影響が大きい点は言うまでもないが，標準的プラットフォームの確立が技術開発の方向性を規定していた点も看過できない。実際に，輸送・通信コストの劇的な減少と対照

第3-2図　国際運輸・通信コストの低下傾向と技術的国際機関の加盟国数の推移

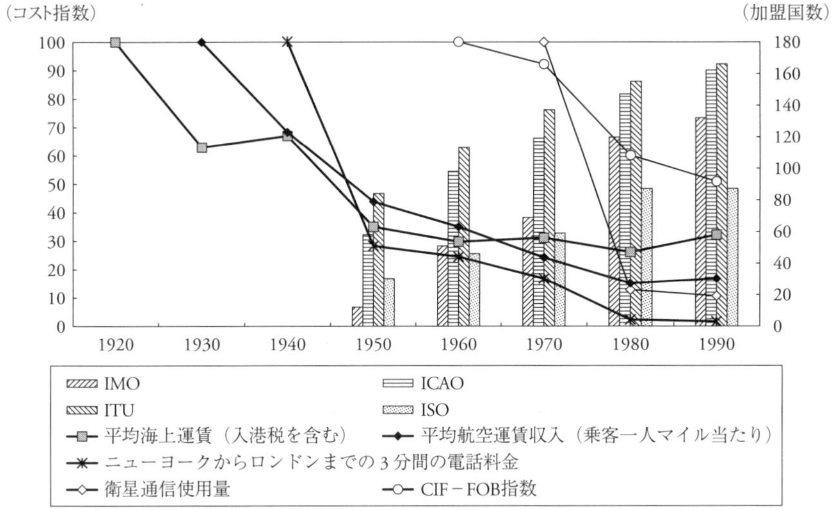

注1：IMOは，設立当時は機関名を政府間海事協議機関（IMCO）としていたが，1982年に改称した。
注2：CIF-FOB指数は，船舶輸送される商品に関するCIF（運賃保険料込み）とFOB（本船渡し）価格の相場比率に基づく。
出所：Union of International Associations, *Yearbook of International Organizations*, 各年版，および，世界銀行（1995）『世界開発報告 1995』, p.53 より作成。

的に，漸次的ながら，運輸や通信を所管する国際機関への加盟国数が増加している傾向がみてとれる。1950年から1990年の40年間に，IMO（12→132），ICAO（58→162），ITU（84→166），ISO（30→87）へと加盟国数は著しく増えている。この標準化過程への参加国・企業数が多ければ多いほど，標準化された規格の採用国・企業が増加するというネットワーク外部性が働き，技術のハーモナイゼーションも進行していくため，技術的国際機関への加盟国数の増大は「標準化の指標」ともいえる。

技術のハーモナイゼーションには，国際機関によって作成される規格（デジュレ標準）と市場競争の結果として確立する規格（デファクト標準）が関わっている。前者は技術的国際機関に参加する国家や産業界等が相互便益を拡大させるために協議することで成立するが，規格成立までに時間を要する。しかし，開発競争や技術進歩の著しい製品分野では，規格策定プロセスと市場動向との乖離が大きく，技術的優位による独占的利潤を獲得しようとする企業は後者を選好する傾向にある。ただし，加盟国の増加に伴い，財・サービスの流通範囲の拡大が容易になり，デファクト標準をデジュレ標準へと同化させ，より技術的優位を高めようとする企業の動きも加速している（原田2008：61-63）。利便性・信頼性・安全性を目的とした規格形成から企業の市場競争ツールへと標準化の目的は変化しつつあるが，デジュレ標準の意義は依然として有効であるといえる。技術的国際機関による規格の整合化を通じて，共通化されたモノの生産とその移動が普遍的に広がり，国際分業と国際貿易の進展を一層加速させるのである。

## 第4節　貿易制度の整合化

### 1. GATTからWTOへ

技術的国際機関による規格の整合化によって，財・サービスの標準化の進展に加え，取引ルールそのものの調整も進展してきている。貿易に関する国際機関として，1995年に設立された世界貿易機関（WTO）が中心的役割を

担っており，その加盟国数は159である。WTOは自由貿易のためのルール設定を目的にしている。関税障壁の撤廃を目標として，各種協定の実施ならびに監視を行うための法的，制度的枠組みを提供している。

　「自由・多角・無差別」原則を基本理念とした世界貿易の発展に向けて，第二次大戦終結直前から，国際貿易機関（ITO）の設立が検討されはじめたが，結局，各国議会の反対もあって，ITOの設立は叶わなかった。関税障壁の削減を目的とする関税及び貿易に関する一般協定（GATT）は発足当初，短期的な運用を想定していたが，1948年のITO設立挫折に伴い，その後も効力を維持し続けた（筑紫 1994：211-214）。

　1948年のGATT設立以降，ウルグアイ・ラウンド交渉（1986～1994年）に至るまで7回の多角的貿易交渉が行われた。多角的貿易交渉を重ねながら，交渉対象品目とGATT加盟国数は拡大し，工業製品，農産物，サービス，知的財産権，投資措置までもが交渉対象に含まれた。交渉分野の拡大に応じて，GATTの機能強化を望む声も高まり，ウルグアイ・ラウンド交渉において，貿易に関する新組織の設立が検討されはじめた。その結果として，1995年にWTOが誕生したのである。

　WTOとGATTの相違として，一番大きな要素は国際機関としての地位にある。当初はITOの設立を検討していたこともあり，GATT自体は「暫定的な協定」として扱われ，法的拘束力を有していなかった。そのため，各国は国内法とGATTとの間に矛盾があったとしても，必ずしも国内法改正を経ることなく，行政府限りの権限によってGATTに加入できた。また，「暫定的協定」としてのGATTには，事務局に関する規約は一切なく，法人格も与えられていなかった。国際機関の事務局としての職務や権限が明確に規定されていなかったのである（筑紫 1994：214-223）。

　これに対し，WTOは事務局の設置および事務局長の任命に関する規定が設けられ，事務局の職務・権限が明文化された。また，WTOは国際条約であり，組織自体として法的拘束力を与えられ，法人格を獲得するようになった。このようにして，国際機関としての法的地位，組織的形態を備えることで，WTOは貿易事項と密接に関わるIMFや世界銀行との関係強化が可能になったのである。また，事務局の設置とともに，貿易紛争を解決するための

手続き，および，その執行組織が整備された。全会一致可決原則を有するGATTに対し，WTOでは，全会一致で否決されない限り，効力を発揮する紛争解決手続き（ネガティブ・コンセンサス方式）を採用した。紛争解決に際する統一的規則と執行組織がWTOの強力な執行メカニズムを形成したのである（渡邊 2003：4）。

GATT以降，貿易交渉においては対象品目ごとの協定が定められたが，WTO加盟国はそれら諸協定の全てを一括受諾する義務が発生する。その結果，WTOの交渉対象範囲は取引される財・サービス・知的所有権へと広範囲にわたり，多角的貿易協定が締結された。各種協定の締結によるWTO加盟各国への貿易ルールの浸透によって，それまで貿易品目・貿易国ごとに相違のあった取引形態は共通化され，貿易制度は国際的に整合化される結果となった。各国間の貿易制度がWTOを通じて整合化され，資本の多国籍化と国際分業の進展のもとで，国境を越えた企業間および企業内貿易が促進するとともに，世界における「均一的市場」の制度的基盤が形成されたのである。

## 2. 均一的市場の形成

2000年代当初には，世界の貿易総量の3分の1は多国籍企業の親会社と子会社間による企業内貿易であり，また，3分の1が多国籍企業同士の企業間貿易，残りの3分の1が国内企業および国営企業によって行われる国家間貿易となると指摘された（George 2001＝2002：12-13；UNCTAD 2001：56）。つまり，それだけ，最終製品に至るまでに必要とされる原料・部品調達においても国際的な貿易が頻繁に行われている。世界的な「均一的市場」の形成により，国際貿易に伴う制度的相違の解消は多国籍企業にとって非常に大きな便益を生み出している。

第3-3図からは，GATT/WTO加盟国の増大とともに，取引制度が共通な空間的範囲も拡張している傾向を確認できる。また，第3-4図に示されるように，世界の貿易総計に占めるGATT/WTO加盟国の比重は年々増加しており，2006年段階において，輸出に関しては93.9％，輸入に関しては95.8％を占めるまでに至っており，「均一的市場」が空間的，統計数値的にも形成

第 3 章　国際機関の「普遍性」と市場形成　95

第 3-3 図　GATT/WTO 加盟国の増大

▧ 1948 年（GATT 設立）時点の加盟国
▨ 1994 年（GATT ウルグアイ・ラウンド）時点の加盟国
▓ 2013 年現在の WTO 加盟国　　△△△ 2013 年時点のオブザーバー国

注：1948 年時点の加盟国のうち、中国は 1950 年に、シリア・レバノンは 1951 年に脱退している。
　　なお、その後、中国は 2001 年に WTO に加盟している。
出所：WTO, *WTO Annual Report* および WTO web サイト（2014/05/23）より作成。

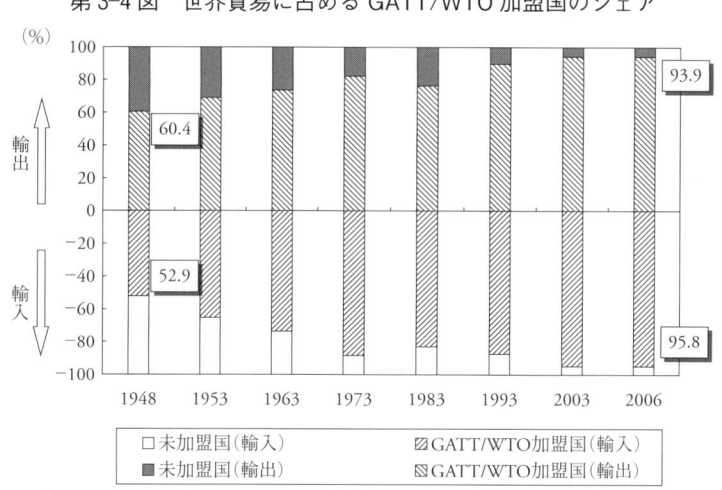

第 3-4 図　世界貿易に占める GATT/WTO 加盟国のシェア

輸出：1948 年 60.4、2006 年 93.9
輸入：1948 年 52.9、2006 年 95.8

（年）1948　1953　1963　1973　1983　1993　2003　2006

□ 未加盟国（輸入）　　▨ GATT/WTO 加盟国（輸入）
■ 未加盟国（輸出）　　▨ GATT/WTO 加盟国（輸出）

出所：WTO（2007）*International Trade Statistics 2007* より作成。

されていると確認できる。

　GATT/WTO は多角的貿易協定を管理・運営する国際機関として，ルール策定と紛争解決に関してその役割を十分に発揮してきたが，WTO は他の国際諸機関に比べ，より特異で強力な業務執行メカニズムを有している点にも特徴がある。通常，国際機関といえども，世界政府ではないため，加盟国の上位機構としての権限までは有しておらず，加盟国の国内において直接的に適用される規則や命令などを発令できない。GATT は暫定的な協定であり，正式な国際機関でなかった点も反映して，GATT 規定は各国の国内法よりも優位ではなかった。しかし，国際機関としての明確な地位を獲得した WTO では，WTO 規定が国内法よりも上位規定として位置づけられ，協定違反と確定すれば，加盟国は協定に抵触した当該分野の法律・制度・規制・慣行をWTO 協定に適合するように改定しなければならない（吾郷 2008：158）。この WTO 規定の国内法に対する優位性によって，協定違反と提訴される以前に，WTO への加盟それ自体が各国に経済制度の国際的整合化を推進させる強制力として機能することになる。「国境措置」の解消のみならず，「国内措置」に対しても加盟国間の整合性が強く求められているのである（松下 1996：2-3）。実際に，貿易の技術的障壁や工業製品等の国際標準規格において，国内法の WTO 規定への適合化が強く求められている。国際機関が国民国家の意思決定に優位する点を WTO 協定は明記しており，加盟国自身がその協定に同意している。地球温暖化や食料危機，経済危機に対して，常に国家利害が対立し，効果的な解決策を提示できない今日において，国際機関による優位性はそうした事態を克服する可能性を有しているとも考えられる。主権国家自身によって国際機関へ権限が移譲されれば，国際機関が加盟国の主権を監督するとともに，世界全体の視点から国家利害を超克した行動をとる萌芽が生まれる。しかし，権限が国際機関に移行すると，国家より下位に位置する地域の利害や市民の意向が反映されにくくなる懸念もある。また，国際機関加盟各国間の経済的・政治的格差が存在するため，力関係を利用して，機会主義的行動に出る加盟国も少なくないという現実がある。実際には，国家利害の枠を超えた行動を国際機関が選択するよりも，自らの政治経済的立場を利用して，他国の行動を誘導するために国際機関が利用されてい

る側面が散見される。

WTO を通じて形成された貿易関連事項の国際的整合化は，従来，各国で異なっていた取引制度・取引形態を国際制度へと収斂させ，「均一的市場」を形成した。貿易関連事項は各国の政治経済的利害が直接的に衝突する分野であり，交渉過程において生じる利害対立を踏まえれば，加盟各国が一律に「市場開放」や「自由貿易」を受容しようと積極的に対応しているわけではなく，先進国，途上国，新興国等の利害対立は依然として残されている。しかし，WTO の設立目的そのものが自由貿易体制の確立であり，加盟各国は自国経済の孤立を防ぐためにも，国際制度の優位性を受容し，国内制度を調整しなければならなかった。利害対立を経たうえで形成された国際合意をもとに，国際機関によって設計された制度が普遍的に浸透したといえる。

## 第3章のまとめ

　第3章では，Supra-Nation としての空間的階層において活動する国際機関が果たす役割を，諸制度の形成とそれによる市場の統合化過程に着目しながら論じた。本章の考察をまとめると，以下のように整理できる。
　第一に，国際通貨制度の管理運営機能と融資機能を中心とする IMF に着目しながら，「国際通貨制度の国際的整合化」プロセスを国際金融の動向とともに明らかにした。国際金融全体の安定化による経済活動の活性化を図るためには，加盟国の増大による IMF の諸機能の世界的浸透とともに，国家間調整の強化が求められている。
　第二に，IMO, ICAO, ITU, ISO, IEC といった運輸・通信・規格部門における技術的事項の管理を担当する国際諸機関に着目しながら，「規格の整合化」プロセスを考察した。通商範囲の地理的拡大に伴い，国家主権領域を超える技術的事項の調整が必要になり，国家間調整を執行する国際諸機関のもとで，規格の整備が進展したのである。
　第三に，貿易自由化のためのルール策定とその履行を監視する WTO によって，GATT 以来の多角的貿易交渉が一層進展するとともに，明確な法的拘束性が備わることになった経緯を，「貿易制度の整合化」プロセスとあわせて明ら

かにした。GATTと異なり，国際機関としての地位を有することで，国民国家の国内法規よりも優位するWTO協定が成立したのである。

　第四に，国際機関への加盟国の増大が制度の普遍的浸透に作用し，制度の国際的整合化を促進したという点が上記の具体的な事例を貫いて明らかにされた。国際機関を通じて，通貨，商品規格，貿易ルールの制度的共通化が確立され，国境を越えた経済取引の発展に大きく貢献している。現在の自由貿易体制では，地域的不均等発展が発生し，正常かつ均衡のとれた各国の経済発展を実現するには，まだ多くの課題が山積している。しかし，国際機関による制度形成が経済活動の前提となる諸制度を創出しているために，経済取引の円滑化が実現している。他国と共通の制度を採用することによって，同じルールのもとで経済活動を展開できるため，大多数の国民国家が国際機関への加盟を選択している。このように，国際機関を通じた各種制度の国際的整合化によって，制度的差異によって分離していた各国市場が普遍的な「均一的市場」へと統合されていくのである。

　WTO協定は非常に強い執行メカニズムを有しているために，法整備においても，明確な国内法規の変更が必要とされるが，同様に，他の国際諸機関で制定される国際制度においても，たとえ，国内法規に修正を迫るほどの強制力がなくても，国際制度の浸透とともに拡大する市場に参入できないことによる自国企業の競争力低下や資本逃避による自国産業の停滞等を回避するためにも，自国制度を国際制度に適合させようとする誘引が働く契機にもなる。このような国家間における競争的な相互作用が国際機関の役割を一層強化しているのである。

　経済のグローバル化に伴う経済主体の活動領域性とその調整形態の乖離が環境問題や開発問題など，グローバリゼーションの負の側面を肥大化させてきているが，国際機関には，その乖離した領域性と調整形態の整合化を図る契機が潜在しているといえよう。なお，本章では，現代世界における国際機関の役割を解明する点に焦点をあてているため，国際機関を通じて調整される国家利害や資本間競争については触れているものの，「制度の整合化と市場の統合化」に対する資本自身の利害反映，もしくは，それへの対応等には十分に論じられていない。資本の利害が各国の利害に，さらには，それらが国際機関における調整過程に反映されるプロセス等については次章以降で論じる。

→ 次章へ

*chapter* **4**

途上国農業開発における
官民協同事業の導入

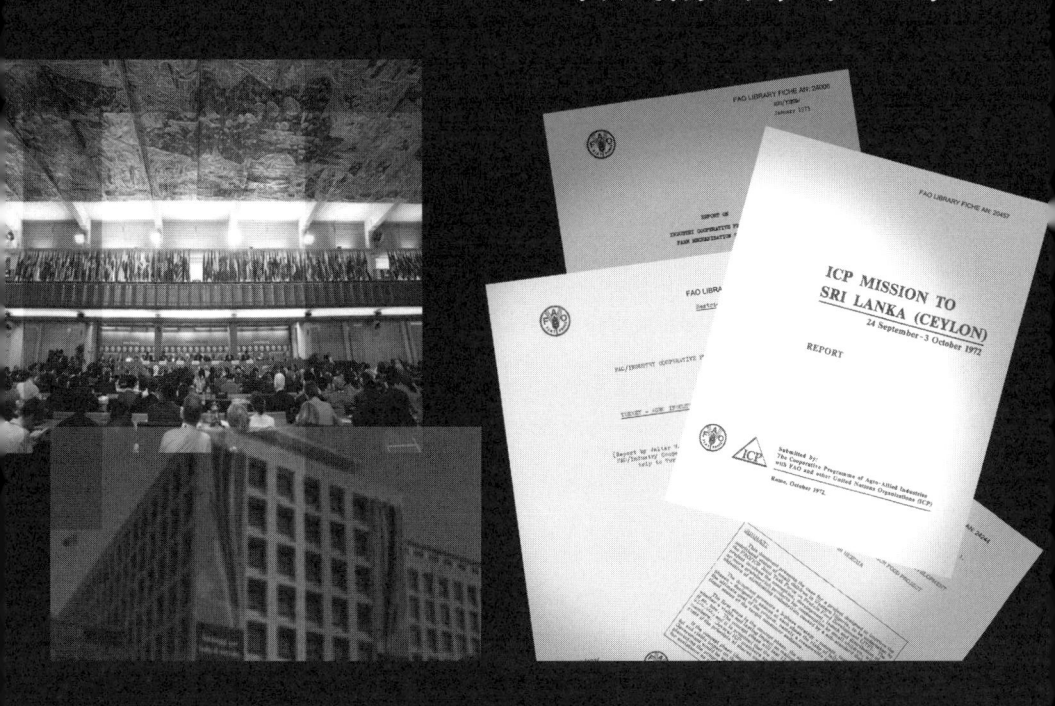

世界に山積している解決されざる諸問題に対して，国連は安全保障政策と経済社会政策，つまり開発政策の2つを主な活動分野としている。その中で，飢餓・貧困問題は特に大きな課題である。国内的，そして国際的な経済社会格差が地域紛争やテロ行為の温床となり，国際社会の安全保障に関しても大きな影響を与えているからである。そのため，国連は2000年前後から，グローバル・コンパクトや国連ミレニアム開発目標の立ち上げによって，国連諸機関や各国政府のみならず，多国籍企業やNGOを巻き込みながら開発政策を進めている。これら国連の開発政策の中心的手法として，官民パートナーシップ（public-private partnership）が導入され，国連は積極的に非国家主体との協同関係を構築していく姿勢を打ち出している。

　ただし，国連機関と営利企業との協同関係に対して様々な批判の声もあがっているが，この協同関係は現在に始まったことではなく，1960年代後半から70年代にかけて，国連食糧農業機関（FAO）により実施された「産業協同プログラム（Industry Cooperative Programme：ICP）」において，その端緒を見出すことができる。第4章では，このICPに着目し，プログラムに関与したFAOと多国籍アグリビジネスとの協同関係の実態とその意義を明らかにする。

　国連機関による官民パートナーシップの実態や意義を考察するために，以下の4分野の先行研究を確認する。第一に，開発研究，とりわけ農業開発研究では，世界銀行による『世界開発報告』や紙谷（1996）をはじめとした国家や開発援助機関によって実施される個別プロジェクトの費用対効果分析や技術的成果分析，また，Meire（2004）を代表とするマクロレベルでの動学的成長論を軸とする開発経済学的研究が中心である。しかし，その分析過程において，生産・流通・販売の各工程で農業開発に絡むアグリビジネスに代表される資本の存在は顧みられていない。

　第二に，食料・農業部門で活動する多国籍アグリビジネスの企業行動に着目した中野（1998）による「アグリビジネス論」や，Gereffi and Korzeniewicz（1994）を嚆矢とした単一商品の統合化された生産・加工・流通過程を分析する「商品連鎖分析」などのアプローチから食料・農業部門に関わる資本の動向を分析する農業経済学的研究が展開されている。農業開発事業に対して

も，多国籍アグリビジネスと小農民・途上国との関係性を念頭においた分析が蓄積され，久野（2002b）のように，FAO による ICP の存在を指摘する農業経済学的研究もある。しかし，これらのアプローチは個別的実証分析を重視するため，分析対象は特定の国における個別的な企業戦略や商品分析にとどまる傾向が強く，分析単位としての国民国家を超える枠組み，つまり国際機関，特に国連機関の動向に対して十分な検討を行ってこなかったといえる。

　第三に，国際機関の中で，最も確立した組織である国連機関については，膨大な研究蓄積が存在している。しかし，すでに第 1 章や第 2 章でも指摘したように，国際機関に対する研究は国際法もしくは国際政治学の分野において進められ，その多くは安全保障問題を対象とする。国連諸機関には，国連本部だけでなく，総会，専門諸機関，附属機関等，大小含め 200 以上もの組織があるが，その中でも経済社会分野で活動する諸機関を個別に対象とした研究蓄積は限られている。

　そうした中で，本章に関わる国連専門機関のひとつである FAO を対象とする研究も本格的には進められてきておらず，FAO の組織構造や活動内容の概説的考察が中心である（Marchisio and Di Blasé 1991；Talbot 1990；White 1999）。しかし，第 3 章で論じたように，経済のグローバル化が進展する現在において，多国籍企業の規制や誘致等をはじめ，各国政策や諸制度の国際的整合化が図られ，経済面でも政治面においてもグローバル化が進展している。農業政策における国際的整合化の事例として，村田（1990）は基本食糧をめぐる国際農業調整を分析している。南北問題解決の一環として国際農業調整を進める FAO と先進国間の農産物貿易摩擦の緩和策の一環として国際農業調整を進める GATT との対照を通じて，世界における農業保護の現代的意義が論じられている。村田（1990）は「アグリビジネス論」の視点から FAO が進めた「国際農業調整ガイドライン」を分析しているが，このように，具体的活動を踏まえた FAO の研究が一層望まれている。

　第四に，本章は国連機関と多国籍企業との官民パートナーシップに注目しているが，官民パートナーシップは公的部門の財政難により公共事業が削減される中で，民間部門に新たな投資市場を創出し，より効率的な事業成果を

求める点に目的がある（Reijniers 1994：137）。国内公共政策として定着してきた影響もあり，官民パートナーシップの先行研究も国民国家の範囲内での制度分析および各国における事例研究が中心である[1]。

また，国連開発政策における官民パートナーシップについても，近年では研究が進みつつあるが，保健，労働，情報システム，水道事業といった公共政策の一環として扱われており，国連機関と企業との取り組み事例の変遷やその制度分析に重点が置かれている。Bull and McNeill（2006）では，科学技術や情報システムの高度化とそれらの市場に対する巨大資本による寡占化が進む状況下においては，国連機関による開発政策の実施過程で物資調達や技術導入等を巨大多国籍企業に頼らざるを得ない実態が明らかにされている。ただ，国内政策にせよ国連政策にせよ，官民パートナーシップ研究はいずれも公的部門内部における政策手段としての方法論や事業運営計画に分析の中心が置かれ，各々の事例における民間部門の役割，つまり官民パートナーシップの中での企業行動や経済的収益構造については十分に解明されているとはいえない。

本章の分析対象であるICPについては，Friedrich and Gale（2004）やSimons（1976）のように，実際にプログラムに関与した事業推進者による先行研究もあり，ICPの詳細が把握できるものの，やはり，分析の客観性にはある程度の留意が必要とされる。Solomon（1978）では，利害関係者へのインタビューに基づいた分析がなされているが，プログラム実施当時に並行して行われているため，プログラムの総括をするまでには至っていない。そのため，歴史的文脈の中からICPを相対的に位置づけ直す必要がある。さらに，Gerlach（2008）はICPを通じてアグリビジネスが国連システムに対して影響力を行使しようと試みていた点を利害関係者へのインタビューや内部資料から明らかにしている。本章の問題意識や利用資料において共通している研究であり，有用な成果といえるが，ICPの事業成果やその結果が現在の国連開発政策に与える効果などは分析対象から抜け落ちている。資本がICPを通

---

1) Osborne（2000）は官民パートナーシップの理論的整理を行いつつ，事業の目的，計画，運営管理の透明性や公平性の問題について，特に焦点をあてている。

じて得ようとした具体的な成果に対する検証を含め，国連による官民パートナーシップの意義や限界を解明すべきである．

以上のように，関連する先行研究を踏まえたうえで，国連機関と多国籍企業との官民パートナーシップとしての枠組みを投影させながら，本章は以下のように構成される．第1節では，主にプログラムが導入される背景やその目的，組織構造，事業展開を踏まえながら，ICPの政策形成過程を明らかにする．第2節では，農業開発の具体的成果を確認しつつ，アグリビジネスとの協同が次第にプログラムの性質を変容させていく過程を詳細に論じている．第3節は農薬問題を対象に，FAOがアグリビジネスとの癒着を強めていく過程を明らかにしながら，多国籍企業の協同が国連機関に与える変化や意義を検証している．官民パートナーシップの先駆的事例を通じて，国際機関に対する資本利害や加盟国利害の動向が浮かび上がるとともに，国際機関が組織内外の諸主体と形成する再帰的重層性が確認される．

## 第1節　ICPの政策形成過程

### 1. FAOの開発機関化と途上国農業

ICPの事業自体を取り上げる前に，主管機関であるFAOの組織的概要を確認する．FAOは3,600人を越える事務局員数を誇る巨大機関であり，人類の栄養・生活水準の向上，食糧および農産物の生産・分配の改善，農村住民の生活条件の改善などを目的として，飢餓をなくす国際的な活動の先頭に立ってきた．

FAOの活動財源は，加盟国の分担金をもとに構成される通常予算と信託基金から編成される特別予算によって構成される．信託基金は国連開発計画（UNDP）や世界銀行の資金と各加盟国の任意拠出金を原資としている．通常予算は主に職員の給与，会議の開催，調査分析活動といった組織の運営管理や調査分析に利用され，特別予算は農業生産の現場レベルでの技術協力等に利用される（FAO 2003）．FAOは発足当初，諮問機関的な存在として，統

計データの収集・公表や技術支援を業務の中心においていた。しかし，途上国は経済水準が低く，農業生産の停滞と外貨不足により，自力での食料確保が困難な状況にあり，FAO の有する情報や技術に関する知識を提供するだけでは，食料問題の解決は期待できなかった（FAO 1959）。一方で，FAO 加盟国に占める途上国の発言権増大を受けて，FAO は農業開発事業を実施しはじめ，途上国の開発援助機関としての役割を担いはじめた。さらに，1960年代は「第一次国連開発の 10 年」として，国連システム全体が開発事業に取り組み，FAO が携わる食料・農業部門も大きく関連していた。また，国連開発政策の計画・資金配分を司る UNDP 資金の約 40% が FAO に割り当てられていたことからも，開発機関として重要視されていたと確認できる（FAO 1971：95）。

　一方，多国籍アグリビジネスは途上国の食料・農業部門への参入を進めており，巨大資本としての優位性を活かし，食品加工産業を中心に，原材料輸出や現地市場の開拓を意図して直接投資を増大させていた。途上国政府も，民間企業による直接投資の増大によって自国経済が成長することを期待し，多国籍アグリビジネスの受入体制を整えつつあった。ところが，利潤の本国送金や高いパテント料の発生などにより，生み出された富はほとんどが国外へと流出していた。さらに，途上国の栄養・衛生状況と適合しない加工製品に起因する健康被害の多発や生産工程から生じる環境汚染など，外部不経済の発生は途上国に多大な負担を強いることになり，途上国政府と多国籍企業の間で相互不信が高まるとともに，途上国経済は低調なままで推移していた。事態を打開するため，FAO は途上国政府と多国籍企業との関係を取り持つ「仲介者」として，1966 年から 1978 年にかけて，ICP を実施した。その結果，途上国の農業開発に多数の多国籍企業が参加したのである。

## 2．ICP の目的と組織構造

　スウェーデンの企業経営者 H. Felix は自らが経営する食品加工企業 Kort & gott の成功を受け，食料援助を FAO に提案したが，これが契機となって，1965 年に ICP が本格的に検討されることになったとされている（Turner 1972：15）。ICP の目的は「途上国の国益に適うように企業の支援を受け，健

全な経済社会的発展を促す」ことであり,「途上国政府と多国籍企業との対話促進と連携強化を通じて,途上国の農業振興と経済成長を達成する」ことを企図していた。FAO,途上国政府,多国籍企業を主な主体として,ICPは進められたのである(FAO/ICP 1974：2)。

　FAOは生産に関する技術には長けているが,ビジネスとしての知識や情報に乏しいため,製品開発,加工,流通,販売といった営利企業が得意とする専門能力を農業開発に導入しようと意図していた。FAOは食料増産のために,肥料・農薬・農業機械の利用が必要と考えていたが,交易条件の悪化により,途上国がそうした生産財を輸入することは困難であった。そのため,多国籍アグリビジネスの進出により,途上国における生産財市場の創出が期待されていた(FAO 1965)。また,FAOによる多大な財政支出を伴わずに,実効的な成果を得ることも大きな目的であった。他方,多国籍企業はICPへの参加によって,FAO,つまり国連機関との関係性を構築し,企業イメージの向上を図るとともに,広大な潜在的市場を持つ途上国へ政策的支援を受けながら進出できる機会を窺っていた。そして,自己負担による農業開発を行うだけの財政的余裕や立案・実践能力に欠けていた途上国政府は,開発のために民間資本による投資を必要としており,FAOには多国籍企業との間の「仲介者」としての役割を期待していた。このように,各主体はそれぞれの利害関心を抱えながら,三者のより緊密な関係がICPを通じて構築されていくのである。

　次に,ICPの組織構造についてである。ICPの構成員は各企業代表者であり,Shell, Heinz, Unilever, Nestléなどの巨大アグリビジネス16社がプログラム開始当初の参加メンバーであった。ICPメンバーは短絡的な利潤を追求するのではなく,途上国の経済社会への影響を考慮し,長期的なパートナーシップの基礎を築く責務を負うことなどが求められた(FAO/ICP 1973：4)。参加企業の業種は原料加工産業や種子・化学薬品・肥料・農業機械といった生産財産業まで多岐にわたり,参加企業数も増加し続け,1975年には最大となる106社がICPに参加した。こうした参加企業をまとめ,効率的,効果的な農業開発を実施するために,ICPは総会,執行委員会,事務局からなる組織機構を有していた。ICPに対するFAOからの資金供給はなく,参加

企業が一律の年会費を支払うことで組織が運営される自主財源型プログラムであった。ただし，この予算は事務所経費や人件費等の組織運営に費やされ，農業開発事業そのものへの支出は含まれていない。ICPは企業自身による投資を促進させるまでの枠組み形成に主眼をおいており，投資そのものは個別企業の経営判断に一任されていたからである。FAOは民間投資による途上国の農業開発を意図していたと考えられ，また，これによりFAOは加盟各国からの追加的拠出を得ずに，ひとつの農業開発プログラムを実施できたのである。プログラム後半期には，外部資金を利用した個別プロジェクトも実施されるが，全体として，ICPの活動は投資前基礎調査における支援を中心としていた。

### 3. ICPの事業展開

　ICPの活動は大きく2つに分けられる。第一に，「パートナーシップの構築」である。ICP全体の目的にもなるが，FAO，途上国政府，アグリビジネスの三者による良好な協同関係の構築に焦点をあてる活動である。途上国の投資環境整備が民間投資の成否に大きく影響するため，アグリビジネスはICPを介して資本投下を行う際に，国連機関や途上国政府から政策的支援を受けることができた。公的資金を導入して投資前に必要になる基礎投資調査や企業化調査を実施したり，国連機関に蓄積された研究情報を無償かつ自由に利用したりできたのである。参加企業はFAO加盟国代表並みの情報アクセス権限を与えられ，非参加企業や地域資本に対して大きなアドバンテージを得ることにつながった（Solomon 1978：167）。これらは民間投資の誘導を意図した活動であるが，FAOがアグリビジネスを優遇する契機を生み出したとも考えられる。

　第二に，「業界別・国別の特別活動」である。これはプログラムが進む中で新たに生じてきた課題に対する活動であり，中でもWorking Group（WG）の活動が特徴的である。WGは各産業部門で組織され，いわば業界団体的な存在である。たとえば，肥料部門では土壌汚染が，農薬部門では薬害問題が，農業機械部門では機械操縦者の不在が生じており，新たな市場開拓の障壁と見なされ，対応策を必要としていた（Turner 1972：18）。WGは個別企業

の活動環境を改善させるというよりは,業界全体として新たな投資機会の創出を重視しており,WG の結成により,アグリビジネスは各業界の意向を FAO や途上国政府に浸透させることを目的にしていたといえる。第 3 節で考察するように,農薬普及のために適切な使用方法の講習や実地訓練を提供するなど,積極的に活動していた農薬 WG が特に注目される[2]。WG の他には,途上国政府の求めに応じて民間投資の拡大に努める Country Mission や Working Party,機能性食品の研究開発等に取り組む Joint Task Force が実施され,アグリビジネスとの協同が進められた。上述したように,ICP は投資前段階における支援が中心で,農業開発事業は個別企業の経営判断に委ねられていたため,各企業による直接投資ならびに市場参入自体はプログラムの活動としては認識されておらず,プログラムの全体像は見えにくくなっている。ただし,WG に代表される「業界別・国別の特別活動」や報告書等に記載されている事業対象国家数を計上すると,アジア,アフリカ,ラテンアメリカ諸国,計 29 ヶ国で ICP の事業が展開されている。また,複数の農業開発が実施された諸国もあるため,事業数で計上すれば,ICP の事業規模はより大きなものとなろう。次に,プログラムの初期段階に実施された農業開発に焦点をあてながら,国連機関と多国籍企業の協同の実態に迫る。

## 第 2 節　アグリビジネスとの協同とプログラムの変容

### 1. プログラム初期の農業開発

　プログラムの初期段階では,上述したようなパートナーシップの構築をもとに,政府主導型のプロジェクトを中心に,ICP は農業開発に関与していった。一般に,公的部門単独で実施する農業開発事業は社会政策的側面からは

---

[2]　農薬 WG では,BASF, Bayer, Ciba-Geigy, FMC, Hoechst, American Cyanamid, Sandoz, Shell, Stauffer, Hoffman La Roche, Imperial Chemical の 11 社が中心メンバーとして WG 運営に影響力を行使していた(Weir and Schapiro 1981：53)。

有用性が高いものの，ビジネスとしての経済的成果までは期待できない傾向にあった。そのため，ICPを介して，政府やFAOが企業の意思決定に直接関与し，農業開発投資に企業の経営戦略的視点を導入することで，商業的発展を重視したのである（FAO 1971：107）。ICPが関与した政府主導型プロジェクトとしては，トルコ，ナイジェリア，キプロス，チュニジア，ケニア，ブラジル等における農業開発があげられるが，本章では，トルコとナイジェリアの事例を取り上げる。上述したように，ICPは直接投資や市場参入そのものをプログラムの活動としては位置づけていない。そのため，FAO年次報告書やICP事業報告書においても，個別企業による政府主導型プロジェクトに際しての詳細な活動記録は記されていない。そこで，ICP事業報告書に記載されている事業実施国，関与企業，事業内容をもとに，関連文献や当時の研究資料によって，事業内容の詳細，成果および関与企業の具体的活動を再構成できた事例を以下で分析する。

(1) トルコの農業開発

　ICPの成功例として，トルコでの農業開発事業に着目する。そこでは，途上国政府が必要とするマーケティング能力をアグリビジネスから導入し，新産業を創出するという成果が期待された。トルコは就業者の80%が農業に従事し，GDPに占める農業生産の割合は38%（1967年）に達するなど農業は基幹産業として位置づけられていたが，種子産業や包装加工産業が存在しない点や欧州経済共同体（EEC）に未加盟である点が民間投資に対する参入障壁となっていた（FAO/ICP 1969：2）。しかし，1963年以降，EECへの加盟協定に調印したトルコは，外資導入による経済開発を，特に農産物加工を中心とした輸出指向型開発として進めることになった（FAO/ICP 1968：2-6）。トルコ政府はICPやトルコ人投資家との協議を経て，1968年に官民合弁企業であるTat Konserve Sanayii A.S.を設立した。Tatはトマトペースト生産用加工工場の建設・運営を計画するが，その際に，アメリカ系アグリビジネスであるHeinzが協同パートナーとして大きな役割を果たした。Heinzの他，Continental Can，CargillやNestléなどの多国籍企業が各工程でTatの経営に関与していた点が第4-1表から読み取れる。

第 4-1 表　Tat における協同パートナー

| パートナー | 業態 | 担当部門 |
|---|---|---|
| Heinz | 食品加工業 | 販路開拓，品質管理，加工技術 |
| Migros | 小売業 | 品質管理，マーケティング |
| Continental Can | 金属加工業 | 包装加工 |
| Rossi Catelli | 機械産業 | 加工設備，農業機械 |
| Cargill | 穀物商社 | 高収量品種 |
| Nestlé | 食品加工業 | 製品開発，マーケティング |
| Unilever | 食品加工業 | 製品開発，マーケティング |
| FAO | 国連機関 | 生産技術支援 |
| 国際金融公社（IFC） | 国際機関 | 融資 |
| トルコ工業開発銀行 | 公的金融機関 | 融資 |
| トルコ財務省 | 官庁 | 輸入関税緩和 |

出所：Friedrich, Alexander G. and Valence E. Gale (2004) *Public-Private Partnership within the United Nations Systems: Now and Then*, W. Bertelsmann Verlag, pp.65-66 より作成。

　計 400ha となる約 500 戸の契約農家によって開始されたトマト生産は，トルコの自然条件とも適合しており，年々生産量は拡大し，それとともに Tat でのトマトペースト加工も増大していった（Friedrich and Gale 2004：66）。こうして生産された加工品は Heinz や他社の販路網を用いて，世界市場に輸出された（Turner 1972：17）。民間企業や公的部門の支援を受けながら，Tat は経営基盤を安定させ，以後，輸出市場を対象として製品の多角化をはかり，成長を遂げていった。Heinz の協力を受けたマーケティング戦略の成功は他の多国籍アグリビジネスからも注目を集め，Campbell，Unilever，Del Monte の各食品加工企業によるトルコのトマト生産部門への投資を呼び込むだけでなく，農業機械企業の Deere，Massey-Ferguson，化学企業の British Petroleum などの生産財企業の投資誘因にもなった（FAO/ICP 1969：2-8）。

　第 4-1 図からトマト生産の推移を確認すると，ICP が開始される 1968 年まで生産量は 4 万 t 超で横ばいに推移しているものの，1969 年からは生産量が拡大しはじめ，1976 年段階では 9 万 t に達するなど大きな成長が生じ

第4章 途上国農業開発における官民協同事業の導入 | 111

第4-1図 トルコにおけるトマト生産の推移

出所：FAO, *FAOSTAT 2005* より作成。

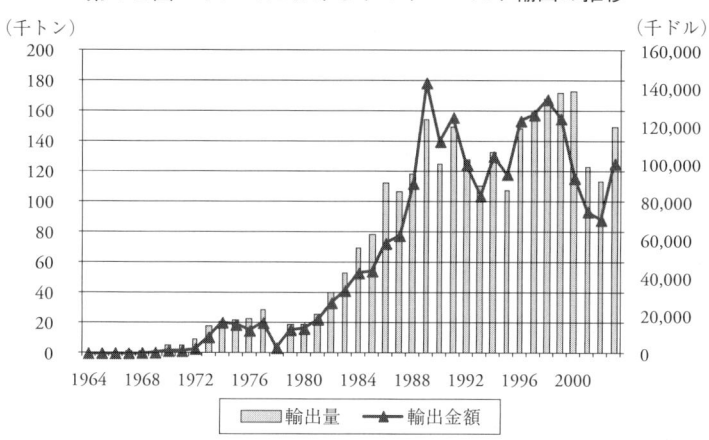

第4-2図 トルコにおけるトマトペースト輸出の推移

出所：FAO, *FAOSTAT 2005* より作成。

ている。第4-2図ではトマトペースト輸出の推移を示しているが，トマト生産の拡大が生じた1970年代よりも1980年代に一気にトマトペーストの輸出量は増大している。1980年時点ではまだ2万tだったにもかかわらず，1986年には10万tを越え，その後，浮き沈みを経つつも，1996年前後には

16万tにも達している。まさに，Tat の企業成長に他社の参入も相まって，トルコのトマト産業が生産・加工輸出ともに大きな飛躍を遂げている。トルコはトマト生産および加工品輸出国として台頭し，ヨーロッパへのトマト供給地となるとともに，Tat は巨大アグリビジネスへと変貌していった[3]。

(2) ナイジェリアの農業開発

次に，トマトペースト生産に関わる農業開発について，ナイジェリアの事例をもとに考察する。トルコの事例では，ICP を触媒とした産業発展に焦点をあてたが，ナイジェリアの農業開発では，主にトマト生産者とアグリビジネスとの関係を分析する。

トマトペーストは安価な食料品として，多くのアフリカ諸国で重用されていたが，主にイタリアからの輸入に依存していた。しかし，ナイジェリアでは，1967年に勃発した内戦の混乱から輸入関税が引き上げられ，トマトペーストの供給不足が懸念された。また，本国への利潤送還が停止され，外資系企業は国内への再投資を検討せざるを得ない状況にあった。そこで，ナイジェリア北中央州政府は ICP を通じて，イギリス系企業 Cadbury の現地法人である Cadbury-Nigeria にトマトペースト生産を依頼した。国内市場向けのトマトペースト生産によって供給不足を解消するとともに，輸入代替工業化による経済発展が目指されたのであった（Allen 1980：430-431）。

このプロジェクトは Cadbury，州政府，トマト生産者が中心的主体であるが，その調整役として，ICP と FAO も関与していた。FAO は政府営農普及員に対する技術的指導および普及員を通じた現場における生産技術支援を行い，州政府は営農普及員の生産現場への派遣，種子・農薬・肥料などの生産財の提供を，そして，Cadbury は加工工場の建設運営および固定価格によるトマトの買い取りのほか，生鮮トマトの集出荷・水利施設整備などのサービスの提供をそれぞれ担当した。トマト生産者は州政府や Cadbury からの生産支援を受け，収穫されたトマトの全量を Cadbury に供給するという契約生産

---

[3] Tat は多角化戦略のもと，関連企業を買収し，いまやトルコの主要食品企業に成長している（ジェトロ・イスタンブール事務所 2003）。

第 4-2 表　契約生産者と生産面積の推移

|  | 1971～72 | 1972～73 | 1973～74 |
|---|---|---|---|
| 生産者数 | 130 | 170 | 297 |
| 生産面積（acre） | 30 | 64 | 72 |

出所：Agbonifo, Peter O. and Ronald Cohen (1976) "The Peasant Connection：A Case Study of the Bureaucracy of Agri-Industry", *Human Organization* 35 (4), pp.370 より作成。

方式を採用した（Allen 1980：432）。生産者はトマトへの作付け転換によるリスクや外資企業との交渉力格差に対して不安を抱いていたため，FAO が専門技術員を派遣して生産者と Cadbury の仲介に入り，固定価格によるトマトの買い取りが制度化されたのであった（Solomon 1978：186）。1968 年にプロジェクトの計画が立ち上げられ，1971 年から実際に事業が開始された。

プロジェクトが本格的に始動すると，第 4-2 表に示されるように，トマト生産は順調に拡大することになった。しかし，一方で，加工食品であるトマトペースト生産は減退の一途を辿ったのである。原料トマトの供給不足による工場稼働率の低下が原因であり，これは生産者が Cadbury 以外にトマトを供給していたことに起因していた。生産者が契約不履行に至った背景には，3 つの要因があった。第一に，生産財・サービスの供給体制の不備である。トマト生産に必要な生産財やサービスの配給が徹底しておらず，生産者は自己負担で必要な生産財を購入することが多く，またトマトの収穫時に手配されるべき集出荷用のトラックが到着しないことも頻繁に生じていた。生鮮トマトを無駄にしないためにも，生産者は自らトマトを市場に売却せざるを得なかったのである（Agbonifo and Cohen 1976：370-372）。

第二に，州政府から派遣される営農普及員の機能不全である。州政府の普及員数は少なく，一人の普及員でプロジェクト参加者を含め，地域一帯の農業生産者 2,500 人を担当しなくてはならなかった（Schwartz 1994）。また，州政府の財政難により，普及員への給与支払いが滞り，普及員の指導意欲が低下するだけでなく，生産者から生活資金を借り入れる普及員までも現れた。その結果，生産者が Cadbury 以外へトマトを供給する事態も黙認していたのである（Agbonifo and Cohen 1976：372）。

第三に，トマトの買い取り価格への不満である。固定価格制による買い取りであるが，Cadburyの設定した固定価格（30kobo：kobo＝ナイジェリアの補助通貨単位）は1972年には市場価格（60kobo）を大きく下回り，1976年に固定価格水準を引き上げる（43kobo）も，市場価格は70kobo以上へと上昇していた。この固定価格のうち，さらに30％が生産支援用のサービス料として控除されるため，生産者の受取金額は一層低くなった。この市場価格との乖離は，事業計画段階（1968年）に固定価格を決定した後に，石油開発の進展を契機にインフレが昂進したために生じていた（Agbonifo and Cohen 1976：370；Allen 1980：435-439）。サービス料の控除や固定価格水準に不満を募らせていた生産者は，トマトをCadburyよりも市場に供給する傾向を強め，第4-3表に示されるように生産量の約65％が市場に流れるまでに至った。その結果，原料の供給不足により，加工工場の稼働率は悪化し，ついに1976年には加工工場は閉鎖された。Cadburyは契約不履行だと生産者を非難したが，上述したように，生産支援が実質的には機能していないにもかかわらず，その対価が控除されていたため，生産者は非難を受け入れなかったのである（Allen 1980：437）。

　結局，Cadburyの加工工場は閉鎖されるが，プロジェクトの結果，トマト生産者の所得水準は向上した。皮肉にも，生産者がプロジェクトにおける企

第4-3表　生鮮トマトの供給先流通量

| 集落名 | 生産面積 | Cadburyへの供給量 | 推定生産性 | プロジェクトへの供給割合 | 市場への供給割合 |
|---|---|---|---|---|---|
| Ungwan Tamuwa | 10エーカー | 68トン | 15トン／エーカー | 45.3％ | 54.7％ |
| Dan Ayamdka | 16エーカー | 83トン | 15トン／エーカー | 34.7％ | 65.3％ |
| Kaura Wali | 8エーカー | 38トン | 15トン／エーカー | 32.0％ | 68.0％ |
| Mahuta | 6エーカー | 36トン | 15トン／エーカー | 40.7％ | 59.3％ |
| Dan Dako | 8エーカー | 9トン | 15トン／エーカー | 8.0％ | 92.0％ |
| Garu | 16エーカー | 99トン | 15トン／エーカー | 33.3％ | 66.7％ |
| 合計 | 64エーカー | 333トン | — | 34.7％ | 65.3％ |

出所：Agbonifo, Peter O. and Ronald Cohen (1976) "The Peasant Connection: A Case Study of the Bureaucracy of Agri-Industry", *Human Organization* 35 (4), pp.374に筆者加筆。

業との契約を無視して，トマトを市場に売却したために，生産者の収入は増加したのであった[4]。本来は農産物加工による工業化を目指したプロジェクトであったため，それを考慮するとプロジェクトは失敗したといえる。しかし，FAO は独立心が強く保守的な農業生産者を抱えるナイジェリアの伝統的農業に大きな変化を与えないよう，地域社会に適合したプロジェクトを志向してきたため，生産者が資本による包摂を免れ，自律性を保持できたという点からすれば，プロジェクトの方向性は正しかったともいえよう。

　このように，ナイジェリアでの農業開発の事例から，アグリビジネスによる民間投資が必ずしも経済成長を達成できなかった点が明らかになった。その背景にはインフラ整備の不足や商慣行の差異など，途上国市場との適合性の問題もあった。また，アグリビジネスにすれば，途上国政府や FAO による開発計画に沿った形での資本投下は，販売戦略面での不備が目立ち，収益面で大きな制約を受けていた。そうした制約を克服するとともに，途上国ではなく，むしろ「資本」の側に長期的な収益をもたらすために，ICP は変容していくのである。

## 2. 企業主導型プロジェクトの発展と国連世界食料会議

　プログラム初期は途上国政府や FAO による事業提案・計画が中心であり，その性格は総じて政府主導型であった。アグリビジネスの役割は主に投資の前段階にあたる基礎投資調査におかれ，資源・市場調査，新技術の適応検査，インフラ整備等に取り組んでいた（FAO 1971：107）。しかし，政府主導型では収益性の面で不備が目立ち，事業実施後も継続的に産業として成立することは困難だった（Solomon 1978：184-187；Turner 1972：17）。また，政府主導型であっても，プロジェクトの実施そのものは企業による投資ならびに事業展開として位置づけられているため，プロジェクトの失敗は企業にとって大きな損失となることは明白であった。ビジネスとしての失敗が予見され

---

[4) プロジェクトに参加した生産者と参加しなかった生産者の各 120 戸，計 240 戸を対象にしたアンケート調査の結果，プロジェクト参加者の 80％は生活水準を向上させたと答えているのである（Agbonifo and Cohen 1976：372）。

る事業提案・計画では，多国籍企業はプログラムに参加する意欲を減退させてしまうため，ICP は 1970 年に従来の政府主導型事業中心の施策体系を見直し，企業主導型プロジェクトをプログラムの中心へと位置づけ直した。つまり，収益性を確保できる事業が重視されたのである。1970 年の ICP 執行委員会議長・副議長の交代を契機に，執行委員会，すなわち企業代表がプログラム活動の形成過程により大きな役割を果たすことになり，それに伴い，ICP の活動も拡大を見せた（FAO/ICP 1978）。企業主導型プロジェクトの事業策定モデルでは，企業側に事業の立案・実施における主導権を与え，途上国政府や FAO は企業の意思決定に追従する形で，政策的支援を行い，ビジネスとしての収益性を追求する点に特徴がある（FAO/ICP 1971：95-97）。つまり，公的部門は民間部門の補完的役割を担うことになり，いわば，パワーバランスの反転が生じたのである。プログラムが企業主導型を重視させる方向にシフトした結果として，ICP の活動のうち「業界別・国別の特別活動」が活発化されることになった。具体的には，WG の活動が ICP における中心的事業へと変化していったのである。

さらに，ICP は途上国との「対話」を促進させつつ，国連諸機関との協同を発展させる方向に動き出す。プログラムは 1970 年以降，"Cooperative Programme of Agro-Allied Industry with FAO and UN Organizations" に改称され，多国籍企業は国連工業開発機関（UNIDO），国連児童基金（UNICEF），国際労働機関（ILO），世界保健機関（WHO），国連教育科学文化機関（UNESCO），国連貿易開発会議（UNCTAD）など，他の国連機関とも協同関係を取り結んでいった。こうして，両者の関係はより一層接近していったのである（FAO 1971：107）。

その一方で，国際電話電信会社によるチリにおけるクーデター関与や Nestlé の粉ミルクによる育児障害の多発等，70 年代には多国籍企業に対する世界的な非難が沸き起こっていた。そうした社会情勢に対して，多国籍企業は世界経済における自らの社会的立場をアピールし，外部環境の改善を模索しはじめた。そのため，アグリビジネスは国際世論を形成する国連機関への窓口として ICP を利用し，ロビー活動を展開したのであった。

慣例的に，国連主催の国際会議において営利企業による意見表明は敬遠さ

れていたが，1972年にストックホルムで開催された国連人間環境会議を契機に，多国籍企業は国連会議への働きかけに乗り出していった。特に，農薬の安全性に対する疑問の声が世界的に高まっていたため，農薬企業はICPの枠組みの中で農薬WGを結成するとともに，農薬利用の推進を骨子とする報告書を作成し，国連人間環境会議で配付するなど精力的に活動を展開した（Solomon 1978：168-169）。この会議では，企業にはまだオブザーバーの地位しか認められていなかったが，作成・配布した報告書を通じて，農薬企業の主張は広く「公的」に普及していき，加えて，ICPに対する信頼性も高まっていったのである（Solomon 1977：75）。

国連人間環境会議が開催された1972年から73年にかけて，世界は食料危機に直面していた。これを受け，1974年に国連世界食料会議（WFC）がローマで開催された。この会議でも，従来通り企業は排除される予定であったが，ICPがWFC事務局長に働きかけた結果，事前協議にあたるトロント会議への公式参加，すなわち国連会議における発言権がアグリビジネスにも認められたのである（Solomon 1978：171）。トロント会議での成果がWFCの議題として提案され，採択に諮られるため，この会議が実質的な内容検討の場とされていた。実際，トロント会議には90社にのぼるアグリビジネスが参加し，総じて「アグリビジネスの活動に対する支持が世界の食料増産につながる」という方向に議論を導いた。具体的には，企業による途上国農業への投資拡大を有利に進めるために，途上国は投資環境整備，企業に対する適正利潤の確保，知的所有権の保護，研究訓練施設へのアクセスなどが要求された（United Nations 1974：3-12）。アグリビジネスはICPを通じ，世界の食料不足を解決するための企業の役割を明示するとともに，自らの活動環境の改善を図る方向へとWFCを誘導したといえよう。

## 3. NIEOの樹立とFAOの転回

こうして，アグリビジネスの意向が国連会議に反映された背景には，ICPのロビー活動の成功もあるが，それとともに，NIEOの影響もあったと考えられる。先進国中心の国際分業体制に対して，途上国が包括的な変革を迫るNIEOが，おりしも1974年を基点に樹立した。NIEOでは，多国籍企業の規

制が念頭におかれ,外国資産の国有化,多国籍企業による内政干渉の排除,輸出品価格についての調整,一次産品生産国組織への参加などの諸権利が途上国に認められた。その一方で,途上国への技術移転,利益還元・再投資を促進させ,途上国の開発政策に多国籍企業を利用する狙いもあった(山岡 1979：8-10)。

多国籍企業に対する NIEO の二面性＝「規制と利用」は,アグリビジネスの短期的な利潤追求を抑え,途上国の経済開発のために多国籍企業を活用しようとする ICP の志向性とも一致していた。そのため,NIEO の理念を自らの活動に投影させながら,ICP はプログラムの重要性を高らかに誇示していた(FAO/ICP 1976a：5)。NIEO は 1974 年 4〜5 月に開催された UNCTAD 第三回総会ならびに国連資源特別総会において成文化され,世界の方向性を示す指標として機能しはじめていた。したがって,同年 9 月のトロント会議,そして 11 月の WFC は,時期的にも NIEO 路線に沿っていた。NIEO という大きな時代精神を背景に,国連に多国籍企業を受け入れる思想的土壌が築かれていた点を考慮すると,トロント会議,WFC にはアグリビジネスと国連,双方の利害が反映されていたと考えられる。

ICP と NIEO が結びつけば,当然ながら,FAO の活動も新たな意味を帯びていった。それまで,FAO の農業開発は一国レベルの食料生産,農村社会に焦点をあてており,世界経済の全体構造にまで関連するものとは認識されていなかった。しかし,NIEO,そして WFC により,ミクロレベルの地域開発に貢献するだけでなく,南北問題というマクロレベルの経済構造そのものに影響を与える政策として認識されるようになり,FAO は農業開発事業の中でも,特に,途上国政府と民間企業の協同の必要性を大きく強調するようになった(FAO/ICP 1976b：2)。すなわち,それは FAO の数ある農業開発事業の中でも,とりわけ ICP に重点が置かれることを意味した。従来,FAO は事前協議や技術支援など,所管機関として,監督者的立場から ICP の活動に関与してきたが,NIEO や WFC を契機に,協同事業に直接関わりだしていった。その結果,この時期以降に実施された種子改良開発計画や肥料プログラム等の FAO 主導プログラムにも,ICP を通じてアグリビジネスが積極的に協力するようになった(FAO 1974；FAO 1977)。これらのプログラムは

種子や肥料等の生産資材の普及拡大を目的としているが，同時に，企業製品の販売拡大の好機をも意味するため，必然的にプログラムにおいて民間企業の意向が大きく反映されていった。そのため，途上国での生産財普及に向けてFAOを介して行われた政府の農業改良普及員の指導において，その指導監督業務に企業担当者があたる例も生じていた（Weir and Schapiro 1981：53）。このように，FAOとICPがより緊密に連携することで，国連機関と多国籍企業が単なる協同関係を踏み越えていく素地が形成されたのである。つまり，FAOの多数ある農業開発事業の一部にすぎないICPであったが，その参加企業の意向がICPの枠組みにとどまらずFAOの事業全体にも波及していく突破口となったといえよう。その波及過程に関しては，次節で農薬問題に焦点をあてながら詳述する。

　WFCにおいて採択された決議事項は国連を中心に，世界各国の食料・農業政策に浸透していった。つまり，国連会議を通じて，アグリビジネスの利害は各国政策にまで反映されたのである。また，国連会議における企業排除路線が企業参加路線に転換され，多国籍企業が途上国の開発問題に公式かつ継続的に関与していく制度的基盤が形成されたのである。これ以降，1992年の国連環境開発会議（地球サミット）や1996年の世界食料サミットをはじめとする環境・食料問題に関する国連会議には，企業活動が当該問題に直結しているために，多数の多国籍企業が参加しており，近年のグローバル・コンパクトや国連ミレニアム開発目標にまでその潮流は続いている。ICPのロビー活動がその後の国連と多国籍企業の官民パートナーシップをより強固に，そして決定的にしたといえよう。地球サミット開催の際には，多国籍企業は業界団体の一種である世界持続可能開発ビジネス評議会（World Business Council for Sustainable Development）を結成し，豊富な資金力のもと，自らの意向を積極的に表明するなど，まさにICPの経験を踏まえた活動を展開している点からもその成果が看取できる（Lodge and Wilson 2006：87）。

## 第3節　農薬問題とICPの転進

**1.「緑の革命」と農薬問題**

　WFCにおいて多国籍企業の役割が肯定的に受け取られたため，農薬企業は大きく動き出しはじめた。国連人間環境会議を機に，国連会議に参加する先鞭をつけた農薬WGは，WFCでは農薬決議の作成に対して実務的に携わり，より政策形成過程に関与していく様相を見せた。農薬決議は農薬の需給情報，農薬に必要な設備投資，利用手順や環境配慮に関する規制の国際的整合化，そして代替品の検討などを内容とするが，すでに1960年代から農薬の危険性は指摘されていた。しかし，WFCでは，その危険性に言及するどころか，食料増産や公衆衛生のためには農薬が有効だと強調され，食料増産のみならず，農薬の増産までもが提唱された（United Nations 1975）。

　さらに，ICPのWFCへの働きかけによって，農薬WGだけでなく，農薬企業業界団体である世界農薬工業連盟（Groupment International des Associations Nationales des Fabricant de Produits Agrochimigues）もFAOの政府間協議に参加できるようになった。この協議では，WFCで採択された農薬決議事項を実行する際に必要となる事業内容や手順が具体化されているが，農薬の供給，備蓄増進を通じて，需要全体を創出していくというFAO，そして農薬企業の姿勢が鮮明にされている（FAO/ICP 1976c：1-8）。特に，FAOによる農薬規制の国際的整合化が検討された点は農薬普及に対して大きな意味を持った。各国の農業生産環境や公衆衛生状況に適合するように，農薬利用に関する規制は各国で異なっているが，それは企業側にすれば，各国市場別の製品開発や安全性基準への対応が必要になり，費用の追加負担が見込まれた。そこで，農薬WGと世界農薬工業連盟は農薬規制の統一をFAO加盟国に対して要求したのである（FAO/ICP 1976c：8）。これを受けて，FAO植物防疫局では，農薬の成分や強度，毒性等の項目を分類し，安全基準を定めた農薬登録制度を導入した。技術的，資金的制約により，途上国には農薬の検査体制が十分に整備されていないため，この農薬登録制度に則して国際基準を満たした農薬を

利用すれば，その製品品質が保証されるとともに，各国による事前的，事後的な検査体制の構築が不要になり，費用面においても負担が軽減されると主張された（Papworth and Paharia 1978：104-105）。ただし，技術的制約により，国際基準を満たす農薬を供給できる農薬企業は主に先進国企業に限られていた。必然的に，FAO は先進国企業による農薬の利用を途上国に推奨していったのである。また，ICP は農薬規制の国際的整合化を図るだけでなく，途上国での農薬普及をより一層促進させるために，利用者層の拡大にも努めた。パキスタン等では先進国企業による製品提供をもとに，農薬利用訓練が実施されるとともに，企業側には輸入関税の削減やパテントの保護が見返りとして認められた[5]。しかし，それでも途上国の小農にとっては農薬購入による費用負担は大きいため，パキスタン政府が購入補助金を支出し，農薬の購入を支えていたのである[6]。

　WFC 以降，FAO と ICP は一体となって積極的に農薬利用を推進していたが，依然として，農薬の効果や安全性に対する疑念の声は高まっていた。マラリアの原因となる病害虫の駆除や作物収量の増大のために農薬は散布されるが，利用を繰り返すうちに対象昆虫類に抵抗力が備わり，効果は低減していった。農業生産においても，使用量の累積とともに増大する農薬購入は生産者の生活を圧迫していたが，それでもなお，病害虫の被害は抑えられなかった（Chapin and Wasserstorm 1981：182-183）。

　WHO は病害虫の耐性強化は農業への農薬利用に起因すると明らかに指摘しながらも，その対策として農薬企業による新しい農薬の開発を奨励する立場をとっていた（WHO 1976）。しかし，昆虫類の耐性強化と農薬利用との悪循環に対して，すでに総合病害虫管理（Integrate Pest Management）が 1950 年代末から FAO によって提唱されていた。これは農薬だけでなく，農作物の輪作化や天敵利用による害虫防除を混合し，農薬の使用量を抑えつつ収量を

---

5) この農薬利用訓練には，Hoechst, Uniroyal, Montedison, Hudson, Pegesch Mbh, 住友化学, Wellcome Foundation, Sandoz, FMC, Cyanamid, Bayer, BASF, IBM が参加していた（FAO/ICP 1977：2-4）。
6) 農業用投入財の購入補助として，政府補助金の約 30％が化学肥料と農薬に支出された（国際農林業協力協会 1981：65）。

確保する農薬利用法であり，これにより散布回数は4分の1に抑制できると指摘されていた（Chapin and Wasserstorm 1981：184；Lappé and Collins 1979＝1982：74-75）。しかし，総合病害虫管理は農薬を実際に散布する生産者に対する安全性の考慮も，農薬を販売する先進国企業の行動規制もなかったため，十分な普及には至らなかった（Paarlberg 1993：318-319）。とはいえ，過度の農薬利用を回避しつつ作物の収量を安定化させる方法があったにもかかわらず，WHO が積極的に農薬利用を抑制する方向に動かなかった背景には，FAO の存在があった。

　環境・公衆衛生的視点から WHO は農薬の危険性に対して警鐘を鳴らしていたが，食料生産を目的とした農薬については FAO が権限を主張しており，同じ国連専門機関である WHO といえども，FAO の管轄である食料・農業部門における農薬利用に対して異論を唱えることは困難だったのである（Paarlberg 1993：328）。1972年の国連人間環境会議においても，農薬使用の削減に向けて総合病害虫管理は議論されていた（Ling 1974：189-191）。しかし，上述したように，ICP によるロビー活動によって，それ以降は全体として農薬利用を推進する方向へと転回していった。FAO が ICP を媒介に農薬企業と関係を深めていく中で，WFC における農薬決議や FAO の政府間協議に参加していた WHO は，農薬企業の意向を反映させた FAO の方針を受容していかざるを得なかったといえる（Chapin and Wasserstorm 1981：184）。「公衆衛生と食料」との間で揺れ動く農薬利用の問題は，国連機関同士の権限争いにまで発展したが，実際には産業界の利害が伏在していたのである。

　しかし，食料増産を名目に農薬利用が推進されていたものの，実際に農薬を散布して生産された作物品種は綿花，紅茶，カカオ，コーヒー，パーム油脂といった輸出用換金作物であり，途上国の人々の生活に必要な食料品目ではなかったとされる（Dinham 1991：62）。農薬企業だけでなく，これら換金作物の輸出加工に携わるアグリビジネスも裨益する構造が垣間見えよう。また，1960年代半ばから展開された「緑の革命」もこの動向に大きく関係している。コメ，小麦，トウモロコシの3大作物の高収量品種の開発および導入によって，アジアやその他の途上国での食料増産をもたらした「緑の革命」では，改良種子の導入に伴って化学肥料や農薬，農業機械や灌漑水利体

第4章　途上国農業開発における官民協同事業の導入 | 123

系など，多くの農業生産資材も必要とされた（Brown 1970；Shiva 1991）。

　この「緑の革命」が推進された時期と並行して，ICPもその活動を展開していたのである。食料増産を図るには，高収量品種，化学肥料，農薬の使用が不可欠とされ，農業生産資材の「パッケージ」を販売するアグリビジネスにとって巨大市場の創出を意味していた。実際に，本章で取り上げた農業開発の実施地域であるトルコ，ナイジェリアでも「緑の革命」が展開され，アグリビジネスが提供する生産財の「パッケージ」を導入した農産物生産・加工体制が構築されていた。また同様に，「緑の革命」が展開されたインド，パキスタンをはじめとするアジア地域，さらにはタンザニア，ケニア，エチオピアといったアフリカ諸国でも同様に，ICPは積極的に活動していた。「緑の革命」が新たな生産財を用いた生産段階での技術革新をもたらした一方で，ICPでは，主に農産物の加工・流通に対する営利企業からの技術移転が意図された。つまり，「価値連鎖」としての視点から捉えると，「緑の革命」によって生産部面が，そしてICPによって食品加工および流通部面が担われたと推察される。FAOを介して，「緑の革命」とICPが結びつきながら，ともに，生産資材，加工技術，流通販売網を提供するアグリビジネスによる途上国における市場開拓を助勢していったのである。

　以上のように，使用製品や技術に規定されて，FAOとアグリビジネスとの事業連携とその癒着が必然化したのである。特に，農薬の規制を司るFAO植物防疫局はその傾向が強かった。農薬に対する安全基準策定や検査体制の整備を進めるためには，製品の開発，普及を行う企業との密接な関係が必要とされたからである。その製品特性上，企業による協力は技術的にも重要であるが，安全性の確保が不十分なままで新農薬の製品化を進める認可プロセスを構築するなど，農薬利用を促進させる筋道を拓いた側面は看過できない（Watts 1978：110）。そうしたFAOの姿勢は「農薬販売のブローカー」「農業開発のスーパーマーケット」とまで揶揄され，FAO内外においても批判が高まっていった（Weir and Schapiro 1981：52-55）。ICPはその成果をFAO総会ごとに審議され，加盟国の承認を受けてプログラムは継続されてきたが，ついにICPは1978年にプログラムを終了させるに至った。次に，プログラム終了の背景を，FAOの組織的矛盾に着目しながら解明する。

## 2. FAOの組織的矛盾

　1970年代半ばから後半にかけて，FAOは国際機関が抱える基本的矛盾を露見させていった。その諸矛盾を背景に，国連機関たるFAOがアグリビジネスの製品販売促進のパートナーと変容していったのである。

　そうした矛盾として，第一に，FAOの存在意義に対する動揺と財源不足の問題があった。食料・農業部門における所管機関として，また，協議を活動の中心とする国連諸機関が多い中で数少ないプログラム実施機関として，FAOは国連システムにおいても一目置かれる存在であった。しかし，1970年代前半の食料危機では，アメリカが国連に積極的に働きかけ，その結果，国連主導でWFCが開催された経緯がある。FAOにはソ連が未加盟であったため，アメリカはソ連を引き込むためにも食料問題を国連の場で検討する必要があった。本来ならばFAOが中心となるべき食料問題に対して，国連が解決策を検討する中心的組織になれば，それはすなわち，国連システムの中におけるFAOの政治的指導力の低落を意味する（Marchisio and Di Blasé 1991：75-77）。FAOとWHOとの権限争い関係に見られるように，国連機関同士は

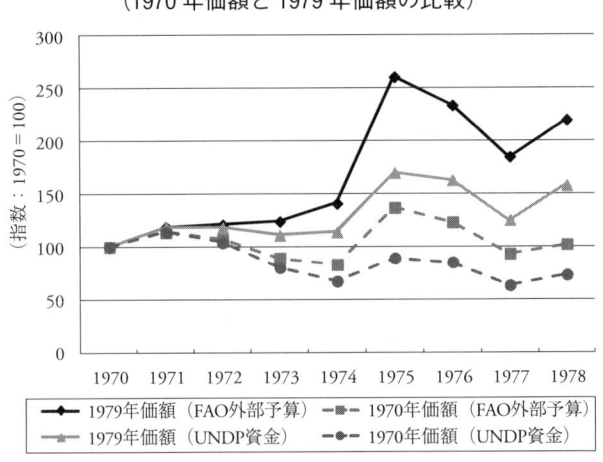

第4-3図　FAO外部予算とUNDP資金の推移
（1970年価額と1979年価額の比較）

出所：FAO (1979) "Review of Field Programmes 1978-1979 (C/79/4)", pp.1-3より作成。

協調関係のみならず，自己存続を重視する競合関係にもあった。そこでFAOは外部に向けて，組織の存在意義をアピールするために，より実効的な成果を求めていくようになった。しかし，第5章で詳細に分析されるが，FAOの開発プログラムの原資となるUNDP由来の資金配分が減少し，さらに第4-3図に示されるように，70年代のインフレ昂進に伴う資産減価も重なり，FAOは予算編成の変更を迫られ，より一層外部資金の獲得に積極的にならざるを得なかった。実際に，ICPにおいても，FAOが食料・農業部門における権威として指導的立場を保てるように，企業との協力が強く求められた（FAO/ICP 1971：76）。「緑の革命」の背景には，生産財の販売促進を狙う多国籍企業と財源不足の中で顕著な成果を求めるFAOの結びつきが存在していたが，これはFAOの組織存続に対する強い欲求の表出といえる。

　第二に，加盟国間での不調和の拡大があげられる。1970年代における食料危機の根本的原因は生産面というよりは分配面にあった。天候不順による生産不足が原因とされるが，実際には先進農業国による過剰農産物への対応が背景にあった。供給過多による穀物価格の下落を案じたアメリカをはじめとする先進農業国は穀物の作付面積を削減するなど，生産調整に取り組んでいたのであり，そもそも生産能力自体は十分に有していたのである。つまり，利潤を生み出す「商品」としての食料生産が優先されていたために，天候不順を契機に食料不足，価格高騰が生じたのであり，食料危機は分配上の要因が根底にあったといえる。食料増産を念頭においてFAOが提唱した農業政策の国際的整合化に対しては，食料生産国と輸入国との間での利害が対立し，加盟国間の足並みが揃わなかった（Marchisio and Di Blasé 1991：78）。また，先進国は自らが多く負担する分担金が途上国偏重の政策に充当される事態を回避するためにも，FAOがNIEOに即して活動を展開する点には消極的であった（Marchisio and Di Blasé 1991：107）。その一方で，「緑の革命」による食料増産の実現を，先進国は一貫して期待していた。このような先進国と途上国の南北対立がFAO加盟国間においても鮮明になり，UNCTADとは異なって途上国の主張が反映されにくいFAOに対して，次第に途上国は不満を増大させ，FAOの組織的自律性に疑問を投げかけるようになった（Weiss and Jordan 1976：104-105）。

第三に，1975年のFAO事務局長の交代が要因として考えられる。上記のように，FAO加盟国間での利害対立はFAOのトップである事務局長の選出に際しても影響を与えた。前任者の任期満了に伴い，加盟各国の利害を代表する候補者が擁立されたが，英米が擁立した候補者を抑え，次期事務局長にはレバノン出身のSaoumaが選出された。途上国出身である新しい事務局長によって，FAOは途上国開発に適した活動を志向するようになり，先進国への依存を最小限にしつつ，食料増産を追求していったのである。そのため，Saoumaは先進国から輸入される先進的技術，農業機械，農薬，肥料等からの脱却を求めていった（Marchisio and Di Blasé 1991：86-88）。このように，FAOは生産財を提供するアグリビジネスとの関係を再考し，距離を取りはじめたが，他方で，農薬企業との関係を契機に，ICPに対するFAO内外からの批判も噴出しだしていた。そうした結果を踏まえ，1978年に，ICPは事務局長の政治判断によって，そのプログラムの終了を迎えたのである（Weir and Schapiro 1981：54）。

　このように，FAOの国連システムにおける組織間関係，財源不足，先進

第4-4表　ICPとICDの組織的類似性

| 産業協同プログラム（ICP） | | 産業開発評議会（ICD） |
|---|---|---|
| FAO | 所管機関 | UNDP → NGO |
| 総会，執行委員会，事務局 | 機構 | 総会，執行委員会，事務局 |
| 多国籍アグリビジネス | 構成員 | 多国籍アグリビジネス |
| 企業による拠出金 | 財源 | 企業による拠出金 |
| Simons（副事務局長）<br>Gale（事務局長補佐）<br>Hendrie（環境分科会理事）<br>Ramear（執行委員会副議長）<br>Thornbrough（執行委員会副議長） | 事務局幹部 | Simons（事務局長）<br>Gale（顧問）<br>Hendrie（種子開発計画担当）<br>Ramear（執行委員会副議長）<br>Thornbrough（執行委員会副議長） |
| 種子産業開発計画 | 継続事業 | 商業的種子産業開発計画 |

出所：Mooney, Pat Roy (1983) *The Law of the Seed*, the Dag Hammarskjold Foundation, pp.107-108；Taylor, William (1980) "The U.N.'s Corporate Cronies？", *Multinational Monitor* 1 (1)；Weir, David and Mark Schapiro (1981) *Circle of Poison*, Institute for Food and Development Policy, pp.54-55 より著者作成。

国の利害といった要因から，FAOは企業との癒着構造を形成しはじめ，ICPがその営利志向を顕わにした一方で，途上国の反発を背景とした新しい事務局長の選出や，先進国との技術協力の見直しに象徴されるように，FAOは企業依存からの脱却を図り，ICPの終了を決定したといえる。

しかし，ICPの終了はあくまで形式的にすぎず，実質的には継続されていった。事務局長の交代によってFAOが大きく転回するかに見えたが，これまでに構築されてきた企業との協同関係は実際には排除されなかった。ICP終了の1978年以降もFAOと企業との協同関係は継続され，ICPほどに制度化された「協同」はなかったが，種子開発や肥料開発においてアグリビジネスが依然として関与していたのである。また，事務局長の交代によってICPが終了する気配を見せると，アグリビジネスは国連システム内において組織を存続させるために，国連事務総長に働きかけた。国連事務総長Waldheimは多国籍企業による資金提供型の開発プログラムとしてのICPの制度に着目し，ICPの存続を提起した。その結果，1978年のICP終了からわずか1年後の1979年に，UNDPにおいて産業開発評議会（Industry Council for Development：ICD）が設立されたのである[7]。設立当初のICDは32のアグリビジネスから構成され，ICPと同様の組織構造を有するだけでなく，第4-4表からも明白なように，事務局上級職の人事に関してはICPからの踏襲であった（Mooney 1983：107-108；Weir and Schapiro 1981：54-55）。ICDの活動内容もICPを継承しており，開発と農業に関連した国連諸機関との非公式ながら強力な協同関係を保持していた。まさに名称の変更だけであったといえる。その後，ICDは国連システムから独立したNGOとして活動を展開するが，現在は危害分析重要管理点（HACCAP）やリスク分析等，公衆衛生と食品安全性・栄養改善に関してWHO・FAO（Codex委員会を含む）と協同関係を構築し，一定の発言権を行使している（Motarjemi 2006：1018-1020）。このように，ICPはFAO内の一プログラムとしての枠組みを超え，姿を変えながらも国連システムとの関係を保ちながら転進していったのである。

---

7) ICDについてはwebサイト（www.icd-online.org）を参照した（アクセス：2012/10/23）。ただし，2014年5月現在，同サイトは閉鎖されている。

プログラム終了に至るまでの過程を踏まえると，ICP の実態は所期の理念と大きく遊離し，ICP はアグリビジネスの利益追求を後押し，誘導する組織へと変容していた。また，以上のような ICP の変容は FAO だけでなく，他の国連機関をもアグリビジネスの利益擁護機関へと突き動かす作用をもたらしたと考えられる。

## 第4章のまとめ

第4章では国連機関と多国籍アグリビジネスとの協同事業を対象に，途上国開発における官民パートナーシップの実態や意義を論じた。以下において，明らかになった点を簡潔に整理する。

第一に，プログラムの実態を ICP の政策形成過程と事業成果から明らかにしてきた。ICP の形成過程には，FAO，途上国政府，多国籍アグリビジネスの三者三様の利害が交錯していた点を確認できるとともに，特に，開発機関化した FAO にとって，財源不足という制約下でその役割を果たすためにも，ICP のような制度的枠組みが必要とされたといえる。ICP を通じて得られた農業開発の成果を考慮すれば，多国籍アグリビジネスの専門能力を導入するだけで途上国の低開発が解決するわけでは必ずしもなかった。むしろ，WFC において顕著に見られたように，ICP は全体として，個別的な農業開発事業の成果よりも，多国籍企業が途上国へ進出するための政策的支援の獲得を重視していた側面が強かった。

第二に，ICP の具体的な事業展開を通じて，官民パートナーシップの制度的展開過程に着目してきた。その結果，官民パートナーシップの展開を以下の三段階に区分して確認できる。第一段階（1966〜1970）は，ICP が政府主導型の農業開発を中心に据えていた段階であり，FAO・途上国政府が主導権を握って多国籍企業の意思決定に関与するなど「資本蓄積を抑制する役割（regulation *of* business）」，つまり規制的側面が強く現れていた。トルコやナイジェリアの事例も事業自体は 1970 年以降も行われていたが，事業計画時点では公的部門による主導権が確立していた。第二段階（1970〜1974）は，ICP が企業主導型中心へと転回し，農業開発の主導権が多国籍企業にわたり，FAO・途上国政府は企業の支援策を講じていた段階である。規制というよりも，企業のための調整，つまり「資本蓄積を促進する役割（regulation *for* business）」へ

と変化した。第三段階（1974～1978）は，主導権を握った多国籍企業が積極的に国連会議へと働きかけ，ICPを「途上国のための農業開発」から「企業のための販路開拓」へと誘導していった段階である。NIEOや「緑の革命」といった世界における大きな潮流を背景として，国連機関と多国籍企業の官民パートナーシップはその有用性が確立された。アグリビジネスは利潤追求という「資本の論理」を，そして国連機関，特にFAOは自己の存続という「組織の論理」を，それぞれ貫徹させるために両者は邂逅を果たしたといえる。企業による農薬基準の策定をはじめ，食料・農業問題の解決を企業活動に期待する動きからは，私的規制（private regulation）や自主規制（self-regulation）のみならず，それらの規制を国際機関が承認し，正当化していく動向が看取できよう。その結果，ICPはプログラム終了後もICDとして存続できたのである。

第三に，本章全体を通じて，現代世界における国連機関，国家，資本が織り成す関係性について考察してきた。開発や環境に関する諸問題では，もはや国民国家の枠組みだけでは問題解決は難しい。さらに，多国籍企業の台頭によって，国家と資本の活動領域の乖離が生じてきている点は指摘するまでもない。そのため，多国間組織としての国連諸機関は「市場の失敗」ならびに「政府の失敗」を克服する必要に迫られている。しかし，国連諸機関にも機能的制約や財源不足という大きな問題が存在している。特に，組織内部での加盟国同士の政治経済的な利害対立によって，協議の中断および分担金の未払い等の組織運営の根底を揺るがす事態が生じるとともに，組織の存続のために，国連機関同士の権限争いまでもが一部では引き起こされた。また多国籍企業に対する「規制（regulation）」も，結局，資本と利害をともにする先進国の動きによって，それが意味する内実は大きく変容してきた。国連機関はSupra-Nationレベルにおけるガバナンス機能を司る自律的組織として考えられているが，実際はより複雑である。国連機関は，議決権を有する加盟国たる国民国家の利害，そして，それら国家に働きかける資本の利害，さらには，そうした利害を調整しつつ，一定の自律性を発揮しようとする組織事務局の利害が錯綜しつつ形成されている。また，同様に錯綜した利害関係を抱えた国連機関同士においても，FAOとWHOのように，各専門機関の「組織の論理」による権限争いが生じるだけでなく，官民パートナーシップの際には，多国籍企業の経済活動，ならびに，それらを支援する政策的調整を通じて，資本とも直接的に交渉する。このように，錯綜した利害に影響されながら国連機関は複雑かつ困難な問題解決のための活動を遂行しており，国連機関，国家，資本は複雑に絡み合う再帰的重層性を構造として構築しているといえよう。

そのため，ICPやWFCのように，途上国の国内開発政策にも，国連機関を通じて先進国や多国籍企業の意向が反映されるのである。また官民パートナーシップにおいて，地域開発等の国内政策レベルとは異なり，国連政策において官民パートナーシップを導入する場合には，民間部門に対する公的部門のガバナンス機能が不明瞭なままに事業が進められている。国連政策における権限が国連に帰属するのか，主権国家に帰属するのか，官民パートナーシップに参加する資本に対する権限はどの主体が有するのか，法的拘束力の有無も含め，十分に議論が進んでいない。これらは国連開発政策に内在する矛盾といえる。

ICPの存在を通じて，アグリビジネスが途上国市場へ参入し，事業展開の領域的拡大を遂げるとともに，農薬規制の国際的整合化に見られるように，各国制度の整合化によって，多国籍アグリビジネスの優位性は一層高まった。また，こうした産業全体に関わる制度調整の成果はICPに参加していない企業にも及ぶため，ICPはアグリビジネス全体に対して，有利な事業環境を創出していったといえよう。ICPは農業開発事業そのものとして，大きな成果をあげたとはいえないが，多国籍企業が国連会議を通じて自らの意向を国家や国連機関に反映させることに成功したという側面からは注目すべき事例であった。その結果，官民パートナーシップが制度化され，現在の国連開発政策の中心に位置づけられるようになったのである。ICPはFAOのひとつの開発プログラムであったが，その後の国連と多国籍企業との官民パートナーシップの潮流を決定づけるというより大きな意義を備えていたのである。

▶ 次章へ

*chapter* 5

# 開発援助の財政構造と国際機関の「自律性」

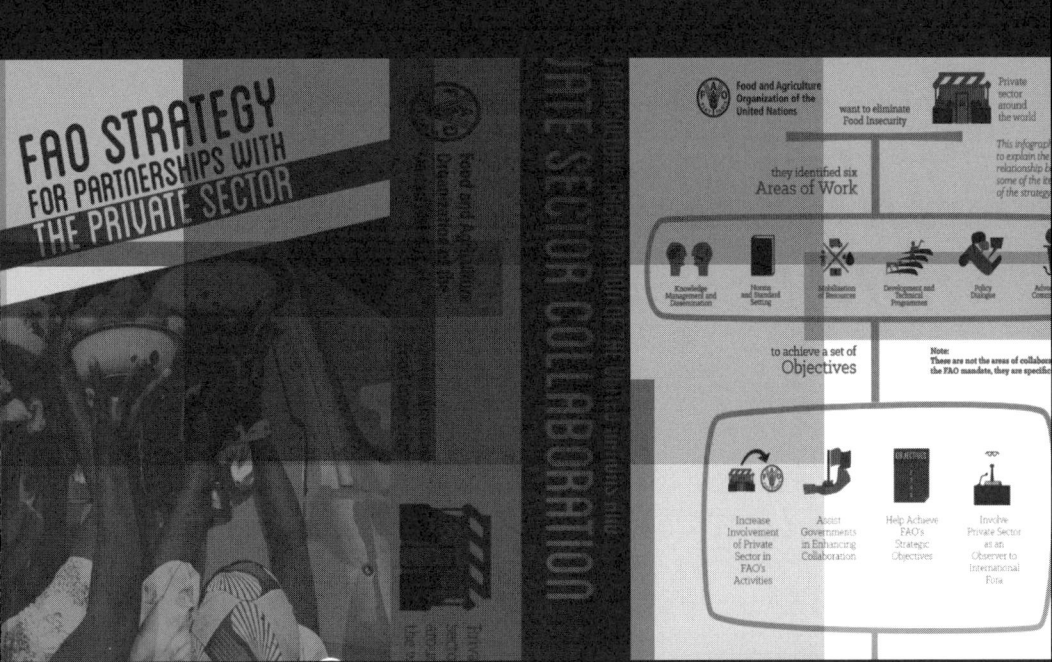

第5章　開発援助の財政構造と国際機関の「自律性」│133

　第4章では，国際機関が官民パートナーシップを通じて国民国家のみならず，多国籍企業の利害にも影響を強く受けている点を論じてきた。国連機関は国家や資本の利害に翻弄されながらも，実効的に，かつ，自律的に組織を運営する必要がある。ただし，具体的な活動には巨額の資金動員が必要となり，国連機関は各国政府による資金拠出に財源を大きく依存する。つまり，国際機関の活動を支えるためには，国民国家の国際的な財政支出が必要となり，国際機関の自律性は加盟国，すなわち，国民国家との関係において大きく規定されているといえる。

　第5章では，途上国開発をめぐる各国開発援助政策の動向との関連で，国連機関の財源構造に着目し，加盟国や企業との関係性から国連機関の自律性を考察する。複雑かつ多様な政治経済的力学が作用する国連機関に対して，特に，財源的措置をめぐる歴史的経過から浮かび上がる開発援助における役割とその意義を論じる。

　開発問題は飢餓，貧困，教育，医療，衛生等，幅広い諸課題を含んでおり，それだけ対策の範囲も拡散している。本章では，これら諸課題への対応を包括して開発援助政策として捉え，先進国を中心とした世界の開発援助政策の動向のもとで展開される国連開発援助を分析対象とする。また，国連開発援助は国連とその補助機関のみならず，専門機関を含む国連システム全体が有機的に関連しあって実施されているが，その中でも，国連システムの開発援助全体を調整する役割を担う国連開発計画（UNDP）と食料・農業分野を管轄する専門機関である国連食糧農業機関（FAO）に焦点をあてる。この二機関の国連開発援助における役割を単純に表現すると，UNDPは資金供与機関として国連開発援助の中核的な組織であり，一方，FAOはそのUNDPから多大な資金供与を受けてきた援助実施機関であるといえる。UNDPは資金を他機関に供給すると同時に，自らも開発援助事業を実施できるために，国連開発援助の中心的存在として位置づけられている。

　国連機関に対する研究自体は膨大にあるものの，本章で着目する国連機関の財源構造に焦点をあてた先行研究は国内外を通じて多く蓄積されているとはいえない。国際的な政治交渉の一環として，国際機関の財源に関する記述は散見されるものの，通常業務を遂行するうえで必須となる財源を対象とし

た研究は限られてくる。その中でも，国連予算の時系列的な変化を分析した田所（1996）では，国連財政の史的展開が分析され，予算を通じた国連における政治の実像が明らかにされている。予算をめぐる多様なアクターの立場に着目し，対立の図式を鮮明にしながら，国連予算の基本的構造を解明した研究として重要な成果といえる。ただし，予算との関連が強い組織編成の変遷や制度的仕組み等，開発援助に限らず国連の業務遂行過程が詳細に示されているものの，視点が国連本体の行財政制度にあるため，国連開発援助の全体像の解明には十分ではない。

UNDPの財源構造に対しては，組織構造，任務，他機関との関係性，開発に対する志向性について歴史的に分析したMurphy（2006），国連開発援助の変容を国連の機構改革との関係から分析した秋月（1993），UNDPの資金供与および援助実態の動態から世界的な開発援助の動向を分析した大平（2008）がある。FAOについては，組織構造と事業活動の分析の一環として財源構造にも焦点をあてたTalbot（1990），Marchisio and Di Blasé（1991），Shaw（2009）のほか，他主体とのパートナーシップに対するFAOの姿勢を財源構造や組織文化から分析したLiese（2010）がある。これらの諸成果はUNDP，FAOを対象とするため，各組織の活動実態を把握するためには有用であるものの，必然的に，組織内における開発援助活動の軌跡を論じる傾向にある。したがって，先行研究を踏まえつつ，国際機関と加盟国，資本との相互関係に着目し，国連機関の自律性を検証する過程で，国連開発援助の総体的な意義と限界が見出せると考えられる。

開発問題への対応には，援助活動における手続き・意思決定過程およびその民主的運営に関する諸側面も重要になるが，本章では，資金フローの構造に限定して論じる。なぜなら，国際機関，とりわけ，国連機関の自律性を理念としてではなく，組織運営や活動の実態から把握しようと試みるからである。

本章の構成は以下の通りである。第1節では，政治経済的動向と国際機関の機能との連関を国際機関の意思決定に関わる側面に焦点をあてながら検討する。第2節において，開発援助政策の全体的傾向とUNDPの財源構造を明らかにしながら，国連開発援助の設立経緯と展開過程を分析する。また，

第3節では，国連開発援助の一翼を担う FAO において，外部環境の変化を通じて変容する組織活動の展開過程を論じる。これらの分析を通じて析出される国際機関の自律性の視点から，国際機関，国家，資本の関係性を論証する。

## 第1節　国際機関の自律性

### 1. 国際財政と国際機関

　国際機関は複数国家により，共通の目的達成のために，国際条約に直接基づいて設立された常設的な組織と理解される。つまり，国際機関は政府間組織として，国家が充足できない国際的な目的を実現させる固有の組織体である（横田2001：37）。一方で，各国政府の国際的枠組みによって取り組まれる政策協調も国際的な課題に対するひとつの手段といえる。国際機関であれ，国際的な政策協調であれ，課題に対応するためには原資が必要となるが，双方ともに，その原資は主に国家の財政支出に依拠している。単一国家では対処できないグローバル・イシューへの対応として，国際財政，つまり，諸国家による財政支出に依拠して国際的な枠組みが形成されてきている。そのため，国際機関の創出自体が国際財政機能の所産といえる。国際機関は通信，郵便，運輸等の諸分野における国際的共通化や規格の統一化を目的に形成されはじめたが，同時に，単一国家や地域にとどまらないインフラストラクチャーを構築，維持，管理する国際財政の形成過程でもある。しかし，国際的なインフラストラクチャーの整備が求められている一方で，その内容と機能を世界各国が普遍的に享受できるとは限らず，個別的な利害を反映している場合も十分にある（植田・新岡2010：19-26）。国際財政は国家による財政権力を通じた世界的な統治手段としての側面を有するのである。

　戦後，先進国における経済復興と政治的安定が得られて以降，開発問題は先進国から途上国への「経済協力」として把握されてきた。この経済協力には，公的資金のみならず，海外直接投資（FDI）等の民間資金も含まれ，先

進国から途上国に流れる資金の総量を表している。第二次大戦以降，途上国の経済発展および貧困削減のために，政府開発援助（ODA）を主要な政策手段としつつ，先進国は多大な開発援助に取り組んできた。アメリカを中心とした先進国は開発援助政策の相互調整を行いつつ，経済発展のための資金不足に悩む途上国に対する援助資金の供与を進めてきた。しかし，先進国による開発援助政策は援助負担の国際的分担を通じて，先進国の財政・経済をアメリカおよびアメリカ企業に適合的な経済再編を促すとともに，途上国の財政・経済をもその中に包摂させていく過程と見なされる（植田・新岡 2010：78-81）。いわば，開発援助政策は先進国の財政支出を通じて直接的に，もしくは，国際機関を通じて間接的に，途上国の財政自主権を侵食し，経済体制を自由貿易体制へと適合的に変容させていく統治手段に転化している。

国際機関の設立・運営と各国による国際財政は相互補完的に作用し，それらの支援を受けた資本はアメリカの志向する国際分業体制へと再編成され，多国籍企業化していく（坂井 1976：6）。資本の多国籍化は先進国間の国際財政による開発援助政策にも支えられながら，途上国を含めた世界全体へと浸透する一方で，国家主権に対する蚕食を惹起するが，国家と資本との相互関係の基底には，資本の流出入に関して，国際機関による媒介が機能している。国連開発援助を媒介に，先進国による国際財政が最終的には途上国に対する先進国企業による直接投資を促進するという形態で，国際機関，国家，資本の関係性は展開されるのである。

国際機関は国際的な経済再編の形成手段として，たとえば，規制緩和と市場開放を推進してきた国際通貨基金（IMF）や世界銀行の開発金融政策がアメリカ，特に財務省の利害を強く反映しているように，単一もしくは少数の国家の意向に基づいて活動していると指摘されてきた（Bhagwati 2004；Stiglitz 2002）。アメリカの利害を具体化するために，国際機関の活動が展開されると捉えられているわけである。しかし，その一方で，アメリカ政府の強い圧力に屈する形で金融支援の実施を余儀なくされているものの，IMF は国際金融に関する専門機関として，金融危機への対応をめぐって，アメリカの意向とは異なる組織独自の見解を主張している（白井 2002：182-193）。また，途上国開発のための増資を望む世界銀行に対して，レーガン政権時に財政難

に陥ったアメリカは世銀の要求を拒否してきたように,見解を背反する場合もある(ワシントン駐在員事務所 1984：7)。国際機関は必ずしも国家の意向を受容し,政治的判断に基づいて活動しているわけではなく,自らの設立目的を追求するために,自律的な行動を模索している。ただし,高度な専門性を発揮させようとする国際機関に対して,政府官僚が加盟国の代表として諸活動に対する意思決定を行うが,その政府官僚の背後には,利害関係企業や業界団体を代表する専門家が存在している(Strange 1976＝1998：174)。国際機関が有する高度な専門性は,一方では国際機関の自律的行動を支えるとともに,他方では,その専門性を構築する専門家の利害によって規定される組織構造にもある。つまり,国際機関の自律性は諸活動の表面的成果のみでは十分に把握できず,諸活動を策定する政策形成過程における組織内外の主体間の利害関係やそれらを形成する組織構造への着目が必要になるといえる。

## 2. 国際機関の意思決定とその形成要素

　外部からの支配や制御から脱して,自らの規範に基づいて行動する状況を「自律性」の指標とするならば,国際機関の自律性は行動を選択する際に必要な意思決定の問題に帰着する。国際機関は形式的には独立した実体を有する組織だが,その実態としては,組織内外に位置する主体の有形無形の影響を受けており,確固たる組織独自の規範に基づいて行動しているとは言い切れない。その主な要因として,「加盟国の二重性」が指摘される。加盟国は国際機関内部の構成要素として活動する一方で,国際機関と対等な外部の行為主体としても存在する(横田 2001：187-188)。この「加盟国の二重性」により,国際機関の意思決定に反映される利害の所在や志向性が一層複雑化している。とはいえ,錯綜した利害を抱えながら遂行される意思決定の結果,外形的には,国際機関の活動として表面化するのである。

　国家が代表権を有するために,国際機関は国家の意思決定の所産として捉えられる傾向にあり,自己目的のない制度的メカニズムともいわれる。しかし,国際機関が国家の意向を反映した制度的メカニズムであるなら,なおさら,国際機関は自律的でなければならない(Bernett and Finnemore 2004：4)。なぜなら,単一国家では対応できない課題が生じたがゆえに国際機関は設立

されたのであり，その所期目的を実現するために，加盟各国の利害とは一定の距離をとりつつ，自律的な判断を下す必要に迫られるからである。そのため，国家は自らの利益追求のためにも，一定の「自由裁量の範囲」を認め，国際機関の自律性を確保せざるを得ない（Thatcher and Sweet 2002：5-8）。その一方，国際機関は組織内部に抱える官僚機構を通じて，独自の組織文化を形成し，組織存続のために自らの「組織の論理」に従い，自律性を高めようとする。内的論理に基づく官僚機構は国際機関としての目的達成によって存在意義が弱体化すれば，状況に応じて新たな目的を自ら創出したり，組織改革に対する外部圧力には官僚機構を通じて応酬したりする傾向にある。ここに，国家の利害を反映しつつも，自律性を必要とする国際機関の性質が浮かび上がる。ただし，上述したように，国際機関の自律性自体は諸活動の表面的成果から把握しづらく，加盟国の意向と対立する場合や加盟国が無関心な分野で活動する場合以外に，明確には表れてこない傾向にある（Bernett and Finnemore 2004：27）。

　国際機関の自律性は状況依存的に発現するといえるが，その状況は必ずしも偶発的に生じるわけではなく，組織が有する要素に起因して発生している。国際機関，特に，開発援助機関の活動を規定する要素として，(1) 経済的影響力（economic clout），(2) 専門知識（economic expertise），(3) 政治的正当性（political legitimacy），(4) 道徳的権威（moral authority）が指摘されている（McNeill and St. Clair 2009：19-22）。途上国開発に関わる国際機関として，必然的に経済的要素が重視されているが，経済的影響力の指標のひとつとして，国際機関の具体的活動を規定する毎年の総予算がある。また，経済開発の方向性を誘導する政策形成において専門知識は重視され，実際に，「構造調整」や「人間開発」といった開発思想の底流には，国際機関に蓄積された専門知識が反映されている。政治的正当性は国家からの権限移譲と密接に結びついており，加盟国の信認を獲得しているほど，国際機関の執行力は強化されるが，加盟国間での利害対立は国際機関の活動を制約する構造にある。国際機関が追求する目的の意義およびその追求方法の妥当性により，国際機関の活動は普遍的な道徳的権威を獲得し，加盟国間の利害対立を極力抑える機能として作用する。各国際機関において求められる諸要素の強度はそれぞれ

異なるが，開発援助機関にとって，予算をはじめとする経済的影響力の確保は具体的活動を実施するための資源にほかならず，非常に重要な要素である。

ただ，国際機関が十分な財源を確保できなければ，効果的な活動を実施できず，その存在意義は低落するものの，財源を確保しようとすれば，資金を提供する外部主体の統制を受けやすくなり，自律的な組織運営は困難に陥る（Liese 2010：97；Pfeffer and Salancik 2003：259）。つまり，国際機関の財政事情は自律性の基礎となる組織の意思決定と密接に結びついている。国際機関の崇高な理念を実現させるには，業務遂行のための資金確保が現実問題として大きな課題になるのである。

## 3. 相対的自律性と再帰的重層性

国際機関の自律的な意思決定と財政事情の関連は，主に，国際機関と国家との間においてこれまでにも散見されてきたが，特に，その様態は先進国と途上国において異なって現れてきた。先進国，とりわけ，アメリカは経済大国としての自負から巨額の財政支出を国際機関に投じてきている。その財政負担と引き換えに，国連機関やIMF・世界銀行に対して，政治経済的圧力を駆使して自らの利害を国際機関の活動に反映させてきている[1]。つまり，アメリカは国際機関を通じて，自国以外の国家に対する支配的地位を確保しようとしてきたのである（Foot, MacFarlane and Mastanduno 2003：11）。直接に，他国に政治経済的圧力を加えるのではなく，圧力を加えられる国家を含めた加盟国共通の意向として，アメリカの利害を抽出するためである。その一方，国際機関はアメリカに主導されながらも，加盟国の共通利害を代表して諸活動を実施し，途上国の政治経済に介入してきた。IMF・世界銀行による構造調整政策がその典型である。IMF・世界銀行はコンディショナリティを媒介に，途上国に対して強硬姿勢を貫いてきたが，その背景として，国家主権を制約するコンディショナリティに反発を感じながらも甘受する以外に選択の

---

1) 国際機関は国連を代表として，加盟国には一国一票の議決権が割り当てられている。一方，IMF・世界銀行は加盟国の出資比率に応じて議決権が配分されている。そのため，多く出資しているアメリカは一国で15％の議決権を保有しており，IMF・世界銀行の意思決定にはアメリカの意向が反映されやすい構造にある。

余地がないほど，途上国経済が危機的状況にあったからである（坂元 2008：25）。このように，国際機関と国家との関係性は，「先進国→国際機関」と「国際機関→途上国」と分解して把握できるとともに，「先進国→国際機関→途上国」のように，国際機関を媒介に，先進国から途上国への政治経済的圧力の浸透過程として連動して把握できる。

　また，IMF・世界銀行による構造調整政策は途上国の市場経済化を志向し，公営企業の民営化等をはじめ，資本，特に多国籍企業の投資環境整備が促進されていった。国際機関を通じて資本に対する政策的支援が行われると同時に，多国籍企業は自らの利害を実現させるために，国際機関に対して積極的に関与している。FAO で実施された産業協同プログラム（ICP）やIMF・世界銀行が推進した民営化事業，国連が実施するグローバル・コンパクトのような官民パートナーシップにおいて，多国籍企業は資金の提供や開発事業への参加を通じて，国際機関に対する関与を深め，企業利潤を高める有利な環境を創出しようと試みてきた（Bull and McNeill 2007；Tesner 2000）。資本は直接的に国際機関に対して資金を提供するというよりも，開発事業に参入して，事業から利潤をあげつつ途上国の発展に供するという形態により，物資調達やサービス契約にかかる国際機関の費用負担を軽減する。ただし，利潤獲得を動機とする資本は開発事業に専門知識や経営ノウハウを提供できる反面，利潤獲得に支障をきたさないように国際機関の活動自体をロビー活動等により誘導する。官民パートナーシップに参加する企業は諸分野において代表的な巨大多国籍企業であり，長期的な利潤獲得を目指して国家や国際機関に積極的に支援・要望を求める。つまり，資本は利潤獲得を追求すると同時に，政治的権力を追求するのである（Bull 2010：186）。

　国際機関，国家，資本間の資金フローは各主体の自律的意思決定を大きく規定する傾向にあり，必ずしも各主体は外部からの制御を受けずに自らの規範にのみ従って意思決定を行っているとはいえず，あくまでも相対的に自律しているにすぎない。また，そもそも，国家は政府，議会，軍隊，警察のような組織や機能が生み出す制度，組織，権力関係には還元されず，確固とした実体があるわけではない[2]。国家は資本を含みつつ，具体的な組織構造として存在しており，国家が自らの政策手段として利用する財政権力も本質的

には資本主義的生産過程に依存しているため，資本による価値増殖過程が停滞すると同時に，国家の行為能力も低下せざるを得ない状況に陥る。そのため，価値増殖過程を維持するためには，資本活動に適合的な環境を創出する必要が生じる（Hirsch 1995＝1998：21）。このような国家と資本との相互関係を敷衍すれば，国際機関は自らの政策手段の原資を加盟国による分担金や拠出金に依存するため，国家の意向に適合的な活動を行う必要性が必然的に高まる。グローバルな規模で資本が活動を展開する時代にあって，国際機関は国家および資本の意向に則した国際的な調整機能を担っている[3]。第2章でも詳述したように，各主体の意思決定に対する政治経済的利害が複雑に絡み合うために，国際機関，国家，資本の関係性は再帰的重層性として構造的に形成されているといえよう[4]。

　国際機関の自律性は組織内外に位置する各主体との資金フローを通じて相対的に形成されるのであり，開発援助における国際機関の役割を分析する際には，組織をめぐる経済的要素への着目が必要になろう。

---

2) むしろ，個人，集団，組織間で形成される社会的関係を物質的に凝縮した「社会的諸関係の制度的表現形態」が国家の本質とされる（Hirsch 1995＝1998：8-17）。
3) 国際機関には租税を徴収する財政高権がないために，より一層，組織運営に際して自律性は相対的にならざるを得ないが，国際機関内部において，事務局や加盟国をめぐる利害対立があっても，外形的には統合された共通利害として表出され，国際機関の意思決定として具体的な活動を伴っていくのである。
4) 国際機関の自律性をめぐって，国家および資本との相互関係を確認したが，現代世界においては，NGO等の市民社会組織も重要な役割を担っている。しかし，市民社会組織は主に正当性や道徳的権威の側面において，国際機関に影響力を行使しつつあるものの，資金面における相互関係はあまり築かれていないため，序章でも述べたように本書では，市民社会組織については特に取り上げていない。

## 第2節　開発援助政策と国連開発援助の展開

### 1. 開発援助政策の動向

　開発援助政策の具体的内容は援助国によって異なるが，本章では，国際財政との関連の文脈から開発援助政策を把握するために，主に，ODAを指標にその資金フローの動向を分析する[5]。ただし，この分析過程は援助の効果を資金フローの量的変化から明らかにするわけではない。1ドル当たりの無償資金協力，技術協力，借款の効果は直接に比較できるとはいえず，また，

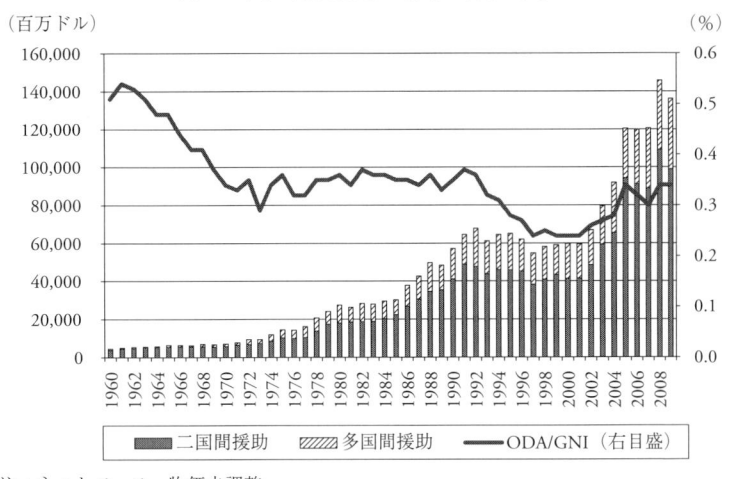

第5-1図　開発援助の推移（名目値）

注：ネットベース。物価未調整。
出所：OECD DAC online datasets より作成。

---

[5] 日本の場合，途上国開発や国際機関への分担金支払いは「経済協力費」として一般会計予算に計上されるが，ODAと同義的に見なしても大きな相違はない（内山2009：184）。しかし，定義上，ODAには軍事援助，債務救済等は含まれないため，経済援助のほか，軍事援助や食料援助を行うアメリカの場合，ODAはアメリカ対外援助政策の一部にすぎない（中西1998：53）。ただ，アメリカの対外援助政策は援助対象国が途上国に限られず，イスラエルや高所得国も含まれているため，途上国開発を前提としたODAをアメリカの開発援助政策として分析する必要がある。

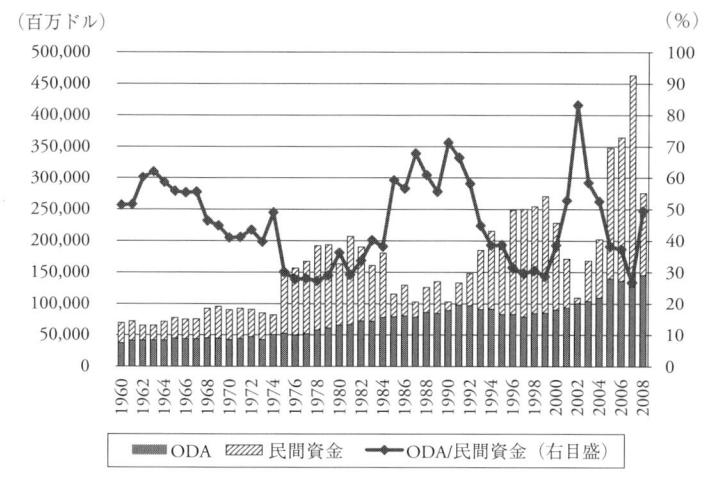

第 5-2 図　経済協力に占める ODA の割合（実質値）

注：ネットベース。物価調整済（2008 年基準）。
出所：OECD DAC online datasets より作成。

プロジェクト型やプログラム型といった援助形態（モダリティ）の相違も援助の成果を左右する（小浜・澤田・高野・池上 2004：12）。したがって，途上国への資金流入の増大が単純に途上国開発の進展を意味するとはいえない。ただし，資金フローの数量化は開発援助政策の全体的傾向を検討するためには有用だといえよう。

　開発援助政策の全体的傾向を示した第 5-1 図および第 5-2 図からは以下の点が確認できる。第一に，ODA の名目額は増加基調にあるものの，国民純所得（GNI）に占める割合は 1960 年代初頭の 0.5％を記録して以降低下しつつあり，2000 年代中盤には 0.3％台と実質的にはそれほど増加していない。第二に，多国間援助よりも二国間援助を経由した ODA が多く，1980 年代以降，開発援助に占める二国間援助の割合は 70％台を記録しており，援助国の政治経済的利害を投影する二国間援助が選好されている。第三に，ODA はまだ不十分な量といわれつつも，経済協力に占める ODA の割合は約 50 年間で 46％程度と安定的に供与されている。また，民間資金の移転が低調な場合には，途上国に流入する資金の最大約 80％を占めるなど，途上国開発の重要な下支えを担っている。

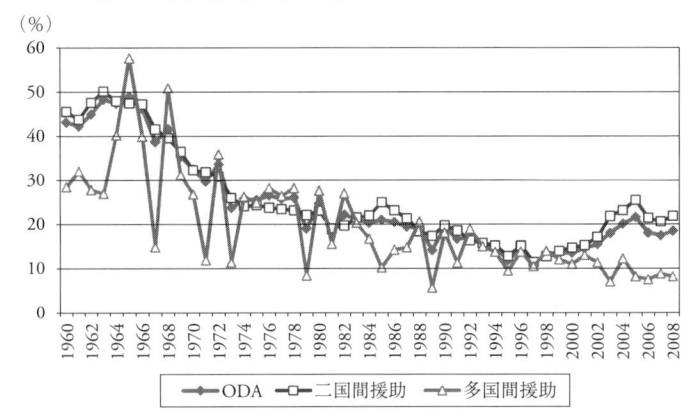

第5-3図　援助全体に占めるアメリカの支出割合

注：ネットベース。物価調整済（2008年基準）。
出所：OECD DAC online datasets より作成。

　一方，第5-3図からは開発援助政策に占めるアメリカの位置が確認できる。アメリカのODA支出は減少基調にあるものの，近年，二国間援助は全体の約20％，多国間援助は約10％を担っている。冷戦下の援助競争による多大な財政負担は，開発援助政策の見直しを求める議会の圧力とともに，他の先進国への負担要求と開発援助政策の政治的手段化を強めた。そうした背景から，一方では，アメリカは政治的手段として扱いやすい二国間援助を選択的に増加させ，バードン・シェアリングと協調政策による国際的な経済再編を志向していった。他方では，国際機関を媒介する多国間援助は次第にその比重を低減させた。ただし，アメリカが国際機関に指導力を有する場合には，多国間援助を通じて，他国の資金供与をも利用して，自らの政治経済的利害を推進できる利点もあり，多国間援助はアメリカにとって必ずしも不要な存在ではなかった。表面上，多国間援助は資金供与国の政治経済的圧力を緩和する効果を有するため，二国間援助との組み合わせで開発援助政策は運用されている。

　多国間援助の推移を主要機関ごとに示した第5-4図からは，IMF，世界銀行，地域開発銀行等の国際開発金融機関への資金供与が大きく占めつつ，ヨーロッパ連合（EU）諸機関への供与が1990年代以降，目立つ点を確認できる。

第5章　開発援助の財政構造と国際機関の「自律性」 145

#### 第 5-4 図　多国間援助の推移

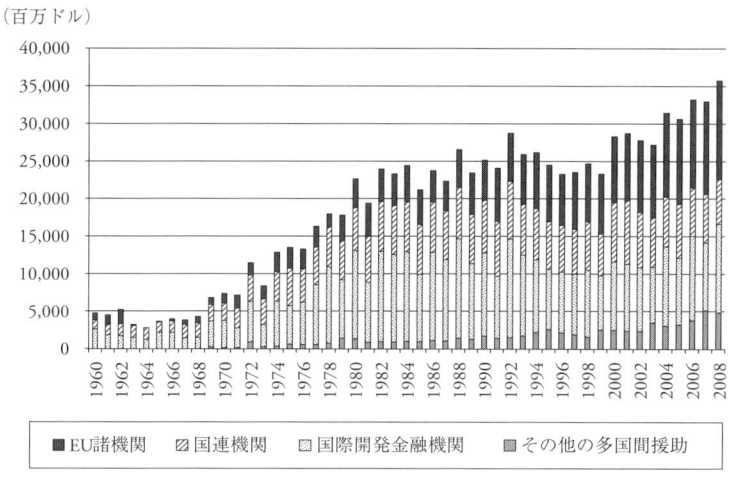

（百万ドル）

注：ネットベース。物価調整済（2008 年基準）。
出所：OECD DAC online datasets より作成。

組織としては多国間機関であるものの，EU 諸機関はヨーロッパ諸国の総体的利害を代表しており，また，IMF・世界銀行等の国際開発金融機関はアメリカの利害を強く反映しているため，多国間援助も実質的には二国間援助の性質を帯びてきているといえる。他方，国連機関への資金供与は若干の変動を含みつつも，これまで堅調に推移している。ただし，近年の国際開発金融機関や EU 諸機関への資金供与の上昇傾向に比べると，減少傾向にあり，より援助国の利害を反映させやすい二国間援助に似た性質を有する組織への資金供与が増加している。つまり，多国間援助といえども，実質的に多国間援助としての機能を発揮する国際機関は国連機関に限られてくるといえる。

第 5-5 図に示されるように，歴史的に見ると ODA の約 70％が二国間援助であり，約 30％が多国間援助となる。そのうち，国連機関への資金供与はわずか約 7％にすぎない。2008 年数値では，ODA 全体は約 1,457 億ドルである。そのうち二国間援助は約 1,091 億ドル（75％），多国間援助は約 365 億ドル（25％）となり，国連機関への資金供与は約 59 億ドル（4％）である。つまり，金額ベースでは，国連開発援助は開発援助政策全体の 1 割にも満たず，それだけ開発援助政策は援助国の利害と密接に絡み合い，国際財政を通

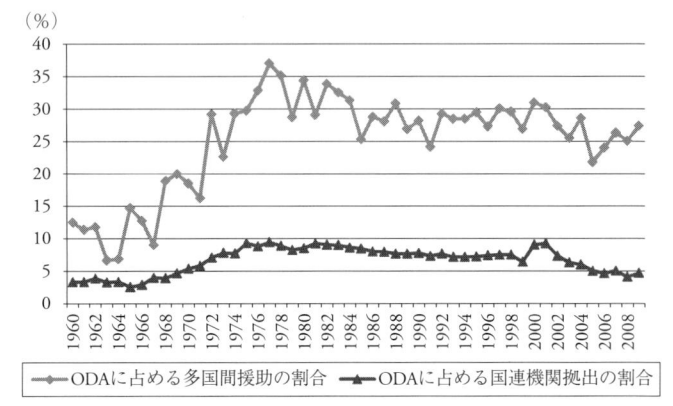

第 5-5 図　開発援助政策に占める国連開発援助の位置

注：ネットベース。物価調整済（2008 年基準）。
出所：OECD DAC online datasets より作成。

じた政治経済的構造の再編成が追求されているといえよう。開発援助政策を受け入れる途上国にとって，国連開発援助は商業的な利害や政治的条件がないために，国内社会統合にも関わる政治的要素を含む貧困問題や，援助国に商業的利害を生み出しやすい技術協力分野において，他の援助機関にはない比較優位があると指摘されている（大平 2008：50）。しかし，国連開発援助は近年減少傾向にあり，逆にいえば，援助国による国連開発援助への支持が低下しているともいえる。

## 2. UNDP の設立とその展開

国連は安全保障や人道支援以外に経済社会分野に予算を多く投じており，開発援助機関としての性格を有している。また，国連本体だけでなく，専門機関や補助機関を含め，国連開発援助は実施されている。国連開発援助はダムや道路建設といった大規模事業ではなく，加盟国自身の開発を支援する技術協力が中心であり，地道な活動が多いものの，多数の組織が各専門分野において開発援助事業に取り組んでいる。

多くの国連機関は分担金と自発的拠出金（voluntary contribution）を財源として，活動を展開する。国連の分担金は加盟国の経済的負担能力に応じた割当

が課され，支払いの義務が発生する。義務であるがゆえに，2年以上の滞納には国連総会での議決権を停止する罰則規定が設けられている（田所 1996：30-33）。自発的拠出金は加盟国の表明に則して支払われ，任意であるがゆえに，支払いがなくとも罰則はない。分担金は通常予算と呼ばれ，人件費等の組織運営に用いられる一方，自発的拠出金は予算外資金や特別予算と呼ばれ，主に，開発援助事業に用いられる。戦後初期以降，途上国開発に対して国連開発援助の拡大が求められていたが，通常予算によって開発援助事業を実施する場合には，各国の分担金負担も増大せざるを得ず，資金的余裕のない加盟国は消極的姿勢を見せていた。国連開発援助の必要性を各国は理解しつつも，通常予算による事業の実施・拡大に対しては政治対立を引き起こしかねなかった。そのため，通常予算によらず，自発的拠出金に基づく開発援助事業として，拡大技術援助プログラム（EPTA）が1949年に設置された（田所 1996：202-203）。

　通常予算を回避した財源構造を特徴とするEPTAだったが，実際に拠出された資金は小規模であり，かつ，不確実・不安定を伴っていた。自発的拠出金は加盟国間で支払時期が異なるだけでなく，各国の政治的判断により支払自体が延期・停止されたからである。さらに，EPTAでは，主に技術援助と訓練が実施されたが，途上国側も事業負担を求められ，途上国開発は十分に進展しなかった（大平 2008：7-8）。経済負担をめぐる政治的対立を回避するために，EPTAが設置されたものの，結局，資金拠出をめぐる諸問題から脱却できなかったといえる。

　EPTAでは十分な成果が得られないため，途上国はさらなる開発援助への取り組みを要求したものの，負担増大を忌避したい先進国，特にアメリカは妥協案として，EPTAの枠内において，特別基金の創出を提案した。1958年に採択された特別基金の特徴は途上国開発に向けた資本流入を支援する点にある。資本投資の拡大を目的に，フィージビリティ・スタディ，人材育成，技術教育を中心とする無償援助が行われた（大平 2008：8-9）。民間資本を通じた途上国開発を志向するアメリカの姿勢は国連開発援助において，新組織の設立にも反映されているのである。

　しかし，特別基金はEPTAの枠組みで活動しているため，自発的拠出金に

依存する財源の不確実性・不安定性や途上国側の費用負担等，EPTA 同様の資金的問題は依然として解消されず，機動的な展開は実現しなかった。そのため，アメリカは EPTA と特別基金との合併を国連総会に提案し，1965 年に UNDP が設立された。組織統合による資金負担の解消のみならず，特別基金を中心とした枠組みへと国連開発援助全体を誘導する目的が UNDP 設立にはあったのである（大平 2008：11）。特別基金は民間資本投資を促進する一方，途上国開発に携わる国連機関の活動の重複を避け，相互の整合性を確保するという調整機能が求められていた。UNDP もその役割を継承し，機関間調整を通じた国連開発援助の効率性を確保できるように，諸機関への資金配分調整を通じた一元的な計画管理を任務とした。

UNDP は自身による開発援助事業の実施のみならず，国連および専門機関に対する資金配分を行うが，その際に，全体的な国連開発援助の方向性へと諸機関を誘導し，独立性の高い FAO や世界保健機関（WHO）等の専門機関に対して一定の調整を求めた。その後，1977 年には UNDP による技術援助だけでなく，被援助国における他の国連機関の活動をも調整する役割を与えられ，国連開発援助の中央調整機関となった（秋月 1993：101）。

このように，UNDP は設立目的自体が国連開発援助の調整を通じた効率性の追求にあり，資金拠出の負担軽減を望む先進国の意向を大きく反映していたといえる。UNDP では，幅広い対象分野と多様な事業を通じた技術援助が取り組まれているが，その財源は加盟国からの自発的拠出金による[6]。そのうち，主な予算として，資金拠出国から使途を制限されないコア資金と特定事業や特定計画に対する使途限定的なコスト・シェアリングがある。コア資金が資金拠出国の意向を受けにくい一方，コスト・シェアリングは被援助国で実施される事業経費の外貨部分を当該被援助国および第三国等が負担するため，加盟国の意向に応じて選択的に拠出される。

第 5-6 図から確認できる通り，UNDP の財源は全体的に増加基調にある

---

[6] UNDP が行う技術援助には，人的，技術的能力の向上や組織構築の強化とともに，資本投資の支援が含まれ，大型インフラの建設よりも，それを稼働させる人材育成に主眼が置かれている（中田 1985：26-27）。

## 第 5-6 図　UNDP の財源内訳の推移

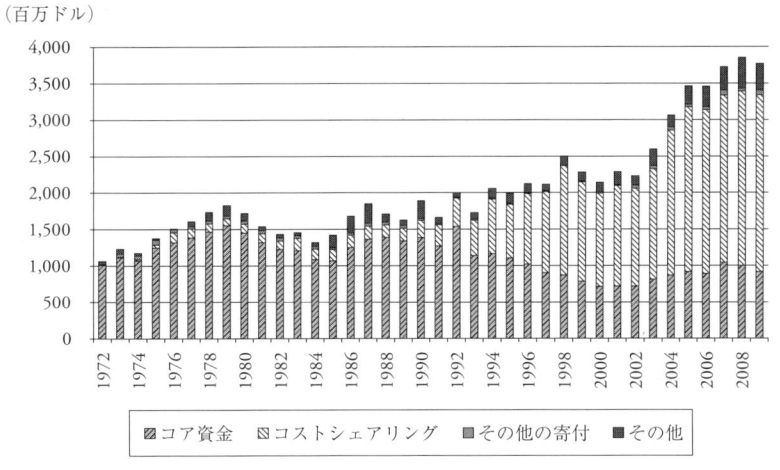

（百万ドル）

［コア資金、コストシェアリング、その他の寄付、その他の積み上げ棒グラフ、1972年～2008年、縦軸0～4,000］

注：物価調整済（2005 年基準）。
出所：UNDP Documents（DP/460, DP/1987/12/Add.1, DP/1996/18/Add.4, DP/1999/15/Add.2, DP/2008/23/Add.2, DP/2010/17/Add.2）より作成。

ものの，1992 年以降，コスト・シェアリングが占める割合は急拡大し，コア資金の割合が減少している。つまり，UNDP を通じた技術援助は増大しているものの，UNDP が加盟国の制約を受けずに活動する余地は減少し，二国間援助のような加盟国の意向が反映されやすい活動は増加している。この変化の背景には，国際社会の変化に起因した国連開発援助の見直しがある。1990 年代は途上国開発が停滞する一方，先進国は援助疲れに陥り，また，冷戦解消に伴い東欧諸国への援助という新たな課題が生じた。そのため，国連開発援助としても限られた資金の中で，効果的な成果をあげるために，UNDP の事業再編が進められ，1992 年に UNDP と専門機関の協力関係に修正が加えられたのである（秋月 1993：100）。

## 3．国連開発援助の変容と自律性の相対化

　それまで専門機関は UNDP との基本協定により，具体的な技術援助を実施するうえで，UNDP の管理・調整に従っていたが，その反面，事業実施の資金のみならず事業管理のための行政経費を受け取っていた。しかも，そ

の行政経費は専門機関自身の活動にも利用できたため，UNDPとの協力関係は専門機関にとっては重要な収入源になっていたのである。しかし，事業再編によりUNDPの技術援助はナショナル・エグゼキューション（NEX）に重点がおかれ，その一方で，専門機関経由の事業実施が減少するとともに，事業管理の行政経費支払率が逓減され，専門機関は活動範囲と収入の縮小を余儀なくされた（秋月1993：104）。NEXは国際機関主導ではなく，オーナーシップを強化するために被援助国自身が事業実施を担当する枠組みであり，UNDP予算のコスト・シェアリングの増大はNEX重視を反映している。

NEX重視がもたらしたUNDPの資金配分における変化を，第5-7図と第5-8図を用いて確認すると，以下の点が指摘できる。第一に，1970～80年代半ばまではFAOをはじめ専門機関への配分が多い一方，UNDPへの配分は他機関と同程度であり，UNDPは「資金供与機関」としての役割を担っていたといえる。第二に，1980年代半ば以降，UNDPとNEXに対する配分が増大し，1991年時点で最大の配分先であるFAOとも同水準に達しているため，「資金供与機関」としての役割に加え，UNDPも他の専門機関同様，「援助実施機関」としての活動を充実させたといえる。第三に，1992年以降，

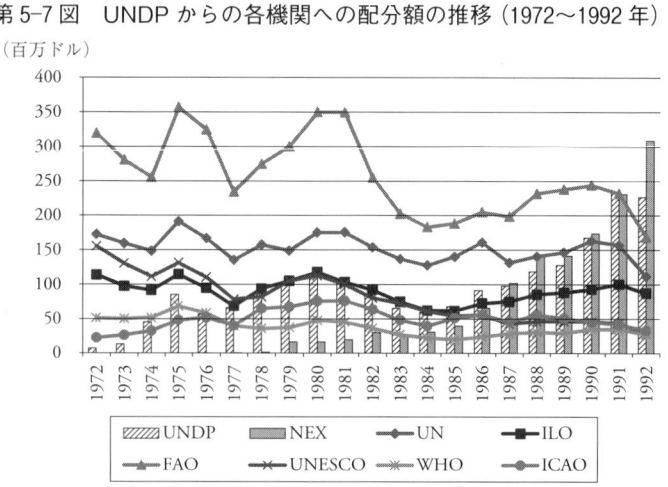

第5-7図　UNDPからの各機関への配分額の推移（1972～1992年）

（百万ドル）

注：物価調整済（2005年基準）。
出所：UNDP Documents（DP/460, DP/1987/12/Add.1, DP/1996/18/Add.4, DP/1999/15/Add.2, DP/2008/23/Add.2, DP/2010/17/Add.2）より作成。

### 第5-8図　UNDPからの各機関への配分額の推移（1992～2009年）

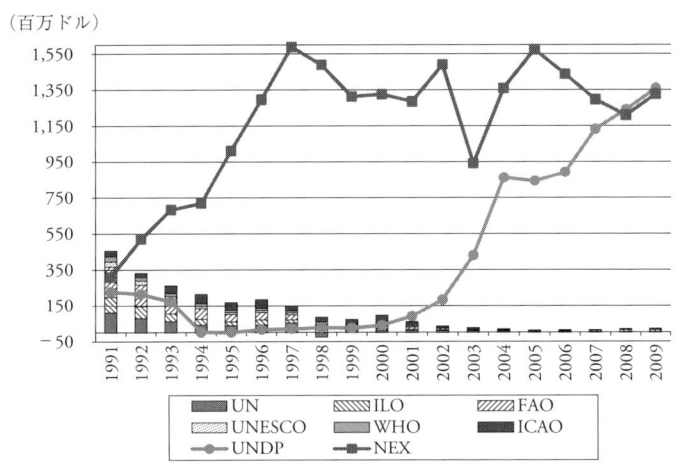

（百万ドル）

凡例：UN、UNESCO、UNDP、ILO、WHO、NEX、FAO、ICAO

注：物価調整済（2005年基準）。
出所：UNDP Documents（DP/460, DP/1987/12/Add.1, DP/1996/18/Add.4, DP/1999/15/Add.2, DP/2008/23/Add.2, DP/2010/17/Add.2）より作成。

専門機関への配分は急減し，NEXへの配分が急増していくが，UNDP自身への配分も2000年以降には拡大しており，もはや「援助実施機関」としての役割が主要になっているといえる。これらの点から，国連開発援助における専門機関の地位は低下し，相対的にUNDPの地位が向上している状況を確認できるが，その要因として，専門機関間の活動領域の重複に伴う専門的能力の拡散および質の低下，組織肥大化による効率的運営の阻害，民間資本や被援助国の経験蓄積等が指摘されている（秋月1993：107）。

しかし，本来，UNDPは中央調整機関として，専門機関の活動を整合化させていく必要があったのであり，その意味では課せられた役割を十分に果たしていなかった。逆に，専門機関への調整機能が不十分な状況において，専門機関への「資金供与機関」としてではなく，「援助実施機関」としての活動にUNDPは組織維持の可能性を見出したといえ，財源および自身への資金配分の増大はUNDPの存在意義を裏付けしているといえる。ただし，先述したように，財源のうちUNDPの裁量で自由に利用できるコア資金は低下傾向にあり，それだけ，資金拠出国の意向がUNDPの活動にも反映さ

れる。専門機関との協力関係の見直しが UNDP の「組織の論理」を助長したように見えるものの，その財源的特徴からは必ずしも UNDP が自律性を確保しているとはいえないのである。

　活動資金を自発的拠出金に依存している UNDP では，不確実・不安定な財源構造にあるものの，長期的には継続した資金獲得が達成されている。その背景には，UNDP とアメリカの関係がある。UNDP 最大の資金拠出国であるアメリカは設立以来一貫して，UNDP 総裁を輩出しており，組織運営に対する影響力を資金面，人材面において行使できる立場にある。また，UNDP による国連システムにおける技術援助への資金配分は全体の 30％程度であり，国連開発援助の調整自体は実現されていないが，全体的な効率化を進める機関としてアメリカは UNDP に期待を寄せている（GAO 1990：15-17）。効率化を促進するための組織改革として，UNDP は基金増額や人件費削減・事業再編といったアメリカの要求を受け入れるだけでなく，アメリカ人専門職員の大量採用やアメリカ企業を通じた物品調達が進んでおり，活動および組織運営の点からもアメリカと UNDP は密接な関係を築いている。具体的な経済的利害として，たとえば，1986～1994 年には，アメリカの UNDP に対する拠出金の 133～268％がアメリカに還流していると指摘される（GAO 1997：62）。さらに，アメリカは自身の対外政策や安全保障政策が「人間開発」を掲げる UNDP の開発志向性と一致していると認識している。つまり，市場開放，民主化，和平，人権等，アメリカが追求する理念を UNDP も有していると捉えているのである（GAO 1997：63）。

　確かに，UNDP はその前身である特別基金から，民間資本の投資支援を開発援助事業の目的にしてきた。アメリカは財政負担の軽減と自国企業の繁栄を目的に，国際機関を利用しつつも開発問題を民営化によって対処しようとしてきた。このような両者の民間資本に対する姿勢を背景に，UNDP は 2000 年前後からその技術援助にも大きな変化が見られ，民間企業を開発援助分野の新たなパートナーとして，連携する活動を実施しはじめた。巨大多国籍企業と UNDP の官民パートナーシップを模索した 1999 年の Global Sustainable Development Facility は計画段階から NGO の大きな批判にさらされ頓挫したが，2004 年からは企業主導による貧困対策の促進を支援する

Growing Sustainable Business，また，2006年からは貧困層を対象とした実践的なビジネスモデルを提案する Growing Inclusive Markets Initiative が実施され，UNDPは企業が途上国で事業を進めるうえで必要な支援を提供している。これらの官民パートナーシップは国連によるグローバル・コンパクトやミレニアム開発目標の影響を強く受けて実施されているが，UNDPは本来的に市場開放や民営化を志向する性質を備えており，企業との協同事業を実施する基盤は十分に形成されていたといえる。国連開発援助は商業的利害や政治的圧力からの中立性を比較優位として捉えられてきたが，設立経緯や事業の展開過程からは国連開発援助の中心に位置するUNDPといえども，資金拠出国や資本との利害関係のもとに組織運営が規定されており，「組織の論理」を追求した自律的行動を選択しつつも，実質的には相対的な自律性を有しているにすぎない点が明らかになったといえよう。

## 第3節　国連開発援助における自律性の追求と官民パートナーシップ

### 1．FAOの財源構造

　FAOについては第4章において詳細に論じているが，FAOは1960年代以降，開発援助機関として，途上国の農業開発に取り組んでいる[7]。しかし，FAOの農業開発事業には多額の財源が必要になり，財政支出を求められる先進国にとって，負担増大は懸念事項であった。

　FAOは加盟国の分担金に基づく通常予算と外部からの自発的拠出金に基づく特別予算を財源とする。UNDP同様に，具体的な農業開発事業は特別予算を用いて実施される。UNDPからの資金配分は特別予算に含まれ，

---

7) FAOの活動は大きく区分すると，第一に，飢餓，栄養不足の解消と農林水産分野での生産性向上のための技術支援であり，第二に，食料・農業分野における国際的なルール設定である。主に前者は途上国にとって，後者は先進国にとって重要な活動である（国際農林業協働協会 2007：7）。

第 5-9 図　FAO 予算の推移

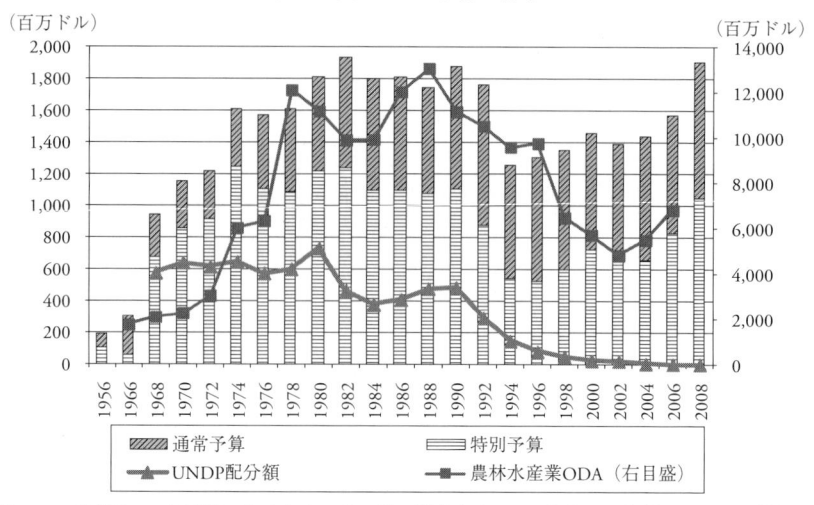

（百万ドル）　　　　　　　　　　　　　　　　　　　　　　　　（百万ドル）

凡例：通常予算／特別予算／UNDP配分額／農林水産業ODA（右目盛）

注：FAO 予算は 2 カ年予算であるため，その他の数値も全て 2 カ年として換算している。物価調整済（2005 年基準）。

出所：FAO 予算については，FAO Documents ("Approved Budget 1970-1971", "Review of Field Programmes 1976-1977", "Programme Implementation Report 1996-97, 1998-99, 2000-01, 2002-03, 2004-05, 2006-07, 2008-09")；Talbot (1990), p.29；UN Document (A/47/746) より作成。
UNDP 配分額については，FAO Documents ("Approved Budget 1970-1971", "Review of Field Programmes 1976-1977")；UNDP Documents (DP/460, DP/1987/Add.1, DP/1996/18/Add.4, DP/1999/15/Add.2, DP/2008/23/Add.2, DP/2010/17/Add.2) より作成。
農林水産業 ODA については，OECD DAC online datasets より作成。

1992 年までは貴重な財源として FAO を支えていた。第 5-9 図では，以下の点が確認できる。第一に，1960 年代後半以降，特別予算の拡大によって FAO 予算は膨張している。UNDP の活動が開始された 1966 年以降，その特別予算の大部分を UNDP の配分資金が担ってきた。第二に，通常予算は年々拡充され，1980 年代以降には，70 年代数値の 2 倍ほどにまで増加している。特別予算は変動を見せる一方で，通常予算は大きく変化していない。第三に，1992 年の UNDP の事業再編による配分額の減少を背景に，特別予算の縮小が顕著であるものの，2000 年以降，特別予算は再び増加傾向にある。1980 年代以降には，農林水産業分野に支出される ODA の規模，FAO 特別予算，UNDP 配分額は連動した動きを見せており，2000 年以降の ODA 増加が特別予算を拡大させているといえる。

UNDP は専門機関への資金配分を減少させつつ，自身による開発援助事業を増加させ組織維持を図っていったが，他方で，FAO も自らの「組織の論理」を追求するために，UNDP 以外からの外部資金調達を模索している。これまで述べてきたように，先進国は自国の利害を開発援助政策に反映させるため，多国間援助よりも二国間援助を志向している。多国間援助を経由しつつも，被援助国および対象分野を限定する援助が資金供与国には好まれてきた。その傾向は国連開発援助全体においても同様である。中央調整機関としての UNDP に比べ，独自の活動領域を持ち，具体的かつ開発問題に対する訴求力の強い活動を実施しやすい専門機関は，財政支出に対する国内世論への配慮が求められる先進国政府にとって，資金を拠出しやすい側面があった。そのため，FAO の通常予算は比較的順調に拡充している。さらに，UNDP は外務省，FAO は農林水産省，国連工業開発機関（UNIDO）は経済産業省，WHO は厚生労働省，国連教育科学文化機関（UNESCO）は文部科学省のように，政府内の各省庁と専門機関とは密接に結びついており，省庁間の複雑な権限配分が専門機関への資金拠出と連動している（田所1996：230-231）。いわば，各省庁において専門機関との関係は一種の既得権益になっており，各国内省庁間の権限争いは各専門機関への資金拠出を反映する構造にある。以上の結果，UNDP からの資金配分が期待できなくなったにもかかわらず，ODA の増額にも支えられ，FAO の特別予算は時機に応じて再び増大しているのである。

## 2. 外部環境の変化と自律性の追求

FAO が自身の「組織の論理」を追求し，安定的な財源確保を求める一方で，時代の推移に応じて国際的な動向は変容してきた。外部環境の変化に伴って，FAO では収入面である財源確保のみならず，支出面における組織構造の改革が必要になってきたのである。

1960 年代は「第一次国連開発の10年」として，FAO のみならず，国連システム全体が途上国開発に取り組みだしたが，食料・農業分野は途上国開発にとって重要であり，FAO に対する期待も高かった。しかし，1973～74 年にかけて発生した食料危機により，FAO は困難に直面した。食料危機を予

測し，適切な対応を取り損ねたと FAO に対する批判が生じたのである。特に，FAO の開発機関化による負担増大に不満を持っていたアメリカは食料危機への対応策を講じる国連世界食料会議が，FAO 主催ではなく，国連本部の主催によって開催されるよう提案した（Weiss and Jordan 1976：11）。FAO は自らの所管分野である食料・農業問題において指導力を確保するために，開催費用や会議場所の提供，事前協議委員の人選等を提案したが，結局は国連との共同開催となっただけでなく，世界食料理事会や国際農業開発基金（IFAD）といった競合する新しい国際食料機関が設立され，食料・農業分野における主導的地位を低下させるにいたった。また，その役割自体を援助国である先進国のみならず，被援助国である途上国からも批判され，FAO の存在意義が大きく動揺する事態に陥った（Weiss and Jordan 1976：104-107）。

　そのため，FAO は自らの地位保全に向けた組織改革を断行した。人員整理や会議数・出版物の削減により捻出した費用をもとに，農業・農村開発に対する公的・民間投資の促進を支援する投資センターの設立，途上国現地オフィスの設置，緊急事態への対応を目的とした技術協力プログラム（TCP）の創設を行い，開発援助事業の拡充を進めた（Shaw 2009：97）。従来，途上国に対する直接的な技術支援に関わる資金は外部資金に基づく特別予算から支出されていたが，1976 年に開始された TCP は通常予算から支出される点を大きな特徴としていた。TCP に支出される資金は通常予算の 10％程度だが，恒常的な FAO の農業開発事業として位置づけられたのである（GAO 1994：12）。また，TCP は活動計画に対する理事会等による承認を不要とする。すなわち，事前に活動内容・対象国に関する情報提供を必要としない。なぜなら，TCP は不測の事態における緊急小規模対応を目的として，創立されたからである（FAO 1976）。通常，FAO の農業開発は 3 年程度かけて詳細な事前調整を経て承認・実施されるため，FAO の活動に対する加盟国からの干渉も当然生じる。しかし，TCP は理事会・総会等を通じた加盟国からの承認が不要であるため，先進国が多く負担する通常予算資金を用いつつも，FAO，特に事務局長の自由裁量の余地が確保され，制度的に組織の自律性を強化する側面を有していた（Marchisio and Di Blasé 1991：124）。このような食料危機を契機に動揺しつつも，組織改革を通じて，FAO は恒常的かつ

裁量的な農業開発事業を展開し，自律性を確立するための制度的拡充を図ったといえる。

1980年代以降，南米諸国やアフリカ諸国では，累積債務問題に直面したが，累積債務が国際収支の悪化や国際流動性不足に起因していると考えられたため，国際金融および開発金融を所管するIMF・世界銀行が対応に乗り出し，構造調整政策を実施していった。ODA以外に非譲許性資金をも動員できる国際開発金融機関は開発援助政策以上の規模を有する大量の資金を途上国に供給したため，国連開発援助の存在感は相対的に低下した。構造調整政策は市場開放や民間部門開発を重視したが，この市場経済化の潮流のもとでは，国家の介入は排除される傾向が強まり，FAOが推進していた国家主導による農業開発も実施困難に陥った（FAO 2007：62）。つまり，各国の農業生産環境に応じた技術支援を中心としたFAOの農業開発が弱体化していく状況にあったのである。

1990年代前半には，先進国の援助疲れやUNDPの事業再編により，FAO特別予算の低落が顕著になった。さらに，通常予算による農業開発を実施するTCPに対しても，アメリカからの批判が高じた。具体的な批判として，TCPには加盟国との事前承認過程がない，緊急時対応ではなく事前に計画された他用途に利用されている，事業評価が不明瞭である等の諸点がある（GAO 1994：3-4）。つまり，先進国が義務的に支出した通常予算にもかかわらず，出資国の監視が届かない制度的装飾を形成し，かつ，外部資金の縮小傾向のもと，裁量的経費を確保し，事務局長をはじめとしたFAO官僚組織が自らの権限拡大を図っているとアメリカは批判しているのである。1976年以降，FAO事務局長は途上国出身者が選出されており，また，FAO内部における途上国利害を代表しつつ，農産物貿易の自由化を推進するアメリカやそれと相応して市場経済化を志向する国際開発金融機関とは一定の距離を取っていた。そのため，アメリカの財政支出が組織運営に大きく貢献しているにもかかわらず，アメリカの意向に沿わない傾向にあるFAOへの批判が高まったのである。また，TCPを通じた裁量的経費の使途は，主に事務局長選挙のため政治的選択に基づいて配分されたとも指摘される（Hancock 1990＝1992：154）。FAOが「組織の論理」を追求したというよりも，巨大な

官僚組織における事務局長の権力闘争が背景にあり，加盟国と事務局長との間の確執がFAOの活動に対する批判として表面化したといえる。

　アメリカ，IMF・世界銀行等の国際開発金融機関は途上国に市場経済化を導入させたものの，途上国開発が「経済開発」中心に進められたため，貧困層の生活水準は大きく改善されず，むしろ，途上国政府による社会開発分野に対する財政支出の削減等により，生活水準は悪化した。そのため，国連開発援助は貧困層の生活改善を途上国開発の中心にするべく，開発の思想的転回を提起したのである。それが1990年にUNDPによって提起された「人間開発」である。国連開発援助の取り組みに従い，徐々に，先進国の開発援助政策にも「人間開発」が浸透していった結果，第5-10図に示されるように，ODAは教育・保健衛生・住宅・水といった社会インフラ・サービスへの支出が増大し，輸送・通信・エネルギー・金融といった経済インフラ・サービスへの支出を大幅に超えていった。その一方，FAOの活動分野である農林水産業を含む生産部門への支出は1990年代以降，「経済開発」や「人間開発」への支出に比べ減少傾向にあり，FAOの農業開発は途上国開発における役割を相対的に低下させている。このような1980～90年代に顕著に

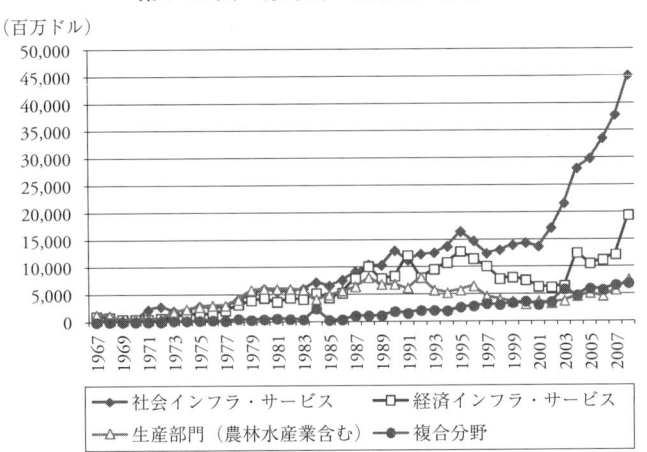

第5-10図　分野別の援助額の推移

注：DAC諸国の支出総計。物価未調整。
出所：OECD DAC online datasetsより作成。

なってきた FAO の財源不足と農業開発の役割低下は FAO の存在意義の低落を惹起しはじめ，FAO の自律性を制約する要因となっていった。

　2000 年代初頭になると，世界情勢に変化が現れはじめた。2001 年の同時多発テロ以降，アメリカは安全保障対策と連動して開発援助政策を実施する方向へと対外政策の枠組みを転換し，二国間援助を中心に ODA の支出を増大させていった（河崎 2008：238）。また，2000 年からは飢餓人口の半減を目標としたミレニアム開発目標が提唱され，2002 年のモンテレー国連開発会議を契機に，先進国の ODA が増額されていった。また，改めて，第 5-2 図から確認されるが，通貨危機等から回復した国際金融のもと，途上国に向けられる FDI も大きく増加していった。しかし，増大した FDI は途上国全体へと均等に波及しているわけではなく，農業開発に向かったわけでもなかった。新興国の台頭等を考慮すれば，国単位では，大きく FDI が進んでいる途上国もあるものの，FDI はアジア，南米に多く流入する一方，アフリカや移行経済圏には少数にとどまっている（Rugraff, Sanchez-Ancochea and Sumner 2009：22-23）。そのため，途上国開発は不均等性が顕著であり，資本投資が十分に進まず，依然として国連開発援助を必要とする国や地域が存在している。また，ODA が増額されたといえども，十分な成果を見込めるほどに開発援助政策が充実しているとはいえず，国家や国際機関のみならず，資本とも開発援助事業に取り組む官民パートナーシップが，開発援助政策の新たな活路として着目されている。

## 3．FAO における官民パートナーシップとその消極性

　開発問題をはじめとしたグローバル・イシューは問題の及ぶ領域が広く，事態も深刻であるがゆえに，国連システムだけでは対応できず，国家および資本との連携が求められる（Nelson 2002：15）。国連システムにおける官民パートナーシップでは，資金的負担の軽減を図るのみならず，資本とともに

---

8）もともと官民パートナーシップは財政難にある先進国政府が公共サービスの質的向上と提供地域の拡大を目的に，民間事業者と連携しはじめたのであり，サービス提供に関わる効率化によって，財政資金を節約できるというメリットがある。

実施する開発援助事業を通じて，途上国の社会開発分野の充実や雇用促進を，すなわち，市場メカニズムによる途上国開発の進展を追求している[8]。このような官民パートナーシップとして，先述した国連やUNDPのほか，WHOやUNESCOもそれぞれ製薬企業，IT企業とのパートナーシップを進め，専門機関においても官民パートナーシップが実施されている。

　FAOの場合，民間部門との連携は弱く，官民パートナーシップも十分には展開されていない。その要因として，FAOの自律性への固執がある。これまでにも触れてきたように，FAOは食料・農業分野における他の国際機関の設立や資金拠出を担う先進国の意向に対しても，組織としての自律性を確保するために機敏に反応してきた。資本との関係も同様であり，協力関係である反面，競合関係にもあった。

　開発機関化したFAOは生産段階や流通加工段階における実地支援を通じた技術協力を農業開発の中心としていた。つまり，種子，肥料，農薬，農業機械等の生産財の利用や灌漑設備，加工工場等の流通加工施設の敷設・運営を用いた訓練教育機会が必要であり，それらを供給する企業との連携が求められていた（FAO 1968：28）。企業の供給する生産財を利用する一方で，技術支援には現地の農業生産環境に適した多様な生産財が必要とされるため，必ずしも企業製品をそのまま導入できるとは限らなかった。そのため，各地に対応した生産財の研究開発をFAOおよび1971年からは国際農業研究協議グループ（CGIAR）が担い，途上国各地に適した品種改良等が行われ，投資収益の低い基礎研究を担いつつも，公的な研究開発の成果は途上国において広く活用されてきた。その一方，それらの成果を利用しつつも，民間資本は投資収益の高い製品開発に積極的に取り組んだ。1980～90年代の農業バイオテクノロジーの実用化は知的所有権制度に補完されながら，民間資本が農業技術の研究開発を進める契機となり，実際にアメリカでは，1980年代初頭以降，民間部門による農業研究開発支出は公的部門を上回っていった（久野 2002b：142）。

　民間資本による研究開発は主に製品開発に集中しており，ハイブリッド種子や1990年代中葉に開発された遺伝子組換え作物は膨大な資金投入が必要になるため，巨大な多国籍アグリビジネスが供給を独占するようになった

(FAO 2007：63；久野 2002b：72-79)。FAO は CGIAR の設立以降，植物遺伝資源の保全をはじめとした FAO 独自の活動を徐々に縮小せざるを得なかったが，他方で，農業研究開発の民営化によって，高度な科学技術と知的所有権に包囲された生産財が上市され，FAO をはじめとした国際機関が制御できない範囲も拡大した。そのため，CGIAR 等の国際機関は多国籍アグリビジネスとのパートナーシップにより，特許技術の無償ライセンス供与をはじめとした技術移転を受け，なんとか国際機関および途上国政府自身の研究開発機能を高めようとしているものの，むしろ，このパートナーシップは民間資本が国際機関を介して，人類共有の植物遺伝資源を私的に囲い込む懸念を生じさせている（久野 2002b: 291-295）。

FAO と生産財を提供するアグリビジネスとは，途上国の農業開発を進めるうえで協力関係にあるものの，農業研究開発における民間資本の台頭は FAO のみならず国際機関の存在意義を低下させる可能性があり，これまで FAO は民間資本とのパートナーシップには消極的な姿勢を見せてきた。

FAO の事務局長は 1976 年以降現在まで，途上国出身者が就任しており，組織運営においては先進国の拠出する資金を利用して，途上国の利害を反映させた政策を志向する傾向にある。FAO の意思決定機関は全加盟国が参加する総会であるが，基本的には，事務局が提案した事案を承認する形式をとっており，実質的には事務局長が FAO の運営管理を担っている（Talbot and Moyer 1987：353）。アメリカに本部があり，常任理事国が大きな意思決定権限を有する国連本部とは異なり，FAO のような専門機関は事務局長の権限が大きい。組織を運営する職員の雇用関係が事務局長と個々に結ばれるだけでなく，上級職は政治的に採用されている（国際農林業協働協会 2007：10）。権力的な意味のみならず，組織運営の方法上，事務局長の権限が強いため，先進国の圧力に対しても，FAO は組織の自律性を確保・向上してきたともいえるが，しかし，その FAO でも，民間資本に対しては自律性を確保しにくい経験があった。その要因は第 4 章で取り上げた FAO 産業協同プログラム（ICP）にあった。

第 4 章で論じたように，1960 年代後半から 70 年代にかけて，FAO は多国籍アグリビジネスと農業開発に取り組む ICP を実施した。現在の官民パー

トナーシップの先駆的な事業として，このICPは位置づけられている。ただし，財源不足の解消と事業成果の確保を目的として，FAOは多国籍企業との協同事業を開始したが，外部主体の有する資源に依存したがゆえに，FAO自身の自律性が阻害される結果になった。この苦い経験を踏まえ，ICPが終了した1978年以降，FAOは民間資本と各分野において協力関係を継続しているものの，資本が提供する「専門的意見」の背後には常に商業的利害が伴うと警戒している（FAO 2007：214）。また，他の国連専門機関は民間資本との官民パートナーシップを実施するための調整部局を設置しているが，FAO本部にはそのような組織構造や人員配置が欠如している（Liese 2010：105）。

　FAOは外部主体による自律性の侵食を非常に懸念しており，NGO等の市民社会組織に対しても，他の国連機関に対しても，警戒している（FAO 2007：172；Liese 2010：103）。その姿勢は他の国連機関とのパートナーシップにおいても顕著に現れ，「FAOにおける，FAOによる，FAO主導のパートナーシップ」以外には構築しようとせず，FAOの中心主義は際立っている（FAO 2007：202）。しかし，財源不足の影響から，国連開発援助全体が企業活動による貧困削減を推進する市場主導型開発を志向している現在において，官民パートナーシップは国連システム全体で積極的に導入されており，FAOが他の国際機関に対して自らの存在意義を発揮しようとすれば，必然的に民間資本とのパートナーシップにも組織的に取り組み，財源の確保を追求せざるを得ない。しかし，同時に，外部主体に財源を依存すればFAOの自律性の維持は難しくなるという構造的なジレンマが鮮明に浮かび上がる。

　一方では，組織運営に対する事務局長の裁量がある程度確保されている専門機関であればこそ，国連開発援助の全体的傾向に影響を受けつつも，FAOは一定の独自性を発揮できる。しかし，他方では，グローバル・イシューへ

---

9）欧州復興開発銀行とFAOは2012年9月13日に開催された「中央アジアから北アフリカにおける食料安全保障の改善を目的とするアグリビジネスの意思決定者との会議」において，食料安全保障には民間部門とのパートナーシップが重要であるとの見解を表明している。具体的なパートナーシップの形態はまだ明らかではないものの，FAOが資本とのパートナーシップ構築に向けて再度動き出した可能性がある（FAO 2012）。

の対応が任務であればこそ，FAO は国際機関，国民国家，資本と協力せざるを得ない。したがって，FAO は専門機関として独自に活動を展開する余地があるものの，世界規模での対応が求められる課題を解消させるためには，他主体とのパートナーシップが不可欠となる。民間資本との官民パートナーシップの導入によって，機動的な活動を展開して FAO の存在意義を高める反面，組織としての自律性を損なうのか，それとも，FAO の自律性に対して桎梏となる可能性が高い官民パートナーシップを回避する反面，任務を遂行しうるだけの財源を確保できずに，国際機関としての存在意義を低下させてしまうのか，また，両者でもない別の方向性がありえるのか，FAO は厳しい岐路に立たされている[9]。

## 第5章のまとめ

　第5章では，財源構造に焦点をあてながら，国際機関，国家，資本との関係性を通じて国際機関の自律性を検討した。考察の結果，以下の点が明らかになった。第一に，国際機関は国民国家の要請のもとに創設された経緯からもわかるように，本来的に国家の国際財政機能と補完的関係にあり，途上国への FDI 促進を媒介するなど，先進国による開発援助政策と同調しつつ，途上国経済を自由貿易体制へと適合的に変容させる役割を担ってきた点が確認された。つまり，国際機関，国家，資本は各々が独立した主体として意思決定を行うというより，各組織内外にある錯綜した利害に結びつけられた再帰的重層性を構造として形成しており，相対的自律性を有しているにすぎない。そうした理論的整理の結果，国際機関，国家，資本をめぐる資金の流れに，国際機関の自律性を分析する契機があると導出された。

　第二に，開発援助政策に動員される資金フローの傾向を分析した結果，二国間援助に比べ援助国の利害に中立的な多国間援助も，実際には，資金供与国の利害を代表する国際機関に多く支出されており，開発援助政策全体が国際財政を通じた政治経済的構造の再編成を志向している点が確認された。相対的に中立性を保持する国連開発援助は開発援助政策全体の一割未満にすぎない位置を占めるが，国連開発援助の中心である UNDP はその設立経緯，事業展開過程や財源構造の分析から，実質的には資金供与国や資本の利害に規定された組織

運営が行われ、その範囲内で UNDP の自律性は発揮されているにすぎない状況にある。

　第三に、UNDP から最大の資金配分を受けていた FAO に着目し、その財源構造と事業展開過程を分析した結果、食料・農業分野の国際諸機関における主導的地位を保持するために、FAO は組織改革を通じた制度的拡充や官民パートナーシップへの消極的対応によって、「組織の論理」を追求し、自律性の確保に固執している点が確認された。外部環境の変化に伴い、財源の減少や資金供与国からの批判等、組織の存在意義が動揺する事態を迎えつつも、FAO は自律性の阻害を回避するため、他の国連機関が積極的に導入する資本との官民パートナーシップに対して消極的な姿勢にある。

　これらを通じて、国際機関は財源の多寡のみならず、支出対象や裁量的運用に対しても資金供与国の政治経済的利害に左右されており、自律的な組織運営は非常に制約されていると指摘できる。国際開発金融機関のような貸付業務を実施できない場合、国際機関は自主財源がないために、必然的に、財源確保を目的として、国民国家や資本に依存せざるを得ない。つまり、本質的に、国際機関はその財源を、資金拠出を行う国家、さらには、その国家の財源と結びついた資本による価値増殖過程に依存する構造を有している。しかし、そこには「財源を外部主体に依存すれば、組織としての自律性は確保できない」という構造的なジレンマが内包されている。そのため、独立した主体性を法的に認められているものの、国際機関はその事業展開や意思決定において、あくまでも相対的な自律性を確保しているにすぎない実態がある。その結果、資金のフローを通じて、国際機関、国家、資本による再帰的重層性が顕わになるのである。グローバル・イシューに対して、国連開発援助は国際社会から大きな期待を寄せられている一方、この再帰的重層性の枠組みのもとでは、途上国開発、特に、貧困削減に対して、国連開発援助も資金供与主体の政治経済的利害に反しない範囲でのみ、有効に作用するといえる。国民国家の利害対立によって、機動的、かつ、実効的な対応が困難な状況において、開発援助における国際機関の役割は高じている。ただし、財源構造をはじめとした組織的特性上、その役割は限定的にならざるを得ない側面があり、個別具体的な開発援助事業の成否以上に、開発援助をめぐる主体間の利害調整が開発問題の本質的な課題であるともいえる。

次章へ

*chapter* **6**

# 規制から活用へ
# 国際機関と多国籍企業

第6章 規制から活用へ

　第5章で論じたように，先進国による開発援助政策を中心に途上国開発は取り組まれてきたが，二国間援助のみならず，国連機関をはじめとする国際機関による多国間援助も開発援助政策の一環として，また，二国間援助の補完的役割を果たしてきた。しかし，公的機関による開発援助政策のみならず，資本による経済活動も途上国開発に大きく貢献してきている。ODAを軸とした開発援助政策から，途上国開発をめぐる国家と国際機関の関係性が浮かび上がってくるが，同様に，FDIを軸とした資本の途上国進出から，途上国開発をめぐる資本と国際機関の関係性が浮かび上がってくる。

　資本による途上国進出は財・サービスの貿易から，外国為替や貸付・借入のような金融取引，さらには，技術提携・販売提携のような資本間の戦略的提携，支店や現地法人の設置のようなFDIといった多様な形態で行われている。各々の経営戦略に応じて，資本は個別的に途上国市場へと進出していくため，あくまでも資本は自発的に行動しているように見える。つまり，表面上，資本による途上国進出には，国際機関が関与する余地は特に見出せない。しかし，一般的に，途上国はカントリーリスクが高く，途上国進出を検討する資本にとって大きな懸念材料ともなる。また，多国籍企業をはじめとする巨大企業からの収奪を警戒している途上国も多く，資本にとっては資本受入国と良好な関係を築く必要性も高い。さらに，電力，ガス，水道，道路，通信といったインフラ整備や法整備等，物理的，制度的な基盤形成が重要な要素となる。これらハード，ソフト両面における事業環境の整備を，単独で実行できるだけの政策遂行能力および財政的余裕が途上国政府にはない場合も多く，その場合に，国際機関が介在して，資本のための事業環境整備を実施してきた。

　公的機関による援助ではなく，民間資本による貿易や投資を通じて途上国開発の進展を図ろうとする政策的潮流には，自由貿易の世界的な浸透とともに自国資本の活動を支援する先進国の意向のみならず，開発援助政策に付随する先進国利害の受忍を回避しようとする途上国の意向も反映されている。いわば，資本による途上国開発の進展は開発援助政策との対比から，「開発の民営化」と表現できよう。単なる企業による新規市場開拓ではなく，途上国経済の水準向上に貢献する期待を受けて，国連機関をはじめとする国際機

関が民間資本のための環境整備を積極的に進めていくため,「開発の民営化」は資本に対する国連機関の姿勢の変化を反映しているともいえる。

　第6章の目的はこの「開発の民営化」の潮流が形成される過程を,民間資本によるFDIの動向および国連機関による多国籍企業規制政策の変容から明らかにする点にある。「開発の民営化」を通じて,途上国開発における資本と国際機関との関係性を論じつつ,途上国開発における国際機関の役割を直接的な開発事業以外の点からも考察する。

　途上国開発を中心的業務に位置づける国際機関として,世界銀行が活動してきた。世界銀行の開発政策の変遷や途上国開発における活動の成果については,批判的見解を含め多くの研究蓄積がある(Babb 2009; Bøås and McNeil 2004; George and Sabelli 1994; Goldman 2005; 本間 1996, 2000, 2008; Marshall 2008)。しかし,世界銀行は国際通貨基金(IMF)とともに,ブレトンウッズ機関として,「開発の民営化」を積極的に推進していた国際機関であり,世界銀行と資本との関係性はある意味,自明視されており,特に論じられてこなかったといえる。

　その一方,国連機関と資本との関係性は一様ではなく,時代背景とともに変化してきた。特に,多国籍企業と途上国との緊張関係が国連の資本に対する姿勢に影響してきたが,同時に,国連内部においては,多国籍企業の規制をめぐって,先進国と途上国との間で意見が対立してきた。そのため,国連の姿勢も組織内部の利害関係に応じて流動的にならざるを得ないものの,より普遍的な国際機関としての国連機関の性質によって,多国籍企業に対する国連の姿勢は実際のFDIの傾向を規定している。

　近年,グローバル・コンパクトのように,国連と資本とは開発問題にともに協力して取り組む「パートナーシップ」を結ぶ傾向にある。国連本部にとどまらず,他の諸機関を含めた国連システム全体における資本との関係性を考察したTesner(2000)は,主に,歴史的経過を踏まえながら,グローバル・コンパクトに至るまでの経緯を含め,国連と資本とがパートナーシップを構築していく過程を整理している。資本が供給する財・サービス,技術,知識等は国連の運営にも有益となり,国連の意思決定に影響を与えていると指摘している。

同様に，国連と資本との関係に着目した研究は多数あるが，主に，国連による多国籍企業規制が焦点とされている（Coleman 2003；Coonrod 1977；Feld 1980；Kline 2005；Rubin 1995；Sagafi-nejad 2008；Utting 2000）。多国籍企業規制は行動規範（code of conduct）の作成として具体化され，この制定をめぐる動静が国連と資本との関係性の変遷を示しているといえる。これらの研究成果は視点の相違はあるものの，行動規範の制定過程を詳述している点では共通しており，事実関係の把握には有益である。特に，Sagafi-nejad（2008）は行動規範が制定される背景，交渉経緯，国連機関の対応の歴史的展開を，現代に至るまで包括的に論じており，国連と資本との関係性について明らかにした「正史」といい得る成果である。ただし，これらの先行研究では，行動規範の歴史的過程および規範論としての行動規範の検討に重点が置かれており，実際の資本活動の推移や変化，さらには，それらと国連機関の活動との連動については明らかにされていない。そのため，統計数値に基づき，途上国開発における多国籍企業の動態変化を示しつつ，その変化を引き起こす要因として，国連機関の諸活動を位置づけながら，国連と資本との関係性を検討する。

　本章の構成として，第1節において，途上国に進出する多国籍企業の動向をFDIの推移から明らかにする。国別，地域別，さらには，分野別にFDIの特徴を整理するに伴い，多国籍企業の途上国進出に対する変化が浮かび上がる。第2節では，世界銀行の民間部門開発行動プログラムに着目し，インフラ整備に対する民間資本導入の経緯ならびにその成果を分析する。民間資本導入による途上国開発に対して，国際機関の姿勢が大きく作用していた点を明らかにする。第3節において，国連多国籍企業センターに焦点をあて，行動規範の制定をめぐる政治経済的対立過程を解明するとともに，第4節では，多国籍企業と国連システム全体の関係性の変容過程を分析する。これらを通じて，国連と資本とのパートナーシップの基底にある両者の関係性の変遷が看取できよう。

## 第1節　海外直接投資の動向と市場としての途上国

### 1. 資本の途上国進出とその歴史的展開

　多国籍企業は2ヶ国以上に資産や生産設備・販売拠点・事務所といった拠点を有し，生産・流通・販売を世界的規模で展開する。1950年代末から，アメリカ巨大企業が戦後復興を遂げつつある欧州市場へと海外進出を果たして以降，先進国間での国際的な資本移動が活発化した。

　資本による海外進出は拡大していき，単なる在外生産ではなく，世界的な規模での生産配置にまで発展していった。本社の統轄のもとに，各国の子会社を通じて，原料調達・製造加工・最終組立・販売流通を世界的に展開する企業内国際分業体制が確立されていった（関下・奥田1985：109）。それまで，資源獲得，販路獲得が主な目的だった海外進出に，低賃金労働力の確保等による生産効率の追求が新たな海外進出の契機として生まれた。早くから原油，鉱物資源や熱帯産品に対して，途上国は多国籍企業の生産現場に位置づけられてきたが，1980年代後半以降には，製造業における労働集約的な作業工程として，途上国は多国籍企業の部品生産拠点へと変化していった。既存の先進国市場における競争が激化する状況において，オフショア生産は多国籍企業の世界的な生産配置にとって適合的な進出形態であった。

　資本の途上国進出の活発化は，資本自身による経営戦略上の意思決定が起因しているものの，その背景には1980年代後半以降に展開された為替政策の国際的協調があったといえる。つまり，国際的な資本移動に付随する為替リスクを，先進国間の政策協調が緩和し，国際通貨制度が安定したために，資本の途上国進出が容易になったのである。ただ，例えば，輸出指向型の日系企業は急激な円高に対応すべく，現地生産を中心とした海外進出を余儀なくされたのであり，政策協調を通じて，先進諸国が国際通貨制度の安定性を追求したがゆえに，個別資本の国際移動が促進されたともいえる。

　その一方で，途上国にも進出してきた資本を受け入れるだけの基盤が必要とされる。しかし，途上国は資本による生産基盤のみならず，資本を受け入

れる生産環境が十分に整備されていない状況にあった。状況改善を図るため，先進国による開発援助政策をはじめ，多くの資金が流入してきたが，その流入形態は世界情勢の推移とともに変化してきた。この途上国への資金流入が，以下でも述べるように，多国籍企業の途上国進出とも密接に関わっていくのである。

　第二次大戦後以降1960年代にかけて，先進国からのODAが途上国に流入する資金の中心であった。ただし，二国間援助が多いために，公的資金といえども，援助供与国の利害と深く結びついていた。同時期の民間資金の場合，途上国による国際金融市場へのアクセスは難しく，先進国民間銀行でさえ，資本規制等により途上国にアクセスできなかった。1970年代には，変動相場制への移行に加え，オイルダラーの国際的過剰によって，途上国も国際金融市場に組み込まれていった。工業化を推進する途上国に対して，先進国の製品販路の拡大および民間銀行による融資の拡大が進んだ。しかし，その融資の元利払いのための借入が増大し，1980年代には途上国の累積債務危機が発生した。民間債務の拡大がメキシコをはじめ南米諸国のデフォルトを招き，債権者であったアメリカの民間銀行が経営破綻の危機に瀕し，国際的な金融危機と化した（片岡2008：76-78；奥田・三重野・生島2006：151-153）。

　途上国への新規融資は減少したものの，累積債務危機は債務削減と銀行債務の国債転換を図ったアメリカのブレイディ提案により事態改善が図られていった。ただし，累積債務危機以降，債権や銀行融資といった金利返済の必要がある債務性資金は敬遠され，債務累積危機後はFDIのような非債務性資金が選好された（神沢1995：175-176）。1960～70年代に行われたFDIは天然資源の専有に代表されるように，途上国による反発を招いていた。政治的独立を果たした途上国にとって，経済的独立は大きな課題であり，途上国開発に貢献しないFDIには懐疑的な態度を示していたのである。そのため，輸入代替化政策によって，多国籍企業に依存せずに途上国開発を進めようとしていたものの，皮肉にも，輸入代替化政策が累積債務危機を引き起こす結果となった。それに伴い，途上国はそれまでの多国籍企業に対する懐疑的態度にもかかわらず，債務危機等により，FDIを積極的に受け入れる方向性に態度を軟化させていったのである。

## 2. 海外直接投資の進展とその動向

　FDI は海外支店・子会社等の設置，拡張，その他の直接的な経営支配を目的とする資本・技術の輸出を意味する。FDI は投資国も受入国も先進国が中心であるが，その傾向も時代の推移とともに変化しつつある。以下では，統計数値に基づき，1970～2009 年における FDI の動向を確認する[1]。

　第 6-1 図では，FDI フローの全体的動向を示している。1980 年代後半まで FDI は低調であるものの，90 年代初頭から増加基調を見せ，2000 年代初頭の IT バブルの崩壊後や世界的経済危機が発生した 2008 年前後に減少しつつも，着実に増大している。80 年代から 2000 年代にかけて，南米，東南アジアの途上国・新興国を舞台に金融危機が複数回発生しているものの，長期的な営業利益を目的とする FDI においては金融危機の影響は比較的少ないといえる。むしろ，FDI の全体的動向は先進国経済の変動に規定されているといえよう。世界的に，FDI は対外・対内，双方向に対して活発化しているが，対外 FDI と対内 FDI を差し引きした純投資および対内投資割合の推移を示した第 6-2 図からは，第一に，先進国が資本輸出超過にあり，途上国・移行国は資本輸入超過の状況にあると確認できる。途上国への FDI 流入は 1992 年前後から増加傾向が強まっており，多国籍企業を受け入れる制度的基盤が徐々に形成されている証左ともいえる。第二に，先進国間での相互投資が中心であるため，対内 FDI に占める途上国の割合は少ないものの，途上国への資本流入は逓増しつつあり，1970 年代は 20～30％程度だったが，現在では，30～40％ほどのシェアを有している。特に，2009 年には，先進国への対内投資割合は約 50％にまで減少し，途上国と移行国への資本流入が世界的にも大きな位置を占めつつある点が示されている。

---

1) なお，統計データは国連貿易開発会議（UNCTAD）が提供する UNCTADstat を使用しており，先進国としては経済協力開発機構（OECD）加盟国を中心に 44 の国と地域，移行国としては旧ソ連を中心に 18 の国と地域，途上国としては香港，マカオ等を含め 176 の国と地域が分類されている。シンガポールや韓国，台湾といった著しい経済成長を遂げた国や地域も統計分類上は一貫して途上国として扱われている点に，留意が必要である（UNCTAD 2010）。

第6章 規制から活用へ 173

第6-1図 対内FDIフローの推移

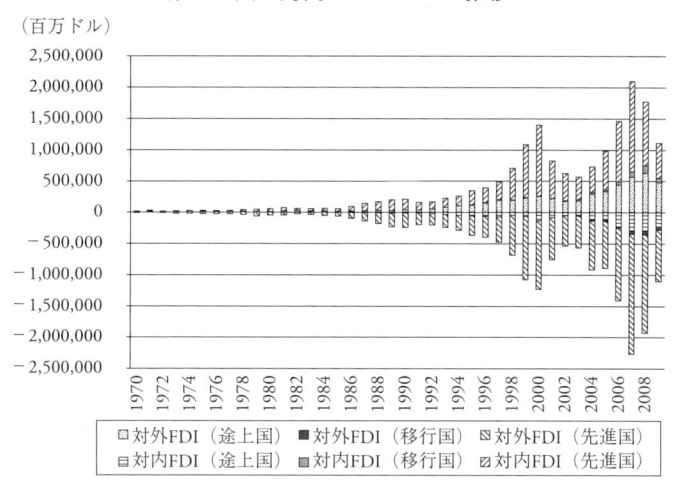

凡例：
- 対外FDI（途上国）　■対外FDI（移行国）　対外FDI（先進国）
- 対内FDI（途上国）　対内FDI（移行国）　対内FDI（先進国）

注：物価未調整。
出所：UNCTAD, UNCTADstat より作成。

第6-2図 世界経済における対内純投資と対内投資割合の推移

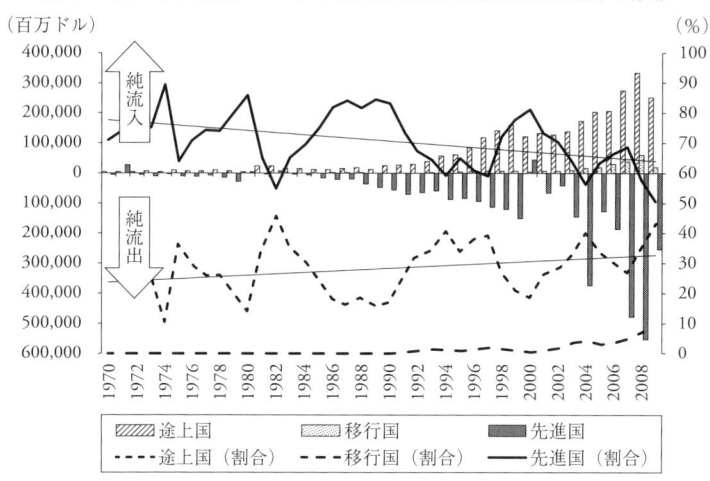

凡例：
- 途上国　移行国　先進国
- ------ 途上国（割合）　--- 移行国（割合）　── 先進国（割合）

注：物価未調整。
出所：UNCTAD, UNCTADstat より作成。

第 6-3 図　途上国への FDI 流入と地域別割合

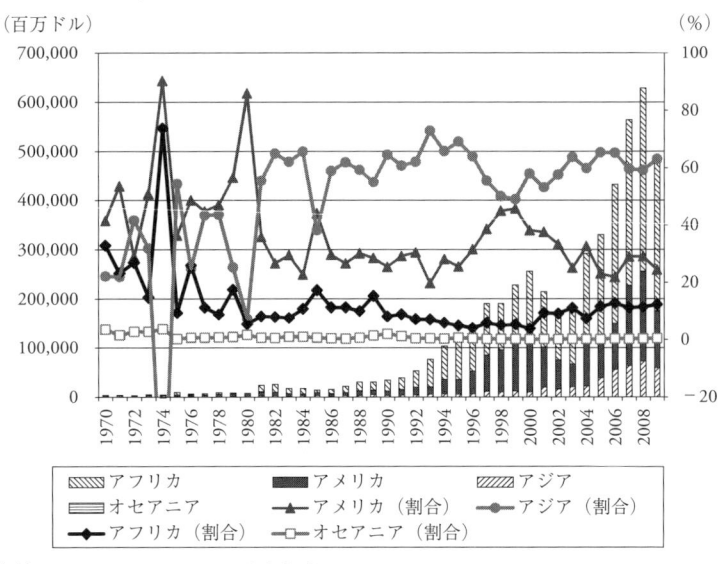

出所：UNCTAD, UNCTADstat より作成。

　この途上国への FDI 流入の動向をより詳細に示した第 6-3 図からは，第一に，2000 年代初頭に若干低落するものの，一貫して FDI の流入が総量として増大している点が明らかである。第二に，地域別動向に関して，アジアへの資本流入が途上国全体において目立っている。1980 年代のアジア NIEs の躍進，90 年代後半のアジア通貨危機を経て，2000 年代には，中国，インドの経済成長とともに資本流入が著しく伸長している。途上国への対内 FDI といえども，その約 90％はアジアと中南米に集中しており，後発開発途上国を多く含むアフリカへの FDI はまだまだ低い水準にとどまっている。第三に，1980 年代以降，アジアへの FDI が多いものの，90 年代には，中南米への FDI も伸長しており，2000 年前後にはアジアと中南米が同等程度の資本受入地域となっている。全体的には，特に 90 年代は中南米への資本流入が加速したといえる。

　また，対内 FDI ストックの動向を産業別に分類した第 6-4 図を通じて，第一に，2000 年前後まで約 50％を超えているように，途上国への FDI は製造業を中心とした第二次産業が主軸である点を確認できる。アジア地域を中

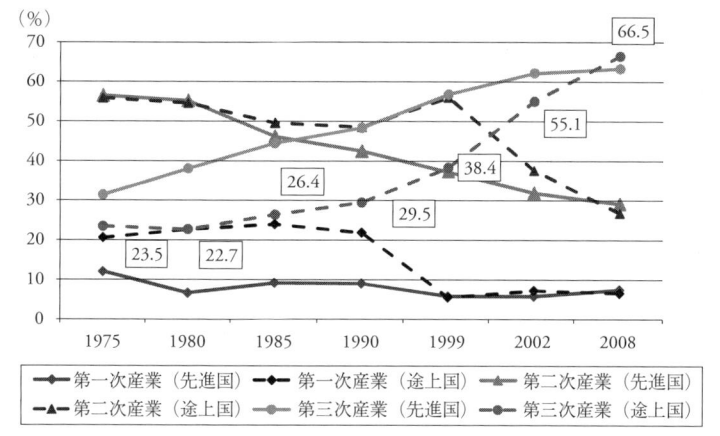

第 6-4 図　産業分野別対内 FDI ストックの推移

(%)

出所：［1975-1990］UNCTAD（1993）*World Investment Report*, p.62；［1999］UNCTAD（2001）*World investment Report*, p.260；［2002］UNCTAD（2004）*World Investment Report*, p.302；［2008］UNCTAD（2010）*World investment Report*, Annex table 21 より作成。

心とした自由貿易区や輸出振興政策の導入および，円高に起因した日系企業の海外進出が背景にある。第二に，1990年代以降，途上国においても，サービス分野を中心とした第三次産業の割合が増大し，2008年時点では，途上国への FDI のうち，約66％を占めるまでに資本蓄積が進行している[2]。1990年代初頭以降，途上国への資本流入が増大している点は上述したが，2000年前後には，第二次産業を超えるほどに第三次産業が活発化しているのである。

さらに，第6-5図は途上国における産業分野別の FDI ストックを示している。2002年段階において，欧州・中央アジア地域と南米・カリブ海地域を中心に，途上国全体として第三次産業への投資が多い点を指摘できる。その反面，東アジア・太平洋地域は第二次産業への投資が突出している。1990

---

[2] サービス分野には，電気・ガス・水道・交通輸送・通信といったインフラ・サービスや金融・保険サービス，さらには教育，保健，行政といった社会サービスが含まれる。第一次産業や第二次産業では，生産物が貿易可能である一方，第三次産業では，生産者と消費者との近接が求められ，立地的に制約された非貿易財という特徴がある（World Bank 2004：82）。

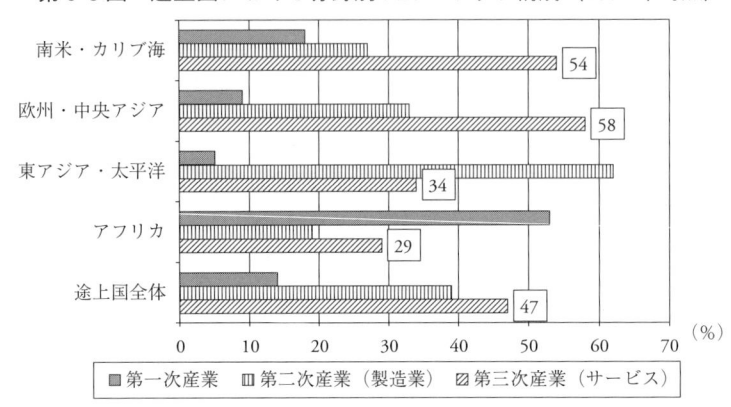

第6-5図　途上国における分野別FDIストック構成（2002年時点）

|  | 第一次産業 | 第二次産業（製造業） | 第三次産業（サービス） |
|---|---|---|---|
| 南米・カリブ海 |  |  | 54 |
| 欧州・中央アジア |  |  | 58 |
| 東アジア・太平洋 |  | 34 |  |
| アフリカ |  | 29 |  |
| 途上国全体 |  |  | 47 |

注：データは国別・分野別FDIフローに基づく累積推計による。
出所：World Bank（2004）*Global Development Finance 2004*, p.82 より作成。

〜2002年に生じたFDIフロー全体の15％がインフラ部門と金融部門に流入しているが，そのうちの70％は南米諸国における民営化および合併・買収（M&A）に関して発生している（World Bank 2004：83-84）。東アジアでも同様にインフラ部門への投資は進展しているものの，その投資主体がFDIである点に，南米諸国の特徴がある。

### 3. インフラ整備に対する民間資本参入

1990年代初頭から世界的に国際資本移動が規模を拡大している中で，途上国への資本流入も大幅に増加しており，途上国経済では多国籍企業の事業進出を支える基盤が整いつつあった。また，1980年代から始まるアジアの第二次産業に向けたFDIが途上国への資本流入の基底要因となりつつも，1990年代に見られる南米の第三次産業に向けたFDIは2000年代以降にも連なる途上国全体の第三次産業に対する資本流入割合を拡大させている。その要因は主にインフラ部門や金融部門への資本流入にあったが，金融部門へのFDIが経済活動の循環を促進する一方，インフラ部門へのFDIは経済活動の基盤を形成するため，両部門への資本流入は経済構造に与える影響も大きかった。

南米諸国の累積債務危機が途上国政府の輸出指向型政策の結果としてもた

らされた点については上述したが，その他にも，途上国政府の予算管理や金融政策に不備が多く指摘されており，その結果として，1980年代以降，IMF，世界銀行，アメリカ財務省において，緊縮財政，規制緩和，民営化，金利・資本の自由化等の開発政策に関する合意がなされた。これがワシントン・コンセンサスと称される開発思想であり，市場経済化を通じた途上国開発が志向された。いわば，民間資本による事業展開を通じて，途上国の経済成長が求められたのである。

　1990年代以降，途上国としても，銀行融資等の債務性資金に依拠するのではなく，非債務性資金であるFDIに期待を寄せてきた。多国籍企業の誘致を円滑にするとともに，市場競争に基づく効率的な資金提供を実現させるために，途上国は金融自由化政策を実施したが，その一環として，金融部門へのFDIが成果をあげた（奥田1997：854）。金融部門への投資は開発金融の一経路として，多国籍企業に対する資金仲介を通じて，途上国の工業化を間接的に推進するものの，物理的な生産基盤，つまり，インフラ整備が欠如している状態では，資本の事業展開自体が低迷した。そのため，電力，水道，交通輸送，通信，灌漑施設等，直接的な事業環境を創出する生産基盤整備が必要となった。農業生産が中心である低所得国では，水道，灌漑，次いで交通輸送が重要になるものの，工業化が進んだ中高所得国では，交通輸送，電力，通信に対する必要性が高まった。ただし，途上国政府の脆弱な財政基盤や政策執行体制では，長期的かつ高額なインフラ整備を進めるだけの能力が不足していたといえる。したがって，ワシントン・コンセンサスのもと，インフラ整備に対して，民間資本の活用および民営化を通じた競争原理の導入が図られた。その結果がインフラ部門へのFDI増大として表れたのである。インフラ整備の民間資本参入を契機として，企業の事業環境が形成されるとともに，金融部門のFDI増大と相まって，より一層，途上国は市場経済化する過程にあった。

　インフラ整備に対する民間資本の参入は大別すると，新規インフラ投資に対する民間資本の活用と既存インフラ部門における国営企業の民営化の2種類にわかれる（白鳥1998：62）。ただし，いずれにせよ，インフラ施設の建設および運用・制御が可能な民間資本の存在が不可欠であった。本来なら，

そうした民間資本が途上国の在来企業であれば途上国経済の発展にも望ましいと期待されたが、技術的、マネジメント的観点から、実際には、FDIを通じた外国資本による参入が多くなった。特に、多くの経済インフラは長期的かつ高額な受注案件であるために、新たな市場として、途上国のインフラ事業は外国資本の参入誘因となるものの、途上国市場には戦争や内紛、自然災害、経済の破綻等のリスクが付随していた。また、インフラ事業の収入は現地通貨である一方、借入金の返済や出資金への配当は外貨であるため、常に為替リスクが生じ、さらに、こうしたカントリーリスクを途上国政府が保証しても、その実効性は疑わしかった（船津 2008：368）。つまり、それらのリスクを抑制し、民間資本による途上国開発を進めるために、国際機関が介在したのである。その具体的な取り組みのひとつとして、1989年から世界銀行による民間部門開発行動プログラム（Private Sector Development Action Program）が実施されたのであった。

## 第2節　世界銀行による民間部門開発

### 1. 民間部門開発行動プログラムとその展開

　世界銀行は途上国開発に大きな影響力を有する国際機関であり、規制緩和や民営化を積極的に推進している。南米諸国の累積債務危機の発端であるメキシコの債務不履行が発生した1982年以降、途上国に対する民間銀行からの融資が減少したため、世界銀行は世銀融資を受けているプロジェクトに対する民間融資部分を意味する「Bローン」をはじめ、民間金融機関による協調融資や世銀による保証を導入したが、途上国への資本流入を増加させるほどの大きな成果はあげられなかった（船津 2008：376-377）。危機に陥った南米諸国に対処するために導入されたワシントン・コンセンサスのもと、世銀は国営企業の民営化とインフラ事業への資本参入を重視していった。

　それまでにも、世銀は効率的な途上国開発を促進するために、市場原理と民間主導の優位性を強調してきたが、特に、1980年代後半以降には、民間

部門を開発政策に利用しようと試み始めた。しかし，民間部門を活用した開発戦略は体系的に発展されてきたとはいえなかった（World Bank 1989a：v）。そのため，世銀は民間資本に対する支援を強化するために民間部門開発行動プログラムを1989年に開始したのである。民間部門開発行動プログラムは世銀グループの活動にこれまで欠如していた部分を補完しながら，民間部門開発を世銀業務に統合し，世銀グループ内部の協調関係を改善させていく点に目的があった。そのため，世銀単独ではなく，国際金融公社（IFC），多国間投資保証機関（MIGA）との共同行動の枠組みを設計する点に重点が置かれていた（World Bank 1989b：55）[3]。世銀グループを統括して，途上国の民間部門開発を強化するために行動プログラムが計画されたのである。

民間部門開発は単なる民間資本活動の増大を意味するだけでなく，競争を促進させるための途上国政府の執行能力の拡充も要求され，市場メカニズムを機能させる環境そのものの創出が課題とされていた（World Bank 1989b：55）。行動プログラムの特徴として，第一に，主に，マクロ経済の安定化を図るとともに，市場への参入・撤退に対する障壁の除去，法規制改革，税制改革等をはじめとした「経済環境の改善」が重視された。資本活動の制約となる法規制を撤廃し，効率性向上と競争強化を意図していたが，民間部門開発に適した政策・法規制への改革は，条件付きの融資，いわゆるコンディショナリティによって強制的に遂行される結果となった。

第二に，官業独占，癒着・腐敗の解消と財政制約の緩和を目的とした「公的部門の再構築」が取り組まれ，特に，インフラ整備および社会サービス分野における民営化が志向された。既存公益事業の民営化は国内資本への払い下げを予定していたものの，払い下げ措置の枠組みの不在や取得可能な国内資本の欠如により実施は困難だった（World Bank 1989b：57）。そのため，新規参入によるインフラ整備を目的としたスタッフ訓練プログラムや融資枠の拡大が図られた。資本活動の充実を物理的側面から支援するための取り組みといえよう。

---

3) もともとIFCは途上国の民間資本に投融資する目的で1956年に設立され，MIGAは途上国へのFDIを促進するために，投資受入国の契約不履行，送金不能や戦争，国有化等のリスクに対する保証業務を目的として1988年に設立されている。

第三に，世銀の本来的業務と密接に関わる「金融部門開発」が志向された。世銀は一貫して金利と為替レートの改革を促進してきたが，実際には，期待された成果をあげられなかった。金融部門の硬直性と未整備がその原因であり，最終利用者のニーズの充足にのみ重点がおかれ，金融部門全体の開発が進展していなかったのである（World Bank 1989b：57）。つまり，途上国政府と世銀双方はこれまで非金融部門，すなわち，「実物」部門の開発を優先し，金融部門は「実物」部門に対する投資を支援する存在として，短期的な目的のために利用されてきたのであって，資本市場全体の発展に貢献する金融部門開発の重要性自体は看過されてきた（World Bank 1990a：71-72）。金融部門の効率性向上と拡大が途上国の実物経済の効率性向上と拡大をもたらす相互依存の関係にあるという認識のもと，世銀は途上国の金融部門改革に高い優先度を与えたのであった。

　行動プログラムにおけるこれらの特徴から，世銀は構造調整融資を通じて，資本活動に適合的な制度的基盤や経済的生産基盤を構築させてきたといえる。伝統的に，高速道路やダム等のようなインフラプロジェクトに対する貸付が世銀融資の主要な対象であり，財やサービスの購入に支出されていた。しかし，1980～90年代にかけて，そうしたプロジェクト単位での貸付は減少し，市場経済化を目標とした政策改革に対する貸付が中心となった（Babb 2009：7-8）。つまり，世銀融資は開発事業を実施するための資金的支援というよりも，民間資本の活動基盤を整備するための政策改革自体を目的にした資金的誘導へとその性質を変化させたのである。特に，金融部門全体の構築を重視した世銀のアプローチは財やサービスを生産する実物部門の発展を促進する効果をもたらし，途上国の資本蓄積の拡大によって，その資金需要がさらなる金融部門の拡充へと連鎖的に展開した。また，金融部門開発は累積債務危機以降，低迷していた途上国証券市場の回復にも貢献し，先進国資本による国際分散投資を増大させた。その結果，途上国金融市場は国際金融市場の動向によって，直接的に影響を被る構造を生み出したものの，一方では，途上国の生産部門に対する資本流入を誘導する成果を生み出したのであった（神沢 1994：156-158）。そうした意味で，金融仲介を媒介に，民間資本によって途上国開発を推進する場合にも，国際機関が主導的な役割を果たしたとい

える。民営化によって，民間資本が参入する余地を提供するとともに，金融部門開発によって，資本の事業展開の余地を拡大させるなど，世銀の民間部門開発行動プログラムは途上国の市場経済化を着実に推し進めていった。

## 2. インフラ部門民営化の動向

途上国に対する資本流入増大の契機のひとつとして考えられる民間部門開発行動プログラムだが，構造調整政策といえば，コンディショナリティを伴う構造調整融資が代表的であるように，その存在はこれまで十分に認識されておらず，また，そのためかプログラムの効果も直接的には検討されてきていない。もちろん，民間部門開発の成果は個々の資本による事業展開の拡大として表れるため，行動プログラムと資本活動の直接的な因果関係は明瞭とはいえない。しかし，行動プログラムの効果はその後の資本活動の趨勢からある程度推察できよう。

第6-6図は民間部門開発の取り組みが実施された対象国を示している。行

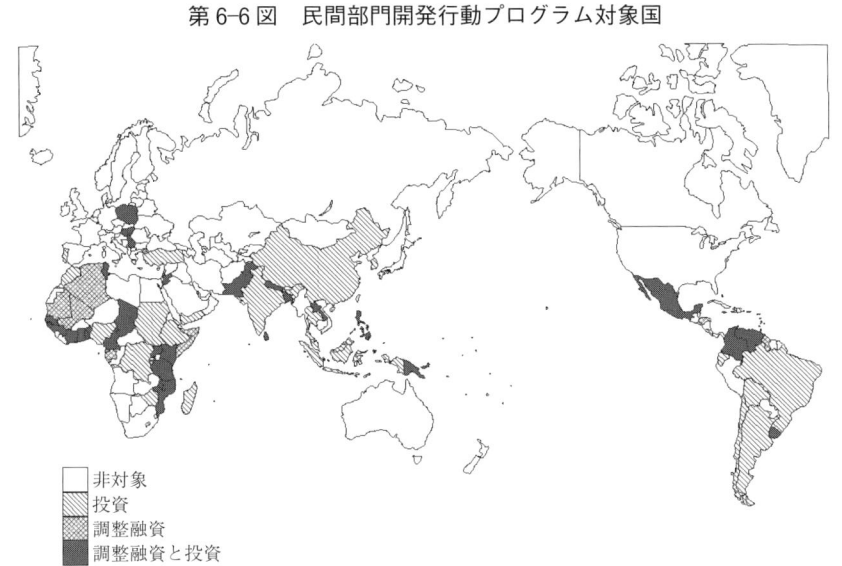

第6-6図　民間部門開発行動プログラム対象国

凡例：
- 非対象
- 投資
- 調整融資
- 調整融資と投資

出所：World bank（1991）"Developing the Private Sector: The World Bank's Experience and Approach（file report 9971）", p.8 より作成。

動プログラムが開始された1989年から1990年にかけた2年間に,構造調整のための融資受入もしくは外国資本による投資受入が総数71ヶ国で実施された。アフリカおよび一部のアジア,さらには,中米・カリブ海に位置する途上国に構造調整融資が導入され,市場経済化への移行が強制的に進展する契機となった。また,アフリカ中央部や中国・インドをはじめとしたアジア,南米に位置する途上国では,積極的なFDI受入が政策的に推進された。この2年間では,60ヶ国が合理化や法規制改革を中心とした経済環境の整備に,50ヶ国が民営化を通じた公的部門再編に,さらには,57ヶ国が競争促進を目的とした民間資本参入を中心とする金融部門開発に,それぞれ取り組み,多くの途上国は構造調整のための融資政策,もしくは,資本誘致のための投資政策を積極的に導入していったのである。

民営化の目的は非効率な公的部門の縮小にあるといえるが,同時に,民間投資に対する機会を提供する目的もある。行動プログラムでは,内外資本の参入促進が図られたが,その成果を図るひとつの具体的指標として,政府による政策変更がある。第6-7図には,FDIを推進させるための政策変更を実施した国数およびその変更政策数が示されている。先進国を含めた数値では

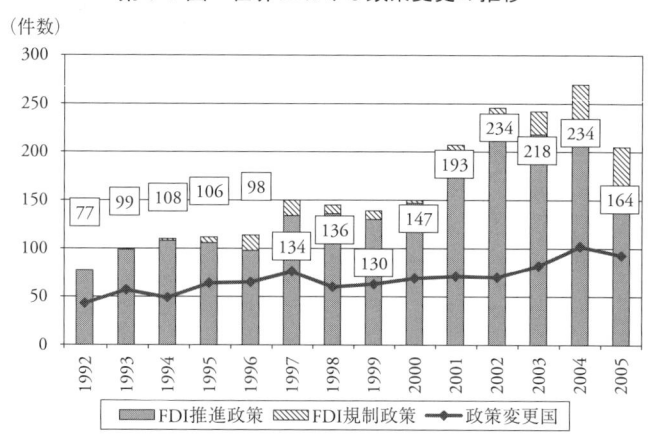

第6-7図 世界における政策変更の推移

(件数)

| 年 | 1992 | 1993 | 1994 | 1995 | 1996 | 1997 | 1998 | 1999 | 2000 | 2001 | 2002 | 2003 | 2004 | 2005 |
|---|---|---|---|---|---|---|---|---|---|---|---|---|---|---|
| 件数 | 77 | 99 | 108 | 106 | 98 | 134 | 136 | 130 | 147 | 193 | 234 | 218 | 234 | 164 |

凡例:FDI推進政策 / FDI規制政策 / 政策変更国

注:FDI推進政策=自由化,市場機能の強化,インセンティブの向上を含む。FDI規制政策=コントロールの強化,インセンティブの低下を含む。
出所:UNCTAD (2006) *World investment Report*, p.24より作成。

あるものの，全体的には途上国における政策変更が多く占めており，1990年代以降，一貫して政策変更国とともに，変更政策数も増大している。特に，FDI を選好する政策への変更が多く，1992 年時点では 77 であった政策変更数は 2002 年および 2004 年時点では 234 を記録し，また，同様に，そのような政策変更を実施した国は 1992 年時点では 43 だが，2004 年時点では 102 へと増大している。ただし，2000 年代以降，FDI 規制を目的とした政策変更も増加しつつある点に留意する必要がある。とはいえ，全体的動向として，FDI を推進する法規制が整備されている傾向にあるといえよう。

次に，世銀が提供する Private Participation in Infrastructure Project Database を用いて，行動プログラムの成果を確認する。インフラ部門では，民営化を通じて，公的部門の縮小と民間資本の参入が表裏一体となって生じており，行動プログラムの成果が表面化しやすいといえる。行動プログラムは広範囲にわたって取り組まれているが，その具体的効果が明瞭に示されているインフラ部門の民間資本参入を通じて，行動プログラムの成果の一端が明らかとなる。

金額ベースでインフラ部門への投資動向を確認すると，1997 年と 2008 年

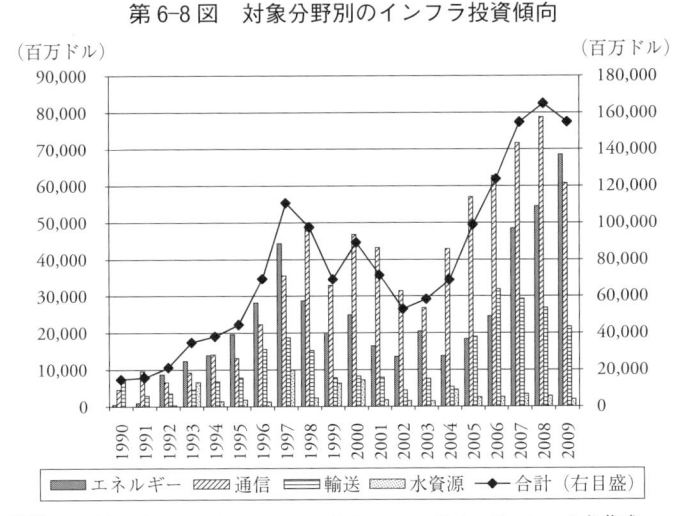

第 6-8 図　対象分野別のインフラ投資傾向

出所：World Bank, Private Participation in Infrastructure Project Database より作成。

を二度のピークとした変動を見せつつ，全体的に1992年頃から増加しだしている。第6-8図から1990年代は電力・天然ガスを含むエネルギー分野が，2000年代は通信分野が民営化の中心的対象である点を指摘できる。1990年時点で約150億ドル程度であった投資金額は97年時点で1,100億ドルを超え，2008年時点では1,600億ドル規模にまで達しており，20年間で10倍以上に拡大を見せている。地域別のインフラ投資傾向を示した第6-9図から，90年代には，主に南米・カリブ海が突出した投資の増大を見せている点，また，2000年代には，南米や東アジアにとどまらず，欧州・中央アジア，南アジア，さらにはサブサハラ等の他地域の投資も伸長している点がわかる。第6-6図で示された行動プログラムの対象地域において，その後，着実に民間資本投資が増大していったのである。

インフラ部門への民間資本参入には，民間部門の育成による財政負担の削減や公共サービスの拡充による生活水準の向上，外資導入による技術移転，国内雇用の拡大がメリットとして想定されている。しかし，資本参入にも多くの類型が存在しており，それぞれに「民営化」の形態は異なっている。コンセッション（concession）は民間資本が公的部門からインフラ事業権を譲許

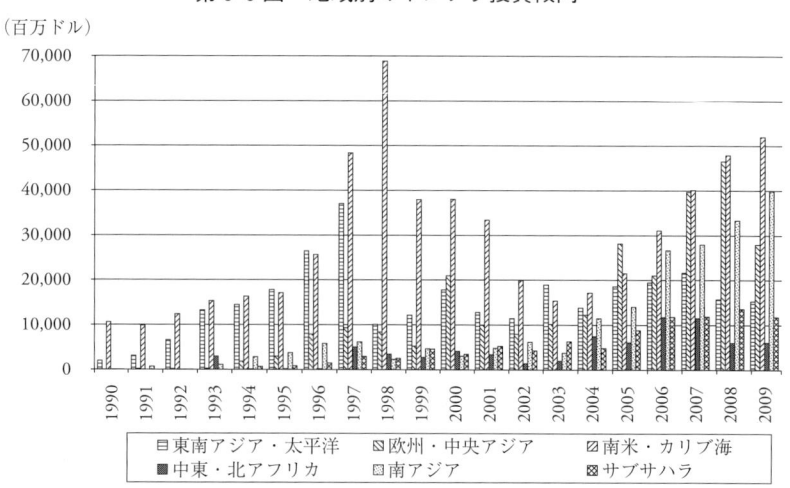

第6-9図　地域別のインフラ投資傾向

出所：World Bank, Private Participation in Infrastructure Project Database より作成。

してもらい，一定期間にわたって公共サービスを提供する方法，もしくは，そのような事業権の移転を意味している。ダイベスティチャー（divestiture）は「事業分割」ともいわれ，インフラ部門の事業権を国営企業が売却，もしくは，分離させ，その株式を民間資本が取得する手法であり，実質的な「民営化」を意味する。これらは既存の公的部門を民間資本が代替する形態といえる。その一方，グリーンフィールド・プロジェクト（greenfield project）は新規投資であり，主にBOTによって実施される。BOTは民間資本自身が資金調達を行い，公共サービスの提供に必要な施設・設備を設計し，建設（Build）・操業（Operate）を通じて，事業収益から投資資金を回収するとともに，事業が終了すれば，公的部門へ施設・設備を移転（Transfer）する手法である。マネジメント・リース契約（management and lease contract）については，公的部門が所有しつつも，民間資本に管理業務を委託する手法だが，BLOと呼ばれる手法の場合，民間資本が資金調達を行い，施設・設備を設計し，建設（Build）して竣工したのち，その所有権自体は公的部門へと移転するが，リース（Lease）の形態で民間資本が操業（Operate）する（加賀 2010：24-26）[4]。

このように，民営化には多様な手法が駆使されているが，既存施設の経営

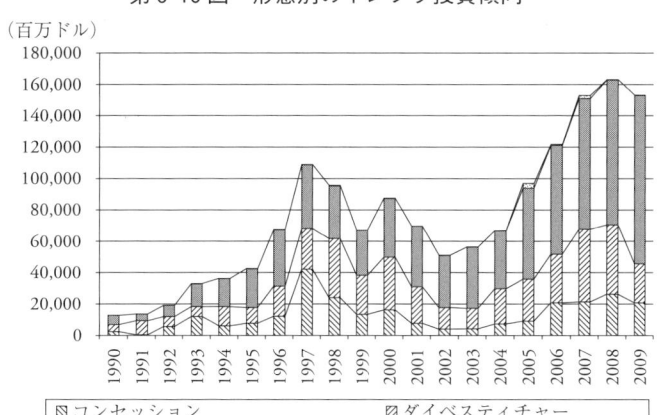

第6-10図　形態別のインフラ投資傾向

出所：World Bank, Private Participation in Infrastructure Project Database より作成。

主体の変更に加え，新規投資によるプロジェクトの増大は途上国企業の参入，もしくは，対内 FDI の拡大を意味する。この民営化形態別にインフラ投資傾向を示した第 6-10 図では，1990 年代当初はグリーンフィールド・プロジェクト（30〜40％）およびダイベスティチャー（20〜30％）が大部分を占めているが，92 年以降には，コンセッションでの資本参入も増加していく傾向を確認できる。ただし，全体的には，グリーンフィールド・プロジェクトの成長が著しく，2000 年代には，インフラ投資の 50〜60％を占めるまでに至っている。金額的にも，1990 年時点の 58 億ドルから 2009 年時点の 1,073 億ドルまでに伸長し，途上国への新規投資を牽引している。つまり，途上国のインフラ部門が高収益を期待できる新興市場として台頭しているのである。それとともに，ダイベスティチャーが一貫して継続している点から，途上国におけるインフラ部門では，株式売却等による「民営化」がさらに進展している状態にあるともいえる。

### 3. 民間部門開発と途上国開発

民間部門開発行動プログラムとインフラ部門への民間資本流入の増加との直接的な因果関係は明確ではないものの，行動プログラムが開始されて以降，民間資本がインフラ部門に多く携わるように変化している点は事実であり，少なくとも，民間資本の参入，さらには，FDI が拡大する基盤を形成したとはいえよう。「経済環境の改善」，「公的部門の再構築」，「金融部門開発」を目的として展開された行動プログラムは着実に途上国への市場メカニズムの浸透を支え，さらには，政策変更を通じて，対内 FDI を容易にしたのである。

ただし，行動プログラムの成果として得られた民間資本活動の増大は必ずしも途上国開発に貢献したとはいえない。行動プログラムを通じて，民間資本参入の促進や法規制改革の推進を積極的に行う途上国に対して，世銀は十分な支援をする一方で，積極的に対応できていない途上国には支援を与えな

---

4) BLO とは逆に，建設（Build）した施設・設備を公的部門にリース（Lease）し，公共部門が支払うリース料によって民間資本が投資資金を回収するとともに，事業終了時に，施設・設備の所有権を公的部門へと移転（Transfer）する BLT もある。

い方針であり，選別的な対応はコンディショナリティとして途上国への負担になっている（船津 2008：383）。また，1980 年代に世銀が実施してきた途上国におけるインフラ建設プロジェクトは企画設計，運用面における障害から，収益率が低調であった（World Bank 1994＝1994：16）。その克服として期待されたインフラ部門への民間資本参入だが，収益性の確保とリスク回避を含めた利潤追求のため，料金設定が高くなり，国民が支払えるレベルと乖離したサービス提供となる場合もある。貧困層にこそ必要とされる電力，給水・下水事業等の公共サービスが，経済性の観点から十分に提供されないままである。また，農村部ではなく都市部にのみインフラ整備が進むといった所得格差，地域格差が発生しつつある（白鳥 1998：67）。

　実際に，世界銀行が作成している貧困ギャップ率の各国推移からは，行動プログラムおよびインフラ部門への民間資本参入が国家レベルの生活水準向上へと十分に貢献していない点が浮かび上がる。貧困ギャップ率は貧困ライン（1 日 1.25 ドル以下）未満の人々の平均的所得が，貧困ラインを下回っている比率を示す数値である。貧困ラインよりもはるかに少ない所得で暮らす人口が多いほど，貧困ギャップ率は大きくなる。これまでの考察から，地域としては南米が，産業部門としてはインフラ部門が，FDI を含めた民間資本参入の増大を示してきたため，南米 12ヶ国における貧困ギャップ率の推移を第 6-11 図で取り上げている。1990～2000 年の約 10 年間で，ボリビア，コロンビア等の 6ヶ国が貧困ギャップ率を悪化させ，アルゼンチン等の 3ヶ国は変化がなく，ブラジル，チリ，ウルグアイの 3ヶ国のみ改善している。これらを見る限り，行動プログラム等の成果が明確に貧困削減に貢献しているとは言い難い状態ともいえる。むしろ，近年においては，貧困ギャップ率の上昇から，貧困の程度が深刻な状況にある諸国も増えつつある。行動プログラムは資本参入機会の増加をもたらす成果をあげたものの，貧困削減に効果的だったとはいえず，民間投資の拡大，すなわち，実質的には先進国企業の新規市場開拓のために機能していた側面がある（船津 2008：405）。

　以上のようなインフラ整備に対する民間資本参入の展開過程を通じて，世銀による民間部門開発行動プログラムがインフラ部門の民営化をはじめ，資本活動を進展させる契機になったといえる。この行動プログラムを通じて世

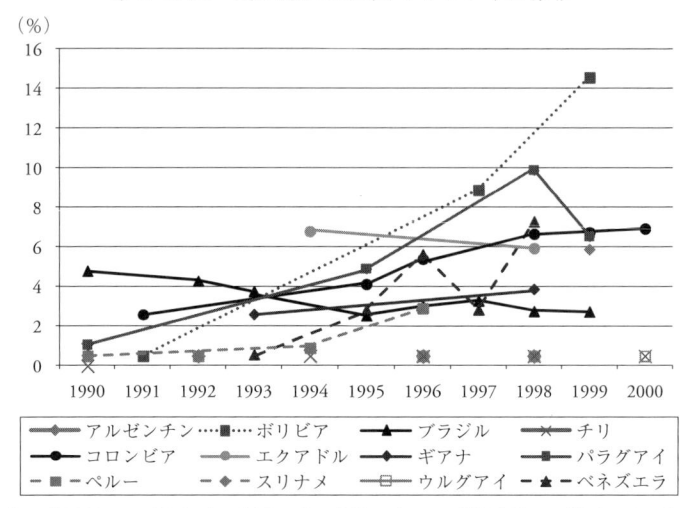

第6-11図　南米諸国の貧困ギャップ率の推移

凡例：アルゼンチン……ボリビア　　▲ブラジル　　×チリ
　　　●コロンビア　　エクアドル　　◆ギアナ　　■パラグアイ
　　　ペルー　　◆スリナメ　　□ウルグアイ　　▲ベネズエラ

注：貧困ギャップ率とは、貧困ライン未満の人々の平均所得が、貧困ラインを何%下回っているかを示す数値である。
出所：World Bank, World Development Indicators より作成。

界銀行は途上国において市場メカニズムが機能する環境を創出したのであり、すなわち、民間資本の活動基盤を国際機関が支えていた点を確認できる。また、行動プログラムを契機に、1990年以降、多くの途上国がFDIを受け入れるための政策変更を実施し、特に、南米においてインフラ部門への民間資本参入が大きく増大した点が明らかになった。世銀およびIMFが導入してきた構造調整政策の帰結に対して多大な批判が生じているものの、資本活動の基盤が形成されたという点から、資本活動による途上国開発、つまり、「開発の民営化」が国際機関主導で進展したといえる。

このように「開発の民営化」には、民間部門開発行動プログラムの実施やインフラ整備の民営化、FDI受入政策の採用等が起因してきたといえるが、これらを生み出した背景的要因として、世界銀行にとどまらず、国連機関自体の動向の変化も深く関わっていた。多国籍企業行動規範の制定に向けた取り組みとそれに伴う国連の多国籍企業規制に対する姿勢の変容である。

## 第3節　国連による多国籍企業行動規範の策定とその帰結

### 1. 国連多国籍企業センターの設立

　1960年の「第一次国連開発の10年」以来，国連諸機関における経済社会分野の議論として，南北問題は中心的に取り上げられており，途上国による状況改善要求と先進国による応対が繰り広げられてきた。その一環として，多国籍企業の行動についても議論されるようになった。1960年の「アフリカの年」に代表されるように，政治的独立を果たした途上国ではあるものの，経済的独立はまだまだ大きな課題であり，宗主国系企業，すなわち，多国籍企業とは緊張関係にある場合も多かった。

　1970年代初頭において，多国籍企業によるFDIは付加価値総額において約5,000億ドルと推定され，社会主義国経済を除いた世界のGNPの約5分の1に相当していた。上位10社による付加価値総額は30億ドルを超え，80ヶ国のGNPを凌駕する規模であった。また，多国籍企業の企業内貿易は実に約3,300億ドルに達し，いわゆる企業間による国際貿易額や全市場経済諸国の総輸出額をも上回っていた（United Nations 1973：13-14）。その世界経済に占める比重が高い点に加え，多国籍企業は事業規模および組織の巨大性，市場における寡占的集中，多数子会社の一元的統轄といった特徴を有しており，受入国産業との競争力格差や規制政策や雇用慣行等の軽視により，途上国経済の自立性を揺るがしかねず，途上国政府との衝突も生じていた。多国籍企業は「成長のエンジン」と称されるように，雇用創出，技術移転等を通じて途上国にメリットをもたらす一方，資源収奪，劣悪な労働条件，環境汚染等を通じて貧困という「副産物」を生み出す側面もあった（Rubin 1995：1276）。

　また，1970年に社会主義政権がチリで成立した際に，多国籍企業である国際電話電信会社が大統領選挙に干渉しようとしていた事実が1972年に発覚したため，チリの要求もあって，国連経済社会理事会において，多国籍企業問題が取り上げられた。チリをはじめとした南米諸国は多国籍企業を「規

制」するコードを強く求めたが，先進諸国は「規制」のみを目的としたコード作成には応じなかった。両者の妥協策として，有識者による諮問会議である賢人会（Group of Eminent Persons）が結成され，1973～74年にかけて，多国籍企業の役割とその途上国開発への影響についての検討が開始された（福田1976：188-190）。

　この賢人会会合に先立って，国連事務局から報告書が作成されているが，そこには，世界経済におけるFDIと多国籍企業の急速な発展とともに，途上国に対する多国籍企業の規模と力関係の差が表れてきている点，途上国開発に対する多国籍企業の肯定的役割を認めつつも，主権侵害や経済的不利益等の否定的側面を強調している点，多国籍企業に対する国連を中心とした国際的行動の必要性を提起する点が記載されており，多国籍企業を規制する方向性を打ち出していた（United Nations 1973）。事務局作成の報告書は議論のたたき台としての性格があるものの，同時に，国連事務局としての立場を表明している。つまり，1970年代初頭において，国連は多国籍企業の途上国開発に対する貢献を認めつつも，国際的な規制を必要と考えていたのである。

　賢人会での議論および各界代表者との公聴会を通じた結果，1974年には，国連経済社会理事会において多国籍企業行動規範策定作業が開始された。経済社会理事会はニューヨークに，多国籍企業委員会（UN Commission on Transnational Corporations）とその事務局としての多国籍企業センター（UN Centre on Transnational Corporations：UNCTC）の設置を決定し，これら二機関に，多国籍企業行動規範の策定を課題として与えた（福田1976：195）。多国籍企業委員会には経済社会理事会から選任された48ヶ国の代表が参加し，アフリカ12ヶ国，アジア11ヶ国，南米10ヶ国，先進国10ヶ国，社会主義国5ヶ国という構成にあった（UNCTC 1976：2）。委員会において，途上国グループであるG77を中心に，途上国は多国籍企業の規制を主張する一方，先進国は多国籍企業だけでなく，内国民待遇をはじめ，途上国政府の対応の必要性を主張し，また，社会主義国は多国籍企業の否定的影響を懸念する傾向にあった（Feld 1980：50）。この時期には，1974年に樹立したNIEOの影響もあり，多国籍企業を規制して途上国主権を確立しつつ，途上国経済の発展のために，多国籍企業を利用しようとする機運が国連を中心に高まっていた。その

ため，多国籍企業委員会においても，全体的論調としては，途上国の意向を反映しつつあった。ただし，多国籍企業委員会は多国籍企業問題を実質的に検討する場というよりも，行動規範策定に向けた工程およびその性格の検討が中心であった。

一方，事務局である UNCTC は国連における多国籍企業問題を取り扱う制度的インフラとして位置づけられ，多国籍企業に対する行動規範の策定を主導し，ガイダンスやプロジェクトを実施するという特徴を持っている。UNCTC の機能としては，(1) 多国籍企業関連事項に関する包括的な情報提供，(2) 多国籍企業による社会的影響および行動規範の効果に関する調査研究，(3) 助言・進言があり，それらを通じて，行動規範の策定に関する実務を担ってきた (Sagafi-nejad 2008：90-94)。1974 年に設立されて以降，多国籍企業委員会での検討を経て，1977 年から実際に，UNCTC は行動規範の策定に向けた交渉を開始した。

多国籍企業をめぐる各国間の利害対立は南北問題の構図を反映しており，主に，先進国と途上国の対立として先鋭化していた。しかし，多国籍企業委員会およびセンターにおける作業は国際社会が多国籍企業の諸活動に関する普遍的文書を作成しようとする初めての試みであり，それ自体として画期的であったと評価されている (United Nations 1976b：5)。

## 2. 行動規範をめぐる対立と多国籍企業センターの解体

UNCTC を軸として交渉が進められたものの，行動規範をめぐっては多国籍企業に対する認識の差異もあり，中々，意見調整は進捗しなかった。民間資本の活動を規制するという行動規範固有の問題でもあるが，行動規範の内容およびその性質に対して，先進国と途上国の利害対立は表面化していった。

United Nations (1976b) によると，大きな争点として，第一に，適用対象範囲があげられる。行動規範が適用される行為者をめぐる対立であり，多国籍企業の行動に関してのみ限定すべきという主張のほか，多国籍企業の行動にとどまらず，多国籍企業に対する適切な取扱いを政府に求めるべきという主張，さらには，各国政府により合意されるべき一連の原則によって補足さ

れた多国籍企業の行動のみを規定するという主張が展開された。主に，途上国は多国籍企業の行動のみを規定する考えを持つ一方，先進国は多国籍企業と政府双方の行動を規定する考えであった。

　第二に，行為者の具体的範囲である。多国籍企業といえども，多様な業種，業態があり，産業部門ごとに企業の目的も異なっている。市場追求，資源確保，能率化等，企業ごとに多国籍化する動機が異なるだけでなく，国有企業や半官半民経営である企業等，所有形態にも差異が存在していた。同様に，政府といえども，受入国利益の尊重は本国の不利益につながる可能性もあり，本国政策と受入国政策の区別，また先進国と途上国の区別，さらには地理的区別が必要にもなった。特に，他の政府が多国籍企業を取り扱う権利を有すると，当該政府による他の行動が排除されるという意味で，それ自体が各政府の行動選択範囲を制約する可能性があった。また，政府間合意を得るために行動規範の整合化を進めると，各国政府が自由に多国籍企業に強制力を発揮する選択の余地を喪失してしまう可能性も指摘された。

　第三に，行動規範の性質についてである。行動規範に対して，法的拘束力のある強制的な法的地位を求める主張とあくまでも拘束力のない任意的地位を求める主張があった。また，行動規範を具体化する規程の成文化およびその文書表現に対する選択の幅が存在していた。法文書の形式においても，国際的な多国間条約から多国間で交わされる宣言，国際機関による決議等の種類があり，それらに応じて，各国が課される法的義務の強度は変化すると議論された。

　第四に，行動規範の執行機構である。任意の行動規範であれば，各国政府が自主判断により行動規範に則して多国籍企業に対する措置を講じるが，強制的な性質を有する場合には，不遵守に対する制裁と遵守のための監督を行う国際機関が必要となる。ただし，行動規範を執行するための国際機関創設には困難が予想されるため，実質的には，各国政府による国内措置に依存せざるを得ない状況にもあった。多国籍企業の活動範囲に応じた執行機関の選択が求められるものの，現実的な選択肢は限られるとともに，行動規範の実質規程と手続規程には多くの課題が残されていた。

　行動規範策定中に生じた意見の相違として，多国籍企業の活動による弊害

に苦しむ途上国は行動規範に対して法的強制力を求め，NIEO の精神に則した対応を主張し，社会主義国も同様に，多国籍企業による否定的側面を解消するために，政府というよりも，多国籍企業の行動を規制すべきとの立場を取っていた。一方で，多国籍企業の世界経済における肯定的側面への評価も重視する先進国は多国籍企業のみを規制する行動規範には消極的であり，むしろ，法的強制力のない自主的ガイドラインとしての行動規範策定と途上国による FDI 保護の義務化を要求する立場を取った。多国籍企業を媒介に，利益を享受する先進国と不利益を被る途上国・社会主義国が自らの立場を維持および打開しようと対立した結果，行動規範の性質，方法，範囲，内容に関して異なる見解が表明され，いかなる合意にも到達しなかった。ただ，行動規範の性質規定にかかわらず，実効的でなければならないという点では各国間で共通理解があった（United Nations 1976a：11）。賢人会会合では，貿易に関するグローバル・ルールの設定が支持され，それは関税と貿易に関する一般協定（GATT）等で追求される自由貿易の理念とも通じていたために，多国籍企業や先進国にとっても行動規範の有用性はあったのである（Sagafi-nejad 2008：110）。

　この UNCTC を中心に策定が検討された多国籍企業行動規範と並行して，OECD では同様に国際投資および多国籍企業に関する行動指針（ガイドライン）が審議され，行動指針のほか，内国民待遇や国際投資の促進要因および抑制要因に関する合意を 1976 年に達成していた。このガイドラインの特徴は法的拘束力を伴わない自主的指針であるとともに，多国籍企業のもたらす弊害面の是正と同時に，その積極面の促進を意図している点にあった。また，行動指針の適用対象は OECD 加盟国領域内で活動する多国籍企業に限定され，本国および受入国政府は対象とされない点も特徴である（福田 1976：118-125）。ただし，先進国中心の OECD とはいえ，行動指針の採択に関して，法的拘束力の有無については各国の意見が対立し，合意を得るまでには調整が難航した。

　一方，途上国や社会主義国が強く法的拘束力を要求したために，アメリカ政府や世論は国連による行動規範を多国籍企業への敵意として受け取っており，意見調整は OECD ガイドラインより一層困難であった。ただ，途上国

政府もある程度，現実的な妥協を図る姿勢を模索しはじめていた。そのような過程を経て，行動規範はOECDガイドラインとは異なり，多国籍企業に加え，本国政府と受入国政府も適用対象に加え，直接的な企業への敵意は含まない方向性で調整されつつあった（Sagafi-nejad 2008：110）。その結果，1985年末段階では，行動規範の約80％が合意できていた。残る対立点の解消に向けて，1991年に集中審議が行われ，9月に開催される第46回国連総会に提出・採択される段階まで進んでいた（中村 2006：257）。しかし，行動規範案は提出されたものの，激しい攻防の結果，結論は翌年の国連総会に持ち越されたのである。行動規範案には環境破壊に対する原状回復責任が含まれていたが，企業に対する環境責任は行動規範における争点のひとつでもあったため，1992年にブラジルで開催される国連環境開発会議（UNCED），さらには，審議が継続されていたGATTウルグアイ・ラウンドの結果を踏襲する必要があると判断されたからである（中村 2006：271）。

　UNCTCは行動規範の策定を現実化するために，各国の意見を取り入れる努力を続け，多国籍企業に対する国連の立場は「中立」に近い程度までに変化していたものの，アメリカは行動規範を企業活動の取り締まりと見なし，行動規範策定には一貫して反対の立場であった。アメリカに追随した日本も行動規範が自由な企業活動を阻害すると捉えており，同様に，規範策定に消極的だった。他方，ヨーロッパ諸国は行動規範を多国籍企業と受入国との権利と責任をバランスよく勘案しており，企業活動を促進すると評価していた。しかし，結局，アメリカ・日本による強固な反対姿勢は，UNCTCの解体に伴って結実した。1992年2月に，UNCTC所長Peter Hansenが国連事務総長Boutros Boutros-Ghaliによって罷免され，UNCTCは閉鎖に追い込まれたのである（Sagafi-nejad 2008：xii）。行動規範策定の中心的組織が閉鎖されたため，必然的に，策定を推進する機運は低下し，1992年7月に，非公式ながら国連多国籍企業行動規範は廃案となったのである（中村 2006：275）。

## 第4節　多国籍企業規制をめぐる国連システムの変容

### 1. 多国籍企業の規制から活用へ

　UNCTCが発足して以降，15年以上の審議を経ても，国連多国籍企業行動規範は策定されず，最終的にはセンター自体の解体にまで至った。UNCTCは多国籍企業の規制を念頭においた行動規範の策定を最優先事業として位置づけていたのであり，センターの解体は国連による多国籍企業規制の失敗を意味していた。その直接的要因として，アメリカによる国連事務総長への国連組織改革要求がある。冷戦終結後，それまでの秩序が不安定になり，地域紛争の頻発の結果，国連平和維持活動（PKO）に多大な支出が必要になるなど，国連加盟国の財政負担は増大したものの，一国一票制の国連では，アメリカの主張が必ずしも国連活動に反映されない状態に陥っていた。アメリカは途上国に配慮した国連運営に対して不満を高めており，財政負担の軽減と自らの利害反映を目的として，Ghali事務総長の就任の際には，国連の再編と合理化を通じた組織改革を強く求めた（Sagafi-nejad 2008：131）。事務職員数の増大に伴って，人件費が国連財政を圧迫しはじめていたが，加盟各国の政治経済的利害が絡み合うため，既得権益化しやすい既存組織の整理・縮小は容易ではなかった（田所1996：212）。そのような中，行動規範の策定に反対するアメリカにとって，UNCTCは国連改革の対象として最適であった。そのため，事務総長はセンター解体を国連改革の一環として実行せざるを得なかったのである。

　「国連改革」という名目によって，UNCTCの解体は正当化されたが，他方で，組織解体に至る間接的要因もあった。その要因が1980年代以降の世界的な経済情勢の変化である。先述のように，80年以降，アジアNIEsや中南米を中心に，FDIが伸長しつつあり，多国籍企業の海外事業展開が途上国経済の成長を促進する側面も表れはじめたため，途上国による多国籍企業に対する敵対的姿勢は徐々に緩和されていった。豊富な石油資源を有する産油国や経済成長を遂げつつあるアジアNIEs諸国はUNCTCに，多国籍企業に

関する情報提供や途上国の能力開発への貢献を求めるようになっていった。その結果，UNCTCにおいても，多国籍企業と途上国との関係を「対立（confrontation）」から，「利益調整（beneficial accommodation of interests）」へと捉え直し，両者は補完的な存在であると認識していった（UNCTC 1988：i）。つまり，UNCTC 自体の役割が多国籍企業の規制から，多国籍企業との調整や利用へと転回していたのであった。こうした背景には，1991年のソ連崩壊に至る東西冷戦構造の崩壊も影響していた。ソ連は国連において，資本主義の拡大に結びつく多国籍企業の活動に対して，常に牽制する立場を表明していたため，UNCTC にも多国籍企業に対する強硬な姿勢を求めていた。冷戦構造の崩壊によって，他の社会主義国による市場経済への移行が進展するとともに，UNCTC の多国籍企業に対する姿勢も柔軟化したといえる（Sagafi-nejad 2008：120, 131）。

このように，多国籍企業規制に反対するアメリカの意向とともに，途上国をめぐる経済動向の変化が UNCTC の解体を導いたが，その結果，現在においても，多国籍企業を監視する公的機関は存在していない。むしろ国連は，多国籍企業を規制するどころか，積極的に活用していく姿勢を鮮明にしていくようになった。解体された UNCTC は業務の一部を，つまり，行動規範策定を除いた多国籍企業に関する諸活動を，国連貿易開発会議（UNCTAD）に移管したのである。

UNCTAD は先進国・途上国間における政府間協議・交渉の場として位置づけられ，1964年の設立以降，国際貿易，一次産品貿易をはじめ，南北問題に関する経済的事項を取り扱ってきた。そのため，途上国は UNCTAD を先進国優位の国際政治経済体制に対する包括的改革のための最重要機関と見なす傾向があった。その一方，先進国は UNCTAD を単なる政府間における意見交換の場と認識し，途上国の意向が反映された改革的取り組みを進めようとする UNCTAD に対して，敵対的意識を有していた。したがって，UNCTAD が南北間の経済的事項を所管するとはいえ，実質的な貿易関連事項の協議は世界銀行，IMF，または，GATT において実施されるべきと先進国は主張していた（山澤 2001：21）。先進国が FDI の推進や自由貿易を要求する一方，途上国は FDI を通じた技術移転を要求しつつも，基本的には多

国籍企業による弊害を最小限に抑えるために，多国籍企業の規制を必要としていた。途上国はNIEOの樹立を模索する機関として，UNCTADに期待していた。

　南北間を含めた貿易問題の多くはGATTにおいて取り決められたが，途上国が大きく関わる一次産品貿易は対象外であった。GATTでは，経済力を有する少数の先進国，特にアメリカが強いイニシアティブを発揮し，世界全体の貿易に決定的な影響力を与えていたが，貿易を通じた経済開発を実現するために，途上国にとって，貿易・開発に対する国際的な合意形成は必要不可欠であり，また，経済的自立を確立するためにも，多国籍企業による国家主権の侵害等には強い警戒心を抱いていた。しかし，1980年代以降，先述のように，一部の途上国は多国籍企業の活動からも裨益するとともに，UNCTAD事務局長の人事やスタッフ配置に対するアメリカの圧力を通じて，組織内部に新自由主義的志向が浸透しだしていた（Taylor and Smith 2007：72-73）。加えて，GATTにおける自由貿易交渉の進展と並行して，NAFTAやヨーロッパ共同体（EC）に見られるように，二国間協定をはじめ，先進国による地域経済統合が進み，いわば，先進国内部で保護政策が強化される機運が生じていた。それらのブロック経済化を阻止するため，1992年の第8回UNCTAD総会において，途上国は先進国による保護政策の削減を求める反面，開放的，無差別的な貿易体制の維持・強化を要求するという逆説的な状況にあった（山澤 2001：49）。

　この第8回UNCTAD総会では，途上国開発の中心的役割に民間資本を位置づけ，市場メカニズムを活用する「開発にむけた共有化された責任とパートナーシップ」を推進しようとするカルタヘナ精神（spirit of Cartagena）が提起された（Diekmann 1996：222-223；Taylor and Smith 2007：74）。UNCTADは南北格差の是正に向けた政治的交渉機能というよりも，分析，技術支援，コンセンサス形成機能を自らの中心的役割と捉え，先進国メンバーに対して，経済分析，技術協力，意見交換を行うOECDと同様の役割を担うように変化していった。ただし，この変化は，途上国の意向を反映すべきUNCTADが政治的交渉機能を失っただけでなく，積極的に貿易や開発政策に市場メカニズムを導入し，多国籍企業とのパートナーシップを推進する方向へと大きく

転回したという意味を有していた。

　この UNCTAD の転回と UNCTC の解体は，国連機関が多国籍企業の規制から積極的な多国籍企業の活用へとその姿勢を変化させたという点で軌を一にしているといえる。カルタヘナ精神が提起された第 8 回 UNCTAD 総会と UNCTC 解体はともに 1992 年 2 月であり，同時進行的に生じているが，1992 年の組織解体後，一時的に，UNCTC は国連本部の経済社会開発局に移管され，さらに，1993 年にジュネーブに本部のある UNCTAD へと吸収され，最終的には，UNCTAD 投資技術企業開発局へと再編されている。こうして多国籍企業や FDI に関する分析機能や助言機能は UNCTC に由来する情報蓄積として，その後の UNCTAD の中核的役割を担っていったのである。UNCTAD は途上国への FDI 流入を促進するため，現在では，多国籍企業の範囲，パターン，効果に関する最も重要な情報提供機能を果たしている（Sagafi-nejad 2008：125）。

　このように，行動規範の策定失敗と同時に，多国籍企業の活用政策（business-friendly policy）へと国連機関が転換を図って以降，1993 年には GATT ウルグアイ・ラウンドが妥結し，農業分野の自由化，サービス分野での外国資本に対する規制緩和，途上国の産業育成への配慮の廃止等が合意され，1995 年にはより強固な自由貿易体制を構築するために世界貿易機関（WTO）が発足し，多国籍企業の活動は一層拡大していった。また，UNCTC において，1980 年代初頭から，企業活動による環境破壊の側面から多国籍企業の規制が検討され，1992 年開催の UNCED に向けて，多国籍企業をはじめ大企業に環境保全の取り組みを促す勧告を作成していた。勧告では，(1) 世界的規模での企業による環境管理の実施，(2) リスク・有害性の最小限化，(3) 環境に適した消費パターンの創出，(4) コスト換算された環境会計の導入，(5) 環境協定，基準，指針の策定が具体的な課題として提起された（United Nations 1991b：4-7）。この勧告は UNCED 本会議で採択される国際行動計画「アジェンダ 21」の草案として，1991 年段階で作成され，企業負担による環境問題への具体的取り組みを国連が提起するという大きな意義を有していたが，実際には，1992 年 2 月の UNCTC 解体の影響に加え，1992 年 3～4 月に開催された UNCED の準備会合にて，アメリカをはじめとした先

進国の企業代表の反対により,環境対策等の企業負担に関する文言が削除されていった(Hildtard 1993：29)。

UNCEDでは,企業活動を通じた途上国開発とそれに付随して発生する環境問題への対応を検討するため,企業はNGOの形態を通じて,国連会議に参加した。一般に,国連会議には,国際機関および加盟各国の代表が参加するものの,人権や環境分野においてはNGOの参加も顕著であった。本来なら,個別民間資本は直接的には国連会議への参加が認められないが,1991年に世界持続可能開発ビジネス評議会(WBCSD)を結成し,業界団体的な性格を有する企業NGOとして参加するに至った。

上記勧告を作成しつつ,UNCTCは企業の行動規制を具体化させるためにも,多国籍企業によるUNCED参加を定式化させるように多国籍企業委員会が主導的役割を果たすべきだと考えていた(United Nations 1991a: 29)。とはいえ,実際には,WBCSDを通じて,多国籍企業は企業自身による自主規制を主張して,国連による規制を実質的に無視しただけでなく,経済成長を環境保全の前提と見なし,GATTウルグアイ・ラウンド交渉による市場開放・通商拡大が必要であると表明した。そのためBruno(1992)のように,実効的責任を企業に持たせようとしたUNCTCの意図は形骸化し,UNCEDの成果である「アジェンダ21」には,規制の代わりに,環境保全における企業の役割と自主規制の重要性が強調され,国連会議が多国籍企業の事業展開を支持する逆転した結果となったという評価もされている。

UNCTC解体を契機とした国連による多国籍企業規制の転回は,さらに,国連の開発事業を司る国連開発計画(UNDP)の組織再編を通じて,国連の開発援助全体にも波及していった。第5章でも論じたように,UNDPの事業再編はUNCTC解体よりわずかに早く1992年1月に実施され,直接的には,先進国による援助資金供与の減少や開発事業の非効率性によって生じた国連開発援助の財源不足に起因している(秋月1993：100)。しかし,このUNDPの事業再編はその後,開発事業への多国籍企業の参入を志向する契機にも連なっており,専門諸機関を含めた国連システム全体の開発援助の動向を規定していった。開発援助における財政的課題を民間資本参入によって打開しようとする国連の姿勢は多国籍企業規制の転回と密接に連動していた

といえる。したがって，多国籍企業と FDI を積極的に活用していこうとする政策的転回の中で，国連改革をはじめ，カルタヘナ精神に見られるような UNCTAD の転回，GATT ウルグアイ・ラウンド妥結による自由貿易体制の強化，UNCED における企業活動による持続可能な開発の推進，UNDP を契機とした国連開発援助の変化等，国連と多国籍企業に関わる多くの事項が同調した変化を伴っており，まさに国連システム全体が，資本に対する規制，つまり「資本蓄積を抑制する役割（regulation of business）」から，むしろ資本に対する誘導として，「資本蓄積を促進する役割（regulation for business）」へと変容し，「開発の民営化」がより明確に志向されたのであった。

## 2. パートナーシップ形成における共通項

このように多国籍企業規制をめぐって，行動規範の策定失敗だけでなく，国連自身が「開発の民営化」を積極的に推進していく結果となったが，行動規範は当初の形態とは異なりつつも，その後，国連において再び取り上げられた。2000 年に創始されたグローバル・コンパクトである。グローバル・コンパクトはグローバル・イシューの解決に向けて，国連，資本，NGO が一体となって取り組むための協約（compact）であり，2013 年 5 月現在において，145ヶ国以上の 7,000 に及ぶ資本を含め，1 万以上の組織が参加している。グローバル・コンパクトは参加企業に対して，環境，人権，労働基準，腐敗防止に関する 10 原則の受諾・支持・遵守を求めており，いわば，現代における多国籍企業行動規範である。国連による行動規範策定に先行して制定された OECD ガイドラインが加盟国多国籍企業のみを対象としていた一方で，グローバル・コンパクトは企業立地や規模等による選別はなく，現代における企業活動の拡大を反映し，普遍的かつ包括的な性質を帯びた行動規範であるともいえる。

これらの 10 原則は世界人権宣言（1948 年国連総会），リオ宣言（1992 年 UNCED），労働における基本的原則およびその権利に関する国際労働機関（ILO）宣言（1998 年 ILO 総会）において，国連が策定してきた枠組みに由来している（Tesner 2000：52）。しかし，行動規範の策定失敗に見られるように，国際法等の強制力を伴う規制は実現が困難であるとの判断を踏まえ，グ

ローバル・コンパクトは規制の枠組みではなく，規制を補完し，企業活動や経営戦略を展開していく自発的イニシアティブであるという点で，これまで検討されてきた行動規範とは異なっている（久野 2008c：16-17；United Nations Global Compact Office 2011：2）。

　グローバル・コンパクトは「国連と資本によるパートナーシップ」の具体的枠組みとして，資本による自発的な原則遵守とともに，積極的な国連活動への支援を求めている（Rasche and Kell 2010：4）。グローバル・イシューの山積にもかかわらず，加盟国の分担金不払い等もあって国連予算は増加しないだけでなく，一層の効率化と予算縮減が求められている状態にある。国連は予算内での業務執行が基本であり，銀行等の外部からの資金借入は制度上できないが，個人等からの寄付は問題がない。したがって，経営者・株主個人をはじめ，多国籍企業からの資金提供によって，停滞している開発問題への対応を図ろうという意図があった。そうした企業参加に対する財政的理由のためにも，グローバル・コンパクトは強制的規制ではなく，自発的イニシアティブにとどまったともいえる。

　資本は国連との積極的な関係性の構築を自らの社会的貢献（CSR）と位置づけるだけでなく，国連ロゴの利用を通じた企業イメージの向上やそれに伴う取引機会の創出をメリットとして捉えている。また，児童労働や環境破壊によりすでにNGOに告発されているにもかかわらず，グローバル・コンパクトに参加している多国籍企業も多く，罰則等の法的拘束力のない自主的イニシアティブである点を，さらには，国連のイメージを，巧みに利用している側面もある。そのため，創設当初から資本とのパートナーシップを進める国連の姿勢に対する批判が組織内外から噴出している（TRAC 2000：5-7）。中立的な立場にあるべき国連が資本の利潤追求を助長しているという反発は根強いが，こうした「開発の民営化」もしくは資本とのパートナーシップは新しい取り組みではなく，実は以前から国連が追求していた政策的手法でもあった。

　グローバル・コンパクトに参加する場合，各企業はグローバル・コンパクトとその原則への支持を表明する書簡と加盟申請書を国連広報センター内の事務局に，自社の社会貢献活動報告書とともに提出すればよく，厳格な審査

等は手続き上設定されていない。加盟手続きが終わると、これらの参加企業はグローバル・コンパクトに登録・リスト化され、支持した10原則の実行状況を示す成果報告書を毎年提出する義務を負うとともに、一定の手続きを踏めば国連およびグローバル・コンパクトのロゴの使用を認められるようになる。このような参加手続きはその自発性ゆえに、グローバル・コンパクトへの登録状態を参加企業自身がCSRの一環として、もしくは、参加していない他社との差別化要素として表明しているが、こうした手続きプロセスはすでに賢人会による国連への答申（1974年）で検討されていた（United Nations Department of Economic and Social Affairs 1974：210）。

　グローバル・コンパクトのような、国連活動に対する資本による自発的参加と財政的貢献は、1960年代後半から70年代末にかけて実施されたFAOにおける産業協同プログラム（ICP）と同様の仕組みであり、当時のICP執行委員会議長であったJ.A.C Hugill自身が賢人会のヒアリングにおいて、途上国開発に対する多国籍企業の貢献方法として進言していた手法だった。第4章、第5章においてもすでに述べたが、ICP参加企業は途上国の経済開発に貢献するための長期的なパートナーシップ関係を構築する責務やそのための運営方針を定めた「ICP規則」を受け入れる必要があった（FAO 1973：4）。ただし、この「ICP規則」は参加企業の責務を明記してはいるものの、法的拘束力のない規範事項であった。参加企業はこの規則を受容しつつ、国連機関との協同を通じた企業イメージの向上や直接的な市場開拓を追求したのである[5]。すなわち、ICPは国連と資本とのパートナーシップの原型といえるが、実態として、アグリビジネス（資本）の利益追求をFAO（国連機関）自身が誘導していく側面が強かった。国連多国籍企業行動規範の策定途上で提案されたICPの制度的枠組みは、現在の行動規範としての性質を有するグローバル・コンパクトへと継承されているが、同じ制度的枠組みを踏襲しているがゆえに、国連活動への資本参加と自発的イニシアティブに潜む本質的な限界を示唆しているともいえる。資本による自発的イニシアティブ

---

[5] 特に、1970年代前半の世界的な食料危機以降、ICPは途上国開発のためというよりも資本の利益追求のためとしての性格を色濃くしていくが、そのICPの活動方向を定める執行委員会の議長が上述のHugillであり、同時に、Hugillは巨大製糖企業の代表者でもあった。

に委ねるだけではなく，依然として国際的・国内的規制の追求が求められている（久野 2008c：26）。

　グローバル・コンパクトを象徴として，2000年前後を契機に，国連と資本とのパートナーシップによる開発プログラムが貧困削減，健康，教育，地域開発等の諸分野で次々と推進されている。いわば，公共性や収益性等の視点から，従来は営利企業による事業展開が馴染まず，公的機関による対応が望ましいとされてきた諸分野において，国連を媒介に多国籍企業をはじめとした資本参入が具体化しはじめているのである。もはや「開発の民営化」にとどまらず，「国連の民営化」が進行しつつあるといえる（Bruno and Karliner 2002：6）。現在では，途上国の低所得者層をもビジネスに巻き込み，所得機会創出と働きがいのある人間らしい仕事の提供による貧困削減を目標に，UNDPの「包括的な市場育成（Growing Inclusive Market）イニシアティブ」をはじめ，国連諸機関が途上国市場への資本参入を仲介する組織体制を積極的に整備している（UNDP 2010：12-13）。財政不足によって十分な活動を展開できない現状にある国連諸機関において，資本による自発的参加と財政的貢献を可能にする制度的枠組みはグローバル・コンパクトにとどまらず，今後も国連と資本のパートナーシップの基軸として位置づけられていくと考えられる。しかし，過去の実例からも明らかなように，法的拘束力のない多国籍企業規制には，その実効性に対する懸念が大きく残されているといえよう。

## 第6章のまとめ

　第6章では，FDIを軸とした資本の途上国進出に焦点をあて，途上国開発をめぐる資本と国際機関との関係性を分析してきた。FDI自体は資本による経営判断に基づいて決定されるが，国際機関は資本のための事業環境整備を通じて，途上国へのFDIを促進するのみならず，自らの開発事業に積極的に民間資本を導入させる「開発の民営化」を進めており，資本と国際機関は密接な関係を構築していたといえる。以下において，本章の分析を簡潔に整理する。

　第一に，1990年代以降，途上国への資本流入が拡大し，世界経済全体におけるFDIフローの増大に寄与していた。世界全体としては先進国間相互のFDI

フローが多いものの，途上国への資本流入の増加は途上国経済における資本蓄積の進展を意味していた。特に，金融部門とインフラ部門を中心とした第三次産業へ資本が流入する傾向にあった。

第二に，その背景には，世界銀行による民間部門開発行動プログラムの成果があり，途上国経済に対し，生産基盤の構築や金融市場の活性化をもたらした。また，この行動プログラムは民営化やコンディショナリティによる強制的な政策変更を伴いつつ，途上国への資本誘致を推進させた。ただし，資本参入の機会増大は必ずしも貧困削減に対して効果的ではなかった点に留意する必要がある。

第三に，多国籍企業の途上国進出には，国連の多国籍企業規制に対する姿勢の変化が大きく影響していた。多国籍企業の台頭に対して，当初，国連はUNCTCの設立を通じて，多国籍企業の規制に取り組み，つまり，「資本蓄積を抑制する役割（regulation *of* business）」を追求していた。しかし，FDIによって経済発展を遂げる途上国が現れだすと，次第に，UNCTCは多国籍企業を利用する方向で，つまり，「資本蓄積を促進する役割（regulation *for* business）」を強め，途上国へのFDI促進を支援するようになった。国連改革の一環としてUNCTCは解体され，多国籍企業の公的規制は実現しないまま現在に至っている。

第四に，多国籍企業規制の転回は国連諸機関に波及し，国連システム全体が多国籍企業を積極的に活用する方向性へとその活動を変容させていった[6]。UNCTCが移管されたUNCTADをはじめ，GATT・WTO, UNCED, UNDPにおいて企業活動を通じた途上国開発が志向されるようになり，「開発の民営化」が進展した。UNCTCの解体とともに廃案と化した多国籍企業行動規範は国連のグローバル・コンパクトにその規範体系が継承されているが，あくまでも法的拘束力を伴わない行動規範として「国連と資本によるパートナーシップ」を具体化させている。

従来，ODAを軸とした二国間援助や国連機関による多国間援助を中心とした開発援助が途上国開発の主流であったが，その一方で，世界銀行の行動プログラムの成果を土台にしつつ，FDIを中心とした資本活動自体を通じて途上国開発は進展してきた。本章では，資本による途上国進出に焦点をあて，途上国開発をめぐる資本と国際機関の関係性を分析してきた。その歴史的経緯から，途上国への資本流入には，直接的，間接的に国際機関が関与してきた点が明らかにされた。国連の多国籍企業に対する姿勢の変化には，当然ながら，途上国自身の多国籍企業に対する姿勢の柔軟化のみならず，市場開拓を望む資本，さ

らには，それらを支える先進国の意向も反映されている。現代世界において，国際機関，国家，資本は錯綜した利害に結びつけられながら，直接的，間接的に影響力を相互に行使しあう関係性ならびに構造——再帰的重層性——を形成しているのである。現在も進行中の「国連と資本によるパートナーシップ」が途上国の経済成長のみならず，貧困削減や医療・福祉・教育等の諸分野でも成果をあげ，総体としての途上国開発を実現できるかどうか，今後も注視していく必要があるだろう。

→ 次章へ

---

6) 途上国の市場経済化を積極的に推進している世界銀行はIMFとともに，専門機関として国連システムの一翼を担いつつも，出資比率に基づく議決権制度によってアメリカをはじめ先進国の意向が強く反映される組織であり，他の国連諸機関とは異なる特徴を有する。しかし，本章で明らかになったように，他の国連諸機関も世界銀行同様に，多国籍企業による途上国開発を志向するようになり，いわば，国連システム全体が軌を一にしているといえよう。

# 終章
## グローバル・ガバナンス研究が拓く未来

## 第 1 節　国際機関，国家，資本による再帰的重層性
　　　　——本書の総括

　本書では，現代世界における国際機関の役割および組織特性を，政治的側面と経済的側面を接合させながら明らかにしてきた。国際機関が世界の動向に対していかなる役割を果たしてきたのか，主に，途上国開発をはじめとする経済社会分野の国際機関を対象に分析してきた。ただし，本書で展開してきたように，国際機関が有する独特の組織特性によって，その役割を捉えようとすれば，必然的に，国際機関のみを分析対象とするだけでなく，国際機関が主権国家や資本と織りなす関係性を検討する必要が生じてきたといえる。以下では，本書を振り返りつつ総括する。

　序章において「途上国開発に関して実施される国家および国際機関の施策」と規定された国際開発政策の定義に見られるように，途上国開発は途上国自身だけで対応できる課題ではなく，先進国や国際機関を通じた開発政策が必要であった。しかし，国連ミレニアム開発目標が 2015 年の目標期限近くになっても達成されていない現状を鑑みれば，国際開発政策は十分な成果を果たせていない状況にある。では，どのような国際開発政策が途上国開発にとって有効なのか，検討が求められる時期に来ている。

　そのため，国際開発政策を含め，グローバル・イシューへの対応に向けた最適な主体間配置を模索するグローバル・ガバナンスの検討が焦眉の課題である。国際機関はこのグローバル・ガバナンスを形成する中心的な主体のひとつであり，国際機関の役割を分析するためには，他主体との関係性やグローバル・ガバナンスの構築過程で見出される現代世界の枠組みを視野に収める必要性が確認された。

　第 1 章と第 2 章は主に国際機関に対する理論的なレビューを行い，政治経済学的な視点から国際機関を分析するための準備作業を進めてきた。これらの章は本書における理論分析部分に位置づけられており，先行研究の整理を通じて，本書が依拠する立場を明らかにした。

　第 1 章では，途上国における飢餓をはじめとする食料・農業問題に対する

研究潮流とその飢餓解消に向けて取り組まれてきた国際的な開発政策に対する研究潮流を整理しながら，これらの研究分野において国際機関研究が理論的にも不足している点を指摘しつつ，その必要性を明らかにした。飢餓は途上国を中心に都市部においても農村部においても発生し，象徴的なグローバル・イシューであるが，その原因は現代の食料・農業システムに深く根ざしている。

現代の食料・農業システムは多国籍アグリビジネスをはじめとする資本の蓄積過程に組み込まれ，グローバルに展開されている。そのアグリビジネスの事業展開が農業構造に与える変化やそうした資本活動を各国の食料・農業政策が支えている点を「資本による食料・農業の包摂」の視点や「フードレジーム」の視点に基づいた先行研究は解明してきたが，そうした研究による到達点の一方で，グローバルな資本活動の背後にある国際機関の役割については十分に研究されてこなかった。そのため，食料・農業問題に関する研究の系譜において，食料・農業システムにおける国際機関の分析が必要とされているのである。

また，途上国開発に対する国際開発政策においても，国際機関を対象とする研究が不足している点が開発政策研究の潮流から示された。グローバル・イシューに対する関心が高まり，最適なグローバル・ガバナンスの形態が模索されているにもかかわらず，経済社会分野における国際機関研究は不足しており，開発政策の分野においても国際機関の分析が必要とされている。このように，今までの研究潮流において，空白であった国際機関の分析を進め，グローバル・イシューへの有効な解決策を見出していく必要があるといえる。

第2章では，国際法学・国際政治学の研究成果から国際機関の性質や意義を確認しつつ，政治経済学の立場から国際機関を分析する研究成果を踏まえ，その政治経済的機能や，国家，資本との関係性を理論的に検討した。国際機関の法的定義をもとにその機能を整理すると，加盟国間の利害調整を図る「フォーラム」，独自の任務遂行を行う「アクター」，さらには，これら「フォーラム」や「アクター」としての活動を通じて，国家間の相互作用を調整する「システム」としての役割や資本等の非国家主体を含めた「世界秩

序」の形成における主導的役割が浮かび上がるのである。

国際機関は主権国家の手段（現実主義(リアリズム)）や国際制度（自由主義(リベラリズム)），さらには，理念や規範の形成主体（構成主義(コンストラクティビズム)）として，異なる側面が指摘されてきたが，この3理論は国際機関の秩序形成機能を論じようとしている点において共通している。その一方で，国際政治理論は主権国家をはじめとした主体間に発生する権力行使過程を十分に捉えられていない。それに対して，批判的国際政治経済論は国際機関の秩序形成機能に付随する主体間の権力関係やその源泉となる経済的基盤等を分析の射程に収めており，国際機関を政治経済学的な視点から捉え直す契機を見出している。

本書では，批判的国際政治経済論の立場から資本による政治的機能や国際機関による経済的機能の分析を進めてきたといえる。秩序形成への多国籍企業による権力行使や市場形成への国際機関による権力行使が新たな観点として浮上してきているが，こうした観点は国際政治理論を中心とするグローバル・ガバナンス論では十分に注目されてこなかった。そうした点を踏まえ，資本主義における「国家」と「市場」の相互関係を解明した国家理論の成果を発展的に継承しながら，国際機関，国家，資本が相互に規定しあう関係性および構造——再帰的重層性——に内包されている点を本書は析出したのである。世界秩序の形成における国際機関の役割やそれに付随する国際機関，国家，資本による再帰的重層性の視点は，これまでの先行研究を踏まえつつも独自に発展させた枠組みであり，本書の理論的成果のひとつともいえよう。

第3章から第6章は本書の実証研究にあたる部分であり，上述した批判的国際政治経済論の視点から国際機関の具体的な事業活動や他主体との関係性を分析してきた。第3章では，制度形成および調整機能を発揮する国際機関が諸制度の国際的整合化を通じて，各国市場を「均一的市場」へと統合化する過程や国際機関が「普遍性」を獲得する過程を明らかにした。グローバル化とともに，市場が自動的に世界規模に拡大するわけではなく，経済取引を支える国際通貨制度，規格制度，通商制度が国際機関の調整機能を通じて国際的に整合化された結果として，制度的差異によって分断されていた各国市場が普遍的な市場へと統合されたのである。すなわち，国際機関の活動に

よってこそ，世界的な市場形成が実現してきたといえよう。

　第4章では，国連機関と多国籍アグリビジネスによって実施された産業協同プログラムの事例を通じて，国際的な農業開発プログラムの政策形成過程に浸透する資本利害の動向や事業成果から浮かび上がる官民協同事業の意義を明らかにした。現代の開発政策において多く用いられている官民パートナーシップの原型ともいうべき農業開発プログラムを詳細に分析した結果，政策形成過程における国際機関，途上国政府，多国籍企業の利害が交錯しつつ，多国籍企業が途上国市場に進出するための政策的支援を農業開発事業の成果以上に重視していた実態が明らかとなった。

　このような産業協同プログラムの実態から，官民協同事業に関わる諸利害を取り巻く国際機関，国家，資本による再帰的重層性が鮮明になり，それに伴い，国連機関と多国籍企業による官民パートナーシップの根底には，このような資本の利害が開発事業に強く反映され，国家や国連機関にも影響力を行使していく構造が存在していると指摘できる。

　第5章では，途上国開発をめぐる各国政府による開発援助政策の動向をODAの推移から整理しつつ，UNDPとFAOの財源構造に着目しながら，加盟国や資本との関係性から国際機関の「自律性」を明らかにしてきた。商業的利害や政治的圧力からの中立性を標榜してきた国連機関ではあるが，一方では，財政負担軽減と自国企業の繁栄を目的とするアメリカの開発援助政策の影響を受け，UNDPは民間企業との官民パートナーシップを推進するに至り，国連開発援助が国家のみならず資本による利害の影響を受けざるを得ない状況に瀕している。他方で，FAOは組織の自律性に対する固執により，財源確保を大きな課題としつつも官民パートナーシップには消極的な姿勢を見せ，国連開発援助の全体的傾向のなかで一定の独自性を貫いてきた。

　両者の相違は鮮明ではあるものの，基本的に，自主財源のない国際機関は必然的に国家や資本に対して財源を依存する構造にあり，こうした再帰的重層性の枠組みのもとでは，途上国開発に対して，国際機関は資金供与主体の政治経済的利害の範囲内においてしか有効に活動できないのである。このように，国際機関，国家，資本によって形成される再帰的重層性が明示的に確認され，主体間の利害調整が国際開発政策の本質的課題として析出されたと

いえる。

　第6章においては，公的機関による開発援助と対比して，民間資本による途上国開発の進展を「開発の民営化」と捉え，海外直接投資の動向と国連機関による多国籍企業規制政策の変容から「開発の民営化」の潮流が形成されていく過程を明らかにした。「開発の民営化」の背景には，世界銀行による民間部門開発行動プログラムの成果があり，さらに，民間資本の途上国進出を促進させた要因として，国連の多国籍企業規制の変容が指摘された。すなわち，「開発の民営化」は国際開発政策の手法として，国際機関が積極的に携わった成果ともいえる。ただし，貧困削減への効果は限定的であった。

　多国籍企業行動規範は国連において長期に渡って議論を重ねられてきたが，この行動規範の策定をめぐる動向から，国連システムは全体として多国籍企業の「資本蓄積を抑制する役割（regulation of business）」から多国籍企業の「資本蓄積を促進する役割（regulation for business）」へと規制政策の性質を変容させてきたのである。この多国籍企業規制の転回は途上国開発にも大きく影響し，「開発の民営化」がUNCTAD，GATT・WTO，UNCED，UNDPの国際諸機関に浸透し，今や，国連自身が「国連と資本によるパートナーシップ」として，法的拘束力の伴わない行動規範を具体化した国連グローバル・コンパクトを実施している点までもが明らかにされた。

　第6章は第5章との対比的位置にあり，FDIを対象として，資本と国際機関の関係性に分析の中心を置いてきたが，その一方で，やはり国際開発政策の方向性に対して国際機関，国家，資本による再帰的重層性が深く影響している点が浮かび上がってきたといえる。先進国と途上国の対立を仲裁する役割に国際機関への期待はあると考えられるが，本書の分析を通じて，むしろ国際機関において，その対立軸やその変容過程が鮮明に示されるといえよう。この現代世界における国際機関，国家，資本による再帰的重層性は，混迷を極める現状を解きほぐす構図として有用な理論的視座を提起したといえる。

## 第2節　新しい世界秩序を探る試み
　　　――国際機関研究の課題と可能性

　第1節で確認したように，各章を通じて，国際機関の理論的，実証的研究を進めてきた。本節では，本書全体の分析を踏まえて，研究の到達点を整理する。本書の課題は現代世界における国際機関の役割および理論的特性を政治経済学の立場から解明する点にある。各章の考察を踏まえ，再度，《国際機関による市場形成》と《国際機関の内面的特質》という2つの分析視角から全体を整理する。それによって，グローバル化した現代世界のガバナンスに対して国際機関がどのように作用し，また，どのような意義を果たしているのか，捉えやすくなるだろう。

　第1章と第2章の理論分析を通じて，食料・農業問題に対する研究の系譜からも，開発政策に対する研究の系譜からも国際機関研究が必要となってきている点が確認されたのちに，国際政治学等の先行研究の検討を経て，政治経済学的な視点から分析する必要性が指摘された。批判的国際政治経済論の潮流を継承し，主権国家による政治過程と資本活動を含む市民社会で展開される経済過程を統合する視点から，国際機関，国家，資本の関係性を理論的に解明してきた。この本書の理論分析を踏まえ，以下では実証分析の成果を2つの分析視角から整理する。

　《国際機関による市場形成》の視角から明らかになった点として，第一に，世界市場の基盤形成に対する国際機関の役割である。第3章で論じたように，国際機関が経済取引に関わる諸制度の国際的整合化を進めてきたのであり，この国際機関の調整機能によって，それまでの各国によって形成されていた国民経済圏ともいうべき市場が世界的な範囲で共通した「一元的市場」へと統合化されてきているのである。

　第二に，途上国市場の創出に対する国際機関の役割である。第4章のFAOと多国籍アグリビジネスによる官民協同事業では，国際機関は途上国における農業関連産業の進出を支援し，農薬をはじめとした生産財市場の創出や食品加工製品の市場開拓に貢献してきた。ただし，このような国際機関

の農業開発事業を介した途上国市場の創出は，途上国農業の発展を追求しつつも，多国籍企業による新たな市場開拓に，より効果的な成果をあげていたのである。換言すれば，国際機関が実施した官民パートナーシップによって，投資環境が乏しい途上国にも新しい市場が開拓され，資本参入の機会を増大させる役割を担ったといえる。同様に，第5章で論じたように，国連開発援助における官民パートナーシップの導入が資本による開発事業への参入を促進させていく役割を果たしている。

第三に，途上国の市場経済化に対する国際機関の役割である。民間資本にとって高いリスクを国際機関が一定程度引き受ける等により，途上国に新しい市場が創出されてきた一方で，第6章で論じた「開発の民営化」の潮流のもと，開発プログラムを通じて国際機関は途上国のインフラ整備に民間資本を導入させるとともに，多国籍企業規制に対する国連の姿勢変化によって，市場経済化による途上国開発が今や正当化されている。

FDIは資本側の経営戦略の手段であるが，国際機関は市場経済化を目的とした政策改革を途上国に求めつつ，民間資本の活動基盤整備を通じて，資本流入の誘導とそれに伴う資本蓄積の拡大を主導したのである。多国籍企業行動規範の廃案は国連システム全体が国際開発政策への資本参入を積極的に推進していく転換点となり，まさに，国際機関は途上国の市場経済化を主導する役割を果たしている。

一方，《国際機関の内面的特質》の視角から明らかになった点として，第一に，国際機関は加盟国の増大によって形式的，かつ，実質的な普遍性を獲得する。第3章において，国際機関は諸制度の国際的整合化を進展させてきたが，こうした国際機関の活動は世界各国の加盟が増大するにつれて正当化される。なぜなら，国際機関は加盟国間の利害対立を調整しながら，その成果として国際制度を形成しているからである。したがって，形式上は全世界の国家・地域が加盟すれば，その国際機関で形成される国際制度は世界共通になり，制度の通用範囲の拡大に伴って，実質的にも国際機関の普遍性は強化されていくのである。

第二に，国際機関は資金拠出主体の利害が活動に反映されており，相対的な自律性しか保持していない。第5章で論じたように，国際機関は活動財源

を主権国家に依存しているため，予算編成上，組織独自の利害に基づいた行動は難しい実態がある。現在，加盟国による資金拠出が低調になってきたため，国際機関は資本による資金提供に意欲的であり，官民パートナーシップの導入を進めているが，それによって，国際機関の自律性は乏しくならざるを得ない状況にある。

第三に，国際機関，国家，資本は意思決定に関する諸利害が複雑に絡み合う錯綜した関係性にあるとともに，そうした関係性が必然的に生じる構造のもとに置かれている。グローバル化による各主体の空間的な活動領域の変化から，国際機関，国家，資本は相互に規定されつつも，本質的には資本主義における価値増殖過程への依存に特徴づけられた再帰的重層性を，その関係性および構造として形成しているのである。第4章，第5章，第6章の各事例において，国際機関が主権国家のみならず資本の意向を大きく受け，自らの規制措置を「資本蓄積を抑制する役割（regulation of business）」から「資本蓄積を促進する役割（regulation for business）」へと変容させていく実態が確認された。

本書を通じて，このように国際機関が市場を形成する役割を果たしている点が明示された。こうした国際機関の市場形成は主に，主権国家や資本に対する調整を経ながら実現しており，国際機関が外部への権力行使（power of International Organizations）を発揮した成果といえる。また，このように国際機関の普遍性，自律性を分析的に提示しつつ，それらの性質をもたらす主権国家や資本との関係性を踏まえ，表面的には見えてこない国際機関が有する内面的特質を解明してきた。こうした国際機関の組織的特性は裁量的な権限を有する事務局や議決権を有する加盟国，さらには資金提供を行う資本といった国際機関内部における権力行使（power in International Organizations）から生じている。つまり，国際機関は加盟国間の利害調整を図る場＝「フォーラム」として機能するとともに，自ら任務を遂行する主体＝「アクター」として機能してきたが，これらの機能が組織内外への権力行使を伴い有効に作用するがゆえに，国家間の相互作用を調整する「システム」としての役割や資本等の非国家主体を含めた「世界秩序」の形成における主導的役割を果たせているのである。本書における課題に対して，このような解が最終的に整理

できｒ，政治経済学的な視点から捉えた国際機関の理論的および実証的成果として，国際機関研究の新たな到達点に達したといえよう。

　本書の成果を踏まえると，国際機関による国際開発政策には，市場メカニズムの導入が政策基調として位置づけられており，開発事業自体に資本参入や市場経済化の実現に向けた仕組みが盛り込まれている。したがって，国際開発政策が援助政策，貿易，投資をはじめ途上国の全般に及ぶ傾向のなか，必然的に，資本の政策的関与を通じた利害反映も避けがたくなっている。確かに，途上国開発において市場メカニズムの導入が効果的な成果をあげる分野もあるため，一概に否定はできないものの，経済社会分野における開発政策は貧困や公衆衛生，教育や環境等，外部不経済の問題と深く関わる領域を対象としており，必ずしも市場メカニズムの導入が適切な対処法になるとは限らない。まさに，「市場の失敗」が発生しやすい分野なのである。そのような限界を踏まえつつ，より効果的な国際開発政策を実現するための枠組み，つまり，グローバル・ガバナンスの形態を模索する必要がある。これまでの国際開発政策が十分な成果を達成できなかった背景には，国際機関，国家，資本による再帰的重層性のもと，国際機関の開発事業にも特定の国家利害や特定の資本利害が反映され，国際機関による自律的行動が妨げられてきた側面もある。こうした点に対する改善策を講じない限り，現状の国際開発政策に対する期待は難しいといえよう。

　最後に，本書では，以下に述べるような課題も残されている。第一に，国際機関の多様性への考慮である。本書では，多数の国際機関を取り上げているものの，国際機関全体からすれば，経済社会分野の国連機関をはじめ，限られた事例の分析にとどまっている。これら経済社会分野の国際機関の分析を通じて得られた結果が他分野の国際機関にも適用されるかどうか，そうした検討も必要になるだろう。

　第二に，本書では，国連機関と多国籍企業による官民協同事業や官民パートナーシップにおける問題点を指摘したが，FAOの産業協同プログラム以外には，具体的な分析が及んでいない。むしろ，産業協同プログラムを嚆矢として，多数の国連機関が官民パートナーシップを実施しているため，現在進行している官民協同事業の実態分析が今後，必要とされる。特に，UNDP

が携わった Global Sustainable Development Facilities や，現在進行中の Growing Sustainable Business, Growing Markets Initiative 等の官民パートナーシップ，さらには，国連グローバル・コンパクトや国連ミレニアム開発目標において取り組まれている官民協同事業の具体的分析が残されている。

　第三に，第二点と関係するが，こうした具体的な分析を蓄積し，国際機関同士の関係性を理論的に検討する必要がある。本書では，先進国対途上国の枠組みを土台としつつ，国際機関，国家，資本による三者間関係に限定して分析してきたため，国際機関間関係や資本間関係にも射程を広げる必要があるだろう。また，本書では分析対象に含めていないものの，NGO 等の市民社会組織は国際機関の正当性やその活動の評価において大きな役割を果たしている。市民社会組織による批判が国際機関の動向にも影響している点を踏まえ，分析を進める必要もあろう。

　第四に，本書では国際機関が活動する空間的階層を Supra-Nation レベルと規定しているが，今や EU も同じ空間的階層で活動しているのであり，EU のような多国間組織をどのように位置づけるべきなのか，検討する必要が残されている。2012 年に露呈した欧州金融危機によって，共通通貨 € の維持をはじめ EU の政策的枠組みの堅持に動揺が生じているものの，EU は欧州委員会，欧州司法裁判所，欧州中央銀行のように特定国家の利害に還元できない組織構造や社会的役割を担っている。主権国家の統治領域を超えて活動する国際機関の存在と同様，EU の存在もグローバル・ガバナンスにおいて重要になろう。

　このような課題を含め，「国際機関の政治経済学」の構築はまだ途上である。途上国開発に限らず，今後の世界情勢の安定化にとって，国際開発政策やグローバル・ガバナンスは必要不可欠な政策的課題であり，その解明のためにもさらなる研究の飛躍が求められよう。

# 参考文献

Agbonifo, Peter O. and Ronald Cohen (1976) "The Peasant Connection: A Case Study of the Bureaucracy of Agri-Industry", *Human Organization* 35(4), pp.367-379.

吾郷健二 (2008)「世界経済の構造と貿易」吾郷健二・佐野誠・柴田徳太郎編『現代経済学：市場・制度・組織』岩波書店．pp.137-163.

秋月弘子 (1993)「国連の開発援助システムの変容：国連開発計画 (UNDP) の技術援助活動を手がかりとして」『国際政治』103, pp.99-113.

Allen, Rob (1980) "Agriculture and Industry: a Case-Study of Capitalist Failure in Northern Nigeria", *The Journal of Modern African Studies* 18(3), pp.427-441.

Amin, Samir (1970) *L'accumulation a L'echelle Mondiale*, Editions Anthropos (アミン，サミール (1979)『周辺資本主義構成体論』柘植書房).

Babb, Sarah (2009) *Behind the Development Banks: Washington politics, world poverty, and the wealth of nations*, The University of Chicago Press.

Barkin, J. Samuel (2006) *International Organization: Theories and Institutions*, Palgrave Macmillan.

Barnett, Michael and Martha Finnemore (2004) *Rules for the World: International Organizations in Global Politics*, Cornell University Press.

Barnett, Michael and Raymond Duvall (2005) "Power in Global Governance": In Michael Barnett and Raymond Duvall eds., *Power in Global Governance*, Cambridge University Press, pp.1-32.

Barnett, Michael and Martha Finnemore (2005) "The Power of Liberal International Organizations": In Michael Barnett and Raymond Duvall eds., *Power in Global Governance*, Cambridge University Press, pp.161-184.

Bhagwati, Jagdish (1991) *The World Trading System at Risk*, Princeton University Press.

Bhagwati, Jagdish (1998) "The Capital Myth: The Difference and Between Trade in Widgets and Dollar", *Foreign Affairs* 77(3), pp.7-12.

Bhagwati, Jagdish (2004) *In Defense of Globalization*, Oxford University Press (バグワティ，ジャグディシュ (2005)『グローバリゼーションを擁護する』日本経済新聞社).

Bissell, Richard E. (1985) *The United Nations Development Program: Failing the World's Poor*, Heritage Foundation.

Black, Maggie (1986) *The Children and the Nations*, UNICEF.

Bøås, Morten and Desmond McNeill eds. (2004) *Global Institutions and Development: Framing the world?*, Routledge.

Brown, Lester R. (1970) *Seeds of Change: The Green Revolution and Development in the 1970's*, Overseas Development Council by Praeger (ブラウン，レスター R. (1971)『緑の革命：国際農

業問題と経済開発』農政調査委員会).
Bruno, Kenny (1992) "The Corporate Capture of the Earth Summit", *Multinational Monitor* 7・8 (http://www.multinationalmonitor.org/hyper/issues/1992/07/mm0792_07.html).
Bruno, Kenny and Joshua Karliner (2002) *Earthsummit.biz: The Corporate Takeover of Sustainable Development*, Food First Books.
Bull, Benedicte and Desmond McNeill (2007) *Development Issues in Global Governance: Public-Private Partnerships and Market Multilateralism*, Routledge.
Bull, Benedicte (2010) "Rethinking Multilateralism: Global Governance and Public-Private Partnerships with the UN": In Ougaard, Morten and Anna Leander eds., *Business and Global Governance*, Routledge, pp.181-199.
Bull, Benedicte, Morten Bøås and Desmond McNeill (2004) "Private Sector Influence in the Multilateral System: A Changing Structure of World Governance?", *Global Governance* 10 (4), pp.481-498.
Bull, Hedley (1977) *The Anarchical Society: A Study of Order in World Politics*, Second Edition, Macmillan Press (ブル,ヘドリー (2000)『国際社会論：アナーキカル・ソサイエティ』岩波書店).
Burch, David and Geoffrey Lawrence (2005) "Supermarket Own Brands, Supply Chains and the Transformation of Agri-Food System", *International Journal of Sociology of Agriculture and Food* 13(1), pp.1-18.
Burch, David and Geoffrey Lawrence (2009) "Towards a Third Food Regime: Behind the Transformation", *Agriculture Human Values* 26, pp.267-279.
Carr, Edward Hallett (1964) *The Twenty Years' Crisis 1919-1939 : An Introduction to the Study of International Relations*, Harper & Row (カー,E. H. (2011)『危機の二十年：理想と現実』岩波書店).
Chang, Ha-Joon ed. (2003) *Rethinking Development Economics*, Anthem Press.
Chapin, Georganne and Robert Wasserstorm (1981) "Agricultural Protection and Malaria Resurgence in Central America and India", *Nature* 293, pp.181-185.
Clapp, Jennifer and Doris Fuchs (2009) *Corporate Power in Global Agrifood Governance*, The MIT Press.
Clark, Peter B. & Jacques J. Polak (2004) "International Liquidity and the Role of the SDR in the International Monetary System", *IMF Staff Papers* 51(1), pp.49-71.
Coleman, David (2003) "The United Nations and Transnational Corporations: From an Inter-Nation to a 'Beyond-State' Model of Engagement", *Global Society* 17(4), pp.339-357.
Coonrod, Stephan (1977) "The United Nations Code of Conduct for Transnational Corporations", *Harvard International Law Journal* 18(2), pp.273-307.

Cox, Robert (1986) "Social Forces, States and World Order: Beyond International Relations Theory": In Robert O. Keohane ed., *Nationalism and its Critics*, Columbia University Press (コックス, ロバート (1995)「社会勢力, 国家, 世界秩序：国際関係論を超えて」坂本義和編『世界政治の構造変動 2　国家』岩波書店, pp. 211-268).

Cox, Robert with Michael G. Schechter (2002) *The Political Economy of a Plural World: Critical Reflections on Power, Morals and Civilization*, Routledge.

Cutler, A. Claire, Virginia Haufler and Tony Porter eds. (1999) *Private Authority and International Affairs*, State University of New York Press.

Devereux, Stephen (1993) *Theory of Famine*, Prentice-Hall Europe (デブロー, スティーブン (1999)『飢饉の理論』東洋経済新報社).

Diekmann, Berend (1996) "Is There a New Reforming Spirit at International Organizations?: The Example of UNCTAD IX", *Intereconomics* 51(5), pp.221-228.

Dinham, Barbara (1991) "FAO and Pesticides: Promotion or Proscription?", *The Ecologist* 21 (2), pp.61-65.

Emadi-Coffin, Barbara (2002) *Rethinking International Organization*, Routledge.

遠藤誠治 (2000)「ポスト・ウェストファリアの世界秩序へのアプローチ：グローバリゼーションと近代の政治秩序構想の再検討」小林誠・遠藤誠治編『グローバル・ポリティクス：世界の再構造化と新しい政治学』有信堂.

遠藤保雄 (2004)『戦後国際農業交渉の史的考察：関税交渉から農政改革交渉への展開と社会経済的意義』御茶の水書房.

絵所秀紀 (1997)『開発の政治経済学』日本評論社.

FAO (1965) *Report of 13th Session of FAO Conference* (Resolution No.5/65 Industry Co-operation).

FAO (1959) *Report of the Conference of FAO 10th Session.*

FAO (1968) *Report of the 14th Conference of FAO* (C/67).

FAO (1971) *The Work of FAO 1970-71* (C71/4).

FAO (1974) *Report of the Council of FAO 63rd Session* (CL/63/REP).

FAO (1976) *Report of the Council of FAO 69th Session* (CL/69/REP).

FAO (1977) *Report of the Council of FAO 72nd Session* (CL/72/REP).

FAO (1979) "Review of Field Programmes 1978-1979 (C/79/4)".

FAO (2003)「FAO について：加盟国に奉仕する FAO（日本事務所要約）」.

FAO (2005)『世界の食料不安の現状　2004 年報告：世界の飢餓人口半減に向かって』国際食糧農業協会.

FAO (2007) *FAO: The Challenge of Renewal: Report of the Independent External Evaluation of the Food and Agriculture Organization of the United Nations.*

FAO (2008) "FAO Newsroom: The World only Needs 30 Billion Dollars a Year to Eradicate the

Scourge of Hunger. Time for Talk over-Action Needed", 3 June 2008.

FAO（2010）『世界の食料不安の現状　2009年報告：経済危機―その影響と教訓』国際農林業協働協会.

FAO（2012）"Private Sector Is Key to Tackle Hunger:（http://www.fao.org/news/story/en/item/156230/icode/）",（アクセス：2012/11/19）.

FAO（2013）『世界の食料不安の現状　2012年報告：経済成長は飢餓と栄養失調の削減を加速するために必要である―しかしそれだけでは十分ではない』国際農林業協働協会.

FAO/ICP（1968）"Legislative and Administrative Measures Taken in Turkey to Attract and Regulate Foreign Private Investment in Agriculture, Forestry, Fisheries and Related Industry（WS/71118）".

FAO/ICP（1969）"FAO/Industry Cooperative Programme Turkey-Agro Industry Development（WS/90364）".

FAO/ICP（1973）"Multinational Enterprise and the Developing World（E1068）".

FAO/ICP（1974）"Regulations of the General Committee Industry Cooperative Programme（DDI: G/74/30）".

FAO/ICP（1976a）"The Role of International Agro-Industry in a New International Economic Order（DDI: G/76/32）".

FAO/ICP（1976b）"Address by Mr. G. Bula Hoyos, Independent Chairman, FAO Council, ICP General Committee 18-19 February 1976".

FAO/ICP（1976c）"Report of the GIFAP/PWG Joint Task Force on Follow-up Action to the Ad Hoc Government Consultation on Pesticides in Agriculture and Public Health, 7-11 April 1975（DDI: G/76/64）".

FAO/ICP（1977）"16$^{th}$ Session of the FAO/ICP Working Group on Pesticides（W/K4811）".

FAO/ICP（1978）"Statement by the ICP Executive Secretary at the Final Executive Committee Session in London on 24 October 1978 United Nations Day".

Feld, Werner J.（1980）*Multinational Corporations and U.N. Politics: The Quest for Code of Conduct*, Pergamon Press.

Finnemore, Martha（1996）*National Interest in International Society*, Cornell University Press.

Foot, Rosemary, S.Neil MacFarlane and Michael Mastanduno eds.（2003）*US Hegemony and International Organizations*, Oxford University Press.

Frank, Andre Gunder（1967）*Capitalism and Underdevelopment: Historical Studies of Chile and Brazil*, Monthly Review Press（フランク，アンドレ・グンダー（1976）『世界資本主義と低開発：収奪の≪中枢－衛星≫構造』柘植書房）.

Friedmann, Harriet（1994）"International Relations of Food": In Barbara Harriss-White and R. Hoffenberg eds., *Food: Multidisciplinary Perspectives*, Blackwell（フリードマン，ハリエット

（2006）『フード・レジーム：食料の政治経済学』こぶし書房所収）．

Friedmann, Harriet（2003）"Eating in the Gardens of Gaia: Envisioning Polycultural Communities": In Jane Adams ed., *Fighting for the Farm: Rural America Transformed*, University of Pennsylvania Press（フリードマン，ハリエット（2006）『フード・レジーム：食料の政治経済学』こぶし書房所収）．

Friedmann, Harriet（2005）"From Colonialism to Green Capitalism: Social Movements and the Emergence of Food Regimes": In Frederick H. Buttel and Philip D. McMichael eds., New Directions in the Sociology of Global Development, Elsevier（フリードマン，ハリエット（2006）『フード・レジーム：食料の政治経済学』こぶし書房所収）．

フリードマン，ハリエット（2006）『フード・レジーム：食料の政治経済学』こぶし書房．

Friedrich, Alexander G. and Valence E. Gale（2004）*Public-Private Partnership within the United Nations Systems: Now and Then*, W. Bertelsmann Verlag.

Fuchs, Doris（2007）*Business Power in Global Governance*, Lynne Rienner Publishers.

Fuchs, Doris, Agni Kalfagianni, Jennifer Clapp and Lawrence Busch（2011）"Introduction to Symposium on Private Agrifood Governance: Values, Shortcomings and Strategies", *Agriculture Human Values* 28, pp.335-344.

深町郁弥編（1993）『ドル本位制の研究』日本経済評論社．

福田博編（1976）『多国籍企業の行動指針：OECD宣言の解説』時事通信社．

船津潤（2008）「途上国インフラ整備における公私分担」金澤史男編『公私分担と公共政策』日本経済評論社，pp.367-411．

古畑真美（2008）「国際航空制度統一における国際民間航空機関の役割に関する一考察」『航政研シリーズ』492，pp.1-31．

外務省（1996）『解説 WTO 協定』日本国際問題研究所．

GAO（1990）"United Nations U.S. Participation in the U.N. Development Program, Report to Congressional Requesters（GAO/NSIAD90-64）".

GAO（1994）"Foreign Assistance U.S. Participation in FAO's Technical Cooperation Program, Report to Congressional Requesters（GAO/NSIAD94-32）".

GAO（1997）"International Organizations U.S. Participation in the U.N. Development Program, Report to the Chairman, Committee on Foreign Relations, U.S, Senate（GAO/NSIAD97-8）".

Gardner, N.R.（1969）*Sterling-dollar Diplomacy: the Origins and the Prospects of Our International Economic Order*, new, expanded edition, McGraw-Hill（ガードナー，R.N.（1973）『国際通貨体制成立史：英米の抗争と協力（上）（下）』東洋経済新報社）．

Garreau, Gérard（1977）*L'agrobusiness*, Calmann-Lévy（ガロウ，ジェラール（1981）『武器としての食糧』TBS ブリタニカ）．

George, Susan (1976) *How the Other Half Dies: The Real Reason for World Hunger*, Penguin (ジョージ，スーザン (1984)『なぜ世界の半分が飢えるのか：食糧危機の構造』朝日新聞社).

George, Susan and Fabrizio Sabelli (1994) *Faith and Credit : The World Bank's Secular Empire*, Westview Press (ジョージ，スーザン／ファブリッチオ・サベッリ (1996)『世界銀行は地球を救えるか：開発帝国五〇年の功罪』朝日新聞社).

George, Susan (2001) *Remettre l'OMC a sa Place*, Mille er une Nuits (ジョージ，スーザン (2002)『WTO徹底批判！』作品社).

Gereffi, Gary and Miguel Korzeniewicz eds. (1994) *Commodity Chains and Global Capitalism*, Greenwood Press.

Gerlach, Christian (2008) "Illusions of Global Goverance: Transnational Agribusiness inside the UN Systems": In Alexander Nützenadel and Frank Trentmann eds., *Food and Globalization: Consumption, Markets and Politic in the Modern World*, BERG, pp.193-211.

Gill, Stephen (1990) *American Hegemony and the Trilateral Commission*, Cambridge University Press (ギル，スティーブン (1996)『地球政治の再構築：日米欧関係と世界秩序』朝日新聞社).

Gilpin, Robert (1987) *The Political Economy of International Relations*, Princeton University Press (ギルピン，ロバート (1990)『世界システムの政治経済学』東洋経済新報社).

Goldman, Michael (2005) *Imperial Nature: The World Bank and Struggles of Social Justice in the Age of Globalization*, Yale University Press (ゴールドマン，マイケル (2008)『緑の帝国：世界銀行とグリーン・ネオリベラリズム』京都大学学術出版会).

Hall, Rodney Bruce and Thomas J. Biersteker eds. (2002) *The Emergence of Private Authority in Global Governance*, Cambridge University Press.

Hancock, Graham (1990) *Lords of Poverty*, Macmillan London Limited (ハンコック，グレアム (1992)『援助貴族は貧困に巣食う』朝日新聞社).

原洋之助 (1992)『アジア経済論の構図：新古典派開発経済学をこえて』リブロポート.

原田節雄 (2008)『世界市場を制覇する国際標準化戦略：二十一世紀のビジネススタンダード』東京電機大学出版局.

服部信司 (2000)『WTO農業交渉』農林統計協会.

Held, David ed. (2000) *A Globalizing World?*, Open University Press (ヘルド，デヴィッド編 (2002)『グローバル化とは何か：文化・経済・政治』法律文化社).

Hildyard, Nicholas (1993) "Foxes in Charge of Chickens": In Wolfgang Sachs ed., *Global Ecology: A New Arena of Political Conflict*, Zed Books, pp.22-35.

Hirsch, Joachim (1995) *Der Nationale Wettbewerbsstaat*, Edition ID-Archiv (ヒルシュ，ヨアヒム (1998)『国民的競争国家：グローバル時代の国家とオルタナティブ』ミネルヴァ書

房）．

Hirsch, Joachim（2005）*Materialistische Staatstheorie*, VAS-Verlag（ヒルシュ，ヨアヒム（2007a）『国家・グローバル化・帝国主義』ミネルヴァ書房）．

ヒルシュ，ヨアヒム（2007b）「グローバル化：自由民主政の終焉」中谷義和編『グローバル化理論の視座：プロブレマティーク＆パースペクティブ』法律文化社，pp.31-51.

久野秀二（2002a）「農業科学技術をめぐる政策展開と多国籍アグリビジネス：グローバリゼーション下の国家と市民社会の一考察」『歴史と経済』175，pp.61-69.

久野秀二（2002b）『アグリビジネスと遺伝子組換え作物：政治経済学的アプローチ』日本経済評論社．

久野秀二（2008a）「多国籍アグリビジネスの事業展開と農業・食料包摂の今日的構造」農業問題研究学会編『グローバル資本主義と農業』筑波書房，pp.81-127.

久野秀二（2008b）「食料サミットと国際機関の対応」『農業と経済』74(14)，pp.5-18.

久野秀二（2008c）「多国籍アグリビジネスとCSR：社会・環境基準の導入と普及をめぐる問題点」『農業と経済』74(8)，pp.15-28.

久野秀二（2009）「国連『食料への権利』報告と求められる農政改革」『農業と経済』75(6)，pp.37-48.

久野秀二（2011）「世界食料市場のフード・ポリティクス」池上甲一・原山浩介編『食と農のいま』ナカニシヤ出版，pp.58-75.

本間雅美（1996）『世界銀行と国際債務問題』同文舘．

本間雅美（2000）『世界銀行と南北問題』同文舘．

本間雅美（2008）『世界銀行と開発政策融資』同文舘．

星野俊也（2001）「国際機構：ガヴァナンスのエージェント」渡辺昭夫・土山實男編『グローバル・ガヴァナンス：政府なき秩序の模索』東京大学出版会，pp.168-191.

家正治・川岸繁雄・金東勲編（1999）『国際機構（第三版）』世界思想社．

池島祥文（2009）「地域経済と市場システム：階層構造を織り成す経済空間」『資本と地域』5，pp.1-7.

Ikenberry, G. John（2001）*After Victory: Institutions, Strategic Restraint, and the Rebuilding of Order after Major Wars*, Princeton University Press（アイケンベリー，G. ジョン（2004）『アフター・ヴィクトリー：戦後構築の論理と行動』NTT出版）．

石川滋（1990）『開発経済学の基本問題』岩波書店．

石川滋（2006）『国際開発政策研究』東洋経済新報社．

石曽根道子・王智弘・佐藤仁（2010）「発展途上国の開発と環境：資源統治をめぐる近年の研究動向」『国際開発研究』19(2)，pp.3-16.

石山嘉英・日下部元雄（1978）『IMFと国際通貨制度』教育社．

岩佐和幸（2005）『マレーシアにおける農業開発とアグリビジネス：輸出指向型開発の光と影』法律文化社.

Jackson, H. John（1990）*Restructuring the GATT System*, Printer（ジャクソン，H. ジョン（1990）『世界貿易機構：ガット体制を再構築する』東洋経済新報社）.

James, Harold（1996）*International Monetary Cooperation since Bretton Woods*, IMF and Oxford University Press.

Jansen, Kees and Sietze Vellema eds.（2004）*Agribusiness and Society: Corporate Responses to Environmentalism, Market Opportunities and Public Regulation*, Zed Books.

ジェトロ・イスタンブール事務所「トルコ政治経済ニュース2003年第2四半期（2003年4月-6月）」(www.jetro.go.jp/biz/world/middle_east/tr/news/2003_2.pdf).

神野直彦（2002）『地域再生の経済学：豊かさを問い直す』中央公論新社.

Josling, Timothy E., Donna Roberts and David Orden（2004）*Food Regulation and Trade: toward a Safe and Open Global System*, Institute for International Economics（ジョスリング，T.E.／D. ロバーツ／D. オーデン（2005）『食の安全を守る規制と貿易：これからのグローバル・フード・システム』家の光協会）.

Josling, Timothy E., Stefan Tangermann and T.K. Warley（1996）*Agriculture in the GATT*, Macmillan（ジョスリング，T.E.／S. タンガマン／T.K. ワーレイ（1998）『ガット農業交渉50年史：起源からウルグアイ・ラウンドまで』農山漁村文化協会）.

加賀隆一（2010）『国際インフラ事業の仕組みと資金調達：事業リスクとインフラファイナンス』中央経済社.

紙谷貢編（1996）『国際農業開発学の基本的課題』農林統計協会.

神沢正典（1995）『世界経済と開発金融』ミネルヴァ書房.

片岡尹（2008）「現代国際金融と開発途上国」田中素香・岩田健治編『現代国際金融』有斐閣，pp.73-100.

Kaul, Inge, Isabelle Grunberg and Marc A. Stern（1999）*Global Public Goods: International Cooperation in the 21th Century*, Oxford University Press.

Kaul, Inge, Pedro Conceição, Katell Le Goulvanm and Ronald U. Mendoza eds.（2003）*Providing Global Public Goods: Managing Globalization*, Oxford University Press（カウル，インゲ／ペドロ・コンセイソン／カテル・ル・グルヴァン／ロナルド・U・メンドーサ編（2005）『地球公共財の政治経済学』国際書院）.

河崎信樹（2008）「援助政策：『自由と民主主義の拡大』と安全保障」河音琢郎・藤木剛康編『G・Wブッシュ政権の経済政策：アメリカ保守主義の理念と現実』ミネルヴァ書房，pp.237-274.

Keohane, Robert O. and Joseph S. Nye, Jr.（1977）*Power and Interdependence: World Politics in Transition*, Little Brown.

記田路子（2006）「訳者解題」フリードマン，ハリエット『フード・レジーム：食料の政治経済学』こぶし書房，pp.191-219.

Kindkeberger, Charles P. (1973) *The World in Depression, 1929-1939*, University of California Press（キンドルバーガー，チャールズ R. (1982)『大不況下の世界 1929-1939』東京大学出版会）.

Kline, John M. (2005) "TNC Codes and National Sovereignty: Deciding when TNCs should Engage in Political Activity", *Transnational Corporations* 14 (3), pp.29-53.

小寺彰（2000）『WTO体制の法構造』有斐閣.

小浜裕久・澤田康幸・高野久紀・池上宗信（2004）『開発貢献度指標（Commitment to Development Index: CDI）の再検討』FASID Discussion Paper Number 1.

古城佳子（2009）「グローバル化における地球公共財の衝突：公と私の調整」日本国際政治学会編『日本の国際政治学 第2巻 国境なき国際政治』有斐閣，pp.17-34.

国際農林業協力協会（1981）『海外事業開発調査研究国別研究シリーズ No.8 パキスタンの農業：現状と開発の課題』.

国際農林業協働協会（2007）『在ローマの国連機関の活動：FAOを中心として』.

Koslowsli, Rey and Freidrich V. Kratochwil (1994) "Understanding Change in International Politics: The Soviet Empire's Demise and the International System", *International Organization* 48 (2), pp.215-247.

Krasner, Stephen D. ed. (1983) *International Regimes*, Cornell University Press.

Krueger Anne O. ed. (1999) *The WTO as an International Organization*, The University of Chicago Press.

国宗浩三編（2009）『岐路に立つIMF：改革の課題，地域金融協力との関係』日本貿易振興機構 アジア経済研究所.

Lappé, Frances Moore and Joseph Collins (1979) *Food First: Beyond the Myth of Scarcity*, Houghton-Mifflin（ラッペ，フランセス・ムア／ジョゼフ・コリンズ（1982）『食糧第一』三一書房）.

Lee, Kelley (2009) *The World Health Organization (WHO)*, Routledge.

Lewis, W. Arthur (1954) "Economic Development with Unlimited Supplies of Labor", *Manchester School of Economics and Social Studies*, pp.139-191.

Liese, Andrea (2010) "Explaining Varying Degrees of Openness in the Food and Agriculture Organization of United Nations (FAO)": In Jönsson, Christer and Jones Tallberg eds., *Transnational Actors in Global Governance: Patterns, Explanations, and Implications*, Palgrave Macmillan, pp.88-109.

Ling, Lee (1974) "Plant Pest Control on the International Front", *Annual Review Entomology* 19, pp.177-196.

Lodge, George and Craig Wilson (2006) *A Corporate Solution to Global Poverty: How Multinationals Can Help the Poor and Invigorate Their Own Legitimacy*, Princeton University Press.

Loescher, Gil, Alexander Betts and James Milner (2008) *The United Nations High Commissioner for Refugees (UNHCR): The Politics and Practice of Refugee Protection into the Twenty-First Century*, Routledge.

Marchisio, Sergio and Antonietta Di Blasé (1991) *International Organization and the Evolution of World Society Volume.1 the Food and Agriculture Organization (FAO)*, Martinus Nijhoff Publishers.

Marshall, Katherine (2008) *The World Bank: From Reconstruction to Development to Equity*, Routledge.

Martinussen, John (1997) *Society, State & Market: A Guide to Competing Theories of Development*, Zed books.

松村文武（1993）『体制支持金融の世界』青木書店.

松下満雄（2000）『ケースブック　ガット・WTO法』有斐閣.

松下満雄（1996）「WTO体制と経済制度のハーモナイゼーションの方式」『日本国際経済法学会年報』5, pp.1-14.

May, Christopher (2006) *The World Intellectual Property Organization: Resurgence and the Development Agenda*, Routledge.

McMichael, Philip (2005) "Corporate Development and the Corporate Food Regime": In Frederick H. Buttel and Philip McMichael eds., *New Directions in the Sociology of Global Development, Research in Rural Sociology and Development* vol.11, Elsevier, pp.265-299.

McMichael, Philip (2009) "A Food Regime Analysis of the 'World Food Crisis'", *Agriculture Human Values* 26, pp.281-295.

McNeill, Desmond and Asuncion Lera St. Clair (2009) *Global Poverty, Ethics and Human Rights: The Role of Multilateral Organizations*, Routledge.

MaQuillan, Lawrence J. and Peter C. Montgomery eds. (1999) *The International Monetary Fund: Financial Medic to the World? A Primer on Mission, Operations, and Public Policy Issues*, The Hoover Institution Press（マッキラン，ローレンス／J.・ピーター／C. モントゴメリー編（2000）『IMF改廃論争の論点』東洋経済新報社）.

Meire, Gerald M. (2004) *Biography of a Subject: An Evolution of Development Economics*, Oxford University Press（マイヤー，ジェラルドM.（2006）『開発経済学概論』岩波書店）.

Mitrany, David (1948) "The Functional Approach to World Organization", *International Affairs* 24 (3), pp. 350-363.

Molle, Willem (2003) *Global Economic Institutions*, Routledge.

Mooney, Pat Roy (1983) *The Law of the Seed*, the Dag Hammarskjold Foundation.

Morgenthau, Hans J. (1948) *Politics among Nations: The Struggle for Power and Peace*, Knopf, 5th edition（モーゲンソー，H. J.（1986）『国際政治：権力と平和』福村書店）．

Motarjemi, Yasmine（2006）"ICD in Perspecive: Putting social responsibility into practice", *Food Control* 17, pp.1018-1022.

毛利良一（2001）『グローバリゼーションとIMF・世界銀行』大月書店．

村田武（1990）『現代農業保護貿易の研究』金沢大学経済学部．

Murphy, Craig N.（2006）*The United Nations Development Programme: A Better Way?*, Cambridge University Press.

中村洋子（2006）『改訂版　フィリピンバナナとその後：多国籍企業の操業現場と多国籍企業の規制』七つ森書館．

中西泰造（1998）「アメリカ対外援助政策の再編と途上国開発」『経済論叢』161（5・6），pp.47-68.

中野一新編（1998）『アグリビジネス論』有斐閣．

中野一新・岡田知弘編（2007）『グローバリゼーションと世界の農業』大月書店．

中野一新・杉山道雄編（2001）『グローバリゼーションと国際農業市場』筑波書房．

中田勝己（1985）『UNDP：国際連合システムにおける最大の技術協力推進機関』国際開発ジャーナル社．

Nelson, Jane（2002）*Building Partnerships: Cooperation between the United Nations System and the Private Sector*, United Nations.

二宮正人（1993）「開発援助とコンディショナリティ：IMF，世界銀行，UNDPの業務活動に関する一考察」『国際政治』103，pp.114-128.

西川輝（2011）「イギリスのIMF8条国移行を巡るマクロ政策調整，1952-1961年：IMF14条コンサルテーションの分析を通して」『歴史と経済』212，pp.32-48.

緒方貞子（1982）『日本における国際組織研究』総合研究開発機構．

大原進（1963）『IMF体制とEEC』東洋経済新報社．

大平剛（2008）『国連開発援助の変容と国際政治』有信堂．

岡田知弘（2005）『地域づくりの経済学入門』自治体研究社．

奥田宏司（1989）『途上国債務危機とIMF，世界銀行』同文舘．

奥田英信（1997）「外資主導工業化における金融セクターの役割：アセアン型金融発展の分析フレームワーク」『一橋論叢』118（6），pp.854-870.

奥田英信・三重野文晴・生島靖久（2006）『開発金融論』日本評論社．

大野健一（1998）「市場経済システムの形成と開発経済学パラダイム」鴨武彦・伊藤元重・石黒一憲編『リーディングス　国際政治経済システム2：相対化する国境I』有斐閣，pp.287-317.

Osborne, Stephen P. ed.（2000）*Public-Private Partnerships: Theory and Practice in International Perspective*, Routledge.

大芝亮（2009）「国境なき国際政治」日本国際政治学会編『日本の国際政治学　第 2 巻　国境なき国際政治』有斐閣，pp.1-16.

大塚茂・松原豊彦編（2004）『現代の食とアグリビジネス』有斐閣.

Paarlberg, Robert L. (1993) "Managing Pesticide Use in Developing Countries": In Peter M. Haas, Robert O. Keohane and Marc A. Levy eds., *Institutions for the Earth: Sources of Effective International Environmental Protection*, The MIT Press, pp.309-350.

Papworth, D.S. and K.D. Paharia (1978) "Value of Pesticide Registration/ Regulation to Developing Countries", *FAO Plant Protection Bulletin* 26(3), pp.101-109.

Pattberg, Philipp H. (2007) *Private Institutions and Global Governance: The New Politics of Environmental Sustainability*, Edward Elger.

Pechlaner, G. and G. Otero (2008) "The Third Food Regime: Neoliberal Globalism and Agricultural Biotechnology in North America", *Sociologia Ruralis* 48(4), pp.351-371.

Pfeffer, Jeffrey and Gerald R. Salancik (2003) *The External Control of Organizations: A Resource Dependence Perspective* (Stanford Business Classics), Stanford Business Books

Porter, Tony (1993) *States, Markets and Regimes in Global Finance*, St. Martins.

Rasche, Andreas and George Kell (2010) *The United Nations Global Compact: Achievements, Trends and Challenges*, Cambridge University Press.

Reijniers, J.J.A.M. (1994) "Organization of Public-Private Partnership Projects: The Timely Prevention of Pitfalls", *International Journal of Project Management* 12(3), pp.137-142.

Rosenau, James N. and Ernst Otto Czempiel eds. (1991) *Governance without Government*, Cambridge University Press.

Rostow, Walt W. (1960) *The Stages of Economic Growth*, Cambridge University Press（ロストウ，ウォルト W.（1961）『経済発展の諸段階』ダイヤモンド社）.

Rubin Seymour J. (1995) "Transnational Corporations and International Codes of Conduct: A Study of the Relationship between International Legal Cooperation and Economic Development", *American University Journal of International Law and Policy* 10(4), pp.1275-1289.

Ruggie, John Gerard (1998) *Constructing the World Policy: Essays on International Institutionalization*, Routledge.

Ruggie, John Gerard (2008) *Protect, Respect and Remedy: A Framework for Business and Human Rights* (Report of the Special Representative of the Secretary-General on the Issue of Human Rights and Transnational Corporations and Other Business Enterprises), United Nations.

Rugraff, Eric, Diego Sanchez-Ancochea and Andy Sumner (2009) "How Have TNCs Changed in the Last 50 Years": In Rugraff, Eric, Diego Sanchez-Ancochea and Andy Sumner eds., *Transnational Corporations and Development Policy: Critical Perspectives*, Palgrave Macmillan.

Sagafi-nejad, Tagi (2008) *The UN and Transnational Corporations: From Code of Conduct to Global*

*Compact*, Indiana University Press.

坂井昭夫（1976）『国際財政論』有斐閣.

坂元浩一（2008）『IMF・世界銀行と途上国の構造改革：経済自由化と貧困削減を中心に』大学教育出版.

Sassen, Saskia（1996）*Losing Control?: Sovereignty in an Age of Globalization*, Columbia University Press（サッセン，サスキア（1999）『グローバリゼーションの時代：国家主権のゆくえ』平凡社）.

Sassen, Saskia（2006）*Territory Authority Rights : From Medieval to Global Assemblages*, Princeton University Press（サッセン，サスキア（2011）『領土・権威・諸権利：グローバリゼーション・スタディーズの現在』明石書店）.

澤喜司郎（1993）『現代国際海運の諸問題』成山堂書店.

Schultz, Theodore W.（1964）*Transforming Traditional Agriculture*, Yale University Press（シュルツ，セオドア W.（1969）『農業近代化の理論』UP 選書）.

Schwartz, Lisa A.（1994）"The Role of the Private Sector in Agricultural extension Economic Analysis and Case Studies", AgREN Network Paper 48（www.odi.org.uk/agren）.

Scott, J.（1976）*The Moral Economy of the Peasant: Rebellion and Subsistence in Southeast Asia*, Yale University Press.

関下稔（1987）『日米貿易摩擦と食糧問題』同文舘.

関下稔・奥田宏司編（1985）『多国籍銀行とドル体制：国際金融不安の構図』有斐閣.

Sen, Amartya（1981）*Poverty and Famines: An Essay on Entitlement and Deprivation*, Oxford University Press（セン，アマルティア（2000a）『貧困と飢饉』岩波書店）.

Sen, Amartya（1992）*Inequality Reexamined*, Oxford University Press（セン，アマルティア（1999）『不平等の再検討：潜在能力と自由』岩波書店）.

Sen, Amartya（1999）*Development as Freedom*, Knopf（セン，アマルティア（2000b）『自由と経済開発』日本経済新聞社）.

Shaw, D. John（2009）*Global Food and Agricultural Institutions*, Routledge.

柴田徳太郎（2008）「市場・制度・組織」吾郷健二・佐野誠・柴田徳太郎編『現代経済学：市場・制度・組織』岩波書店，pp.3-24.

下村恭民（2011）『開発援助政策』日本経済評論社.

白井早由里（1999）『検証 IMF 経済政策』東洋経済新報社.

白井早由里（2002）『メガバンク危機と IMF：ホットマネーにあぶり出された国際機関の欠陥と限界』角川書店.

白井早由里（2008）『マクロ開発経済学：対外援助の新潮流』有斐閣.

白鳥正喜（1998）『開発と援助の政治経済学』東洋経済新報社.

城山英明（1997）『国際行政の構造』東京大学出版会.

Shiva, Vandana（1991）*The Violence of the Green Revolution*, Zed Books（シヴァ，ヴァンダナ（1997）『緑の革命とその暴力』日本経済評論社）.

Simons, W.W.（1976）"FAO's Industry Cooperative Programme", *Food Policy* 1(2), pp.173-174.

Solomon, Lewis D.（1977）"Industry Cooperative Programme of the Food and Agriculture Organization of the United Nations: A Catalytic Organization Bridging Multinational Agribusiness Corporations and Developing Nations", *Texas International Law Journal* 13(69), pp.69-93.

Solomon, Lewis D.（1978）*Multinational Corporations and the Emerging World Order*, National University Publications Kennikat Press.

Stiglitz, Joseph E.（2002）*Globalization and its Discontents*, W. W. Norton & Co., Inc.（スティグリッツ，ジョセフ・E（2002）『世界を不幸にしたグローバリズムの正体』徳間書店）.

Stoke, Olav（2009）*The UN and Development: From Aid to Cooperation*, India University Press.

Strange, Susan（1976）*International Monetary Relations*, Oxford University Press.

Strange, Susan（1996）*The Retreat of the State: The Diffusion of Power in the World Economy*, Cambridge University Press（ストレンジ，スーザン（1998）『国家の退場：グローバル経済の新しい主役たち』岩波書店）.

杉田敦（2000）『権力』岩波書店.

Sumner, Andy（2009）"How TNC-Friendly Is Development Policy?": In Eric Rugraff, Diego Sanchez-Ancochea and Andy Sumner eds., *Transnational Corporations and Development Policy: Critical Perspectives*, Palgrave Macmillan, pp.59-78.

田所昌幸（1996）『国連財政：予算から見た国連の実像』有斐閣.

Talbot, Ross B.（1990）*The Four World Food Agencies in Rome: FAO, WFP, WFC, IFAD*, Iowa State University Press.

Talbot, Ross B. and H. Wayne Moyer（1987）"Who Governs the Rome Food Agencies?", *Food policy* 12(4), pp.349-364.

田中辰雄・矢崎敬人・村上礼子（2003）「ネットワーク外部性の経済分析：外部性下での競争政策についての一案」公正取引委員会競争政策競争センター共同報告書（CR 01-03）.

谷口信和（2008）「農業問題研究の今日的課題と理論の歴史的位相：構造・政策・歴史・理論」農業問題研究学会編『農業構造問題と国家の役割』, pp.155-180.

Tay, J.S.W. and R.H. Parker（1990）"Measuring International Harmonization and Standardization", *Abacus* 26(1), pp.71-88.

Taylor, Ian and Karen Smith（2007）*United Nations Conference on Trade and Development*（UNCTAD）, Routledge.

Taylor, William（1980）"The U.N.'s Corporate Cronies?", *Multinational Monitor* 1(1)（http://www.multinationalmonitor.org/hyper/issues/1980/02/taylor.html）.

Tesner, Sandrine (2000) *The United Nations and Business: A Partnership Recovered*, St. Martin's Press.

Thatcher, Mark and Alec Stone Sweet (2002) "Theory and Practice of Delegation to Non-Majoritarian Institutions", *West European Politics* 25(1), pp.1–22.

Toye, John (1993) *Dilemmas of Development*, Second edition, Blackwell Publishers（トーイ，ジョン（2005）『開発のディレンマ』同文舘）.

筑紫勝麿編（1994）『ウルグアイ・ラウンド：GATT から WTO へ』日本関税協会.

Turner, Louis (1972) "Multinationals, the United Nations and Development", *Columbia Journal of World Business*, September-October, pp.13–22.

内山昭（2009）「ODA（政府開発援助）の財政学」『立命館経済学』2009(5) 別冊, pp.202–230.

植田和弘（1996）『環境経済学』岩波書店.

植田和弘・新岡智編（2010）『国際財政論』有斐閣.

UN Global Compact Office (2011) "Corporate Citizenship in the World Economy".

UNCTAD (2001) *World Investment Report 2001: Promoting Linkage* (UNCTAD/WIR/2001).

UNCTAD (2010) *UNCTAD Handbook of Statistics 2010*.

UNCTC (1976) *The CTC Reporter* 1(1).

UNCTC (1988) *Transnational Corporations in World Development: Trends and Prospects*.

UNDP (2008) *Creating Value for All: Strategy for Doing Business with the Poor* (UNDP (2010)『世界とつながるビジネス：BOP 市場を開拓する 5 つの方法』英治出版).

Union of International Associations (2006) *Yearbook of International Organizations: Guide to Global and Civil Society Networks Edition 43*, K.G. Saur. Verlag.

United Nations (1973) *Multinational Corporations in World Development* (ST/EAC/190).

United Nations (1974) "World Food Conference: Consultation with Agro Industrial Leaders (DDI: G/74/89)".

United Nations (1974) *Summary of the Hearings Before the Group of Eminent Persons to Study the Impact of Multinational Corporations on Development and on International Relations* (ST/ESA/15).

United Nations (1975) "Report of the World Food Conference Resolution X (UN/E/Conf.65/20)".

United Nations (1976a) "Official Records of the ECOSOC Sixty-First Session Supplement No.5 (E/5782)".

United Nations (1976b) "Transnational Corporations: Issues Involved in the Formulation of a Code of Conduct Report of the Secretariat (E/C. 10/17)".

United Nations (1991a) "Commission on Transnational Corporations Report on the Seventeenth Session Supplement No.10 (E/1991/31, E.C.10/1991/17)".

United Nations (1991b) "Transnational Corporations and Sustainable Development: Recommendations of the Executive Director Report of the Secretary-General (E/C.10/1992/2)".

United Nations (2011) *The Millennium Development Goals Report 2011* (E.11.I.10).

臼井久和・馬橋憲男編 (2004)『新しい国連：冷戦から 21 世紀へ』有信堂.

Utting, Peter (2000) "UN-Business Partnerships: Whose Agenda Counts?", A paper presented at seminar on "Partnerships for Development or Privatization of the Multilateral Systems?", organized by the North-South Coalition, Oslo Norway.

Utting, Peter (2005) "Rethinking Business Regulation: From Self-Regulation to Social Control", Technology, Business and Society Programme Paper 15, United Nations Research Institute for Social Development.

Vines, David and Christopher L. Gilbert (2004) *The IMF and its Critics: Reform of Global Financial Architecture*, Cambridge University Press.

Vreeland, James Raymond (2006) *The International Monetary Fund: Politics of Conditional Lending*, Routledge.

Wallerstein, Immanuel (1974) *The Modern World-System: Capitalist Agriculture and the Origins of the European World-Economy in the Sixteenth Century*, Academic Press（ウォーラーステイン，イマニュエル (1981)『近代世界システム：農業資本主義と「ヨーロッパ世界経済」の成立』岩波書店）.

Waltz, Kenneth (1979) *Theory of International Politics*, Addioson Wesley（ウォルツ，ケネス (2010)『国際政治の理論』勁草書房）.

ワシントン駐在員事務所 (1984)「米国における最近の援助動向」『基金調査季報』47, pp.3-11.

渡部福太郎・中北徹編 (2001)『世界標準の形成と戦略：デジューレ・スタンダードの分析』日本国際問題研究所.

渡部茂己 (1997)『国際機構の機能と組織（第二版）』国際書院.

渡辺昭夫・土山實男 (2001)「グローバル・ガヴァナンスの射程」渡辺昭夫・土山實男編『グローバル・ガヴァナンス：政府なき秩序の模索』東京大学出版会, pp.1-16.

渡邊頼純編 (2003)『WTO ハンドブック：新ラウンドの課題と展望』日本貿易振興会.

Watts, B.B. (1978) "Value of Provisional Registration to Facilitate a Full Evaluation of New Pesticides", *FAO Plant Protection Bulletin* 26(3), pp.110-113.

Weir, David and Mark Schapiro (1981) *Circle of Poison*, Institute for Food and Development Policy（ウィヤー，デビッド／マーク・シャピロ (1983)『農薬スキャンダル：毒性は循環する』三一書房）.

Weiss, Thomas G. and Ramesh Thakur (2010) *Global Governance and the UN: An Unfinished Journey*, Indiana University Press.

Weiss, Thomas G. and Robert S. Jordan (1976) *The World Food Conference and Global Problem Solving*, Praeger Publishers.

Wendt, Alexander (1999) *Social Theory of International Politics*, Cambridge University Press.
White, Philip (1999) "The Role of UN Specialised Agencies in Complex Emergencies: A Case Study of FAO", *Third World Quarterly* 20(1), pp.223-238.
WHO (1976) *Resistance of Vectors and Reservoirs of Diseases to Pesticides* (No.585).
ウィリアムソン，ジョン (2005)『国際通貨制度の選択：東アジア通貨圏の可能性』岩波書店.
World Bank (1989a) "Developing the Private Sector: A Challenge for the World Bank Group".
World Bank (1989b) *World Bank Annual Report 1989*.
World Bank (1990a) *World Bank Annual Report 1990*.
World Bank (1990b) *World Development Report 1990*, World Bank and Oxford University Press.
World Bank (1994) *World Development Report 1994*, World Bank and Oxford University Press (世界銀行『世界開発報告 1994　開発とインフラストラクチュア』).
World Bank (2004) *Global Development Finance 2004*.
谷内茂雄 (2005)「流域管理モデルにおける新しい視点：統合化に向けて」『日本生態学会誌』55，pp.177-181.
山田肇 (1999)『技術競争と世界標準』NTT 出版.
山田英夫 (2008)『デファクト・スタンダードの競争戦略 [第 2 版]』白桃書房.
山本栄治 (1997)『国際通貨システム』岩波書店.
山本栄治 (2002)『国際通貨と国際資金循環』日本経済評論社.
山本吉宣 (2008)『国際レジームとガバナンス』有斐閣.
山岡喜久男編 (1979)『新国際経済秩序の基礎研究』早稲田大学出版部.
山内弘隆 (1991)「国際航空輸送の自由化と多国間主義」『一橋論叢』106(5)，pp.496-510.
山澤逸平編 (2001)『概説　UNCTAD の新発展戦略』アジア経済研究所.
横田洋三編 (2001)『新版　国際機構論』国際書院.
吉川直人・野口和彦編 (2006)『国際関係理論』勁草書房.
Young, Oran R. (1994) *International Governance*, Cornell University Press.
Young, Oran R. (1999) *Governance in World Affairs*, Cornell University Press.
Zacher, M.W. (1996) *Governing Global Networks: International Regimes for Transportation and Communications*, Cambridge University Press.

## あとがき

　本書では国際機関の役割および組織的特性を政治経済学の視点から理論的かつ実証的に解明することを目的としつつ，そこから，なぜ世界から飢餓や貧困がなくならないのか，なぜ解決のために多くの努力がなされているにもかかわらず成果がでないのか，そうした疑問への回答を導いてきた。

　本書の問題関心の基底にある食料・農業問題においては，資本主義の発展に伴い，産業構造の変化が農民・生産者にとどまらず，非農業従事者・消費者に大きな影響を与えてきたと捉えられている。つまり，食料・農業分野は市場メカニズムの適用・浸透が大きな摩擦として表れやすい分野といえよう。そのため，国際機関による市場形成機能は当然ながら，国際農業開発事業においても，複雑な成果を生み出したのであり，また，国際機関の内面的特質に基づけば，「資本蓄積を抑制する役割（regulation of business）」から「資本蓄積を促進する役割（regulation for business）」へと国際機関の規制措置が変容する過程で，そうした市場形成機能が必然的に醸成されてきたのである。こうした結果を踏まえれば，最適なグローバル・ガバナンスの形態が模索される中で，その中心的主体として期待される国際機関もまた，異なった角度から捉え直す契機が生まれたといえよう。

　本書は国際機関を研究対象としているものの，国際機関研究は目的というより「結果」としての側面が強い。本書は学位論文をベースとしているため，大学院の修士課程および博士課程における研究の成果であるが，研究開始当初から「国際機関の政治経済学」を構想していたわけではない。その理由をこれまでの研究の経過と関わらせて振りかえってみよう。

　学部生の時には，京都大学経済学部の中野一新先生のもとで農業経済論を学んだが，ゼミ選択の一番の理由は「農村実態調査」にあった。対象地は京都府北部の久美浜町（現・京丹後市）であり，自分の祖父母が住む地域に近いため親近感を覚えたということもあるが，大学から飛び出して農村に入り込んで調査ができるという点に，魅力を感じたからである。ただし，そのゼ

ミ選択の際には，同じく京都の産業を中心に調査分析をする岡田知弘先生のゼミとどちらにしようか悩んでいたが，「農業・農村」への興味関心を優先したことを覚えている。京都府北部の農山漁村の過疎化を目の当たりにしていたために，その原因やその解決策を学びたかったからである。

中野ゼミでは，穀物商社や多国籍アグリビジネス，アメリカ農業といった国際的な食料・農業分野の動向，さらには，農村調査に備えて日本の農業構造や農地問題といった国内動向について学んでいたが，今思えば，この時期の経験がその後の自分の研究スタイルを形成していったように思う。つまり，国際的な問題関心を持ちつつ，国内，さらには地域農業の現状にも強い興味を持ち，その両方ともを対象として研究を進めるというスタイルである。

京都大学の学風を体現したような自由奔放な中野先生のもと，一方では，農村調査以外にも突発的に行われる大学周辺の散策や近隣府県への合宿・視察を通じて，その地域が有する歴史や産業の特性について学びつつ，他方では，中野先生を促しながら農村調査の報告書作成を学生主体で進めるなどの充実した2年間を過ごした。特に，農村調査の方法やその結果のまとめ方については，対象地域や仲間さらには文献資料との「コミュニケーション」方法として非常に参考になり，基礎的な研究能力を育んでくれた。学部4回生からは，中野先生の定年退官を機に，岡田先生にゼミ生を丸ごと引き受けていただき，図らずも岡田ゼミに合流することになった。岡田先生が中野先生のゼミ一期生という事実は，上述の農村調査の報告書を執筆・編集している時に初めて知ることとなったが，実は，ゼミ一期生も同じ久美浜町を対象に農村調査をしており，当時の調査風景を記録した写真からは地域の変化に加え中野先生や岡田先生の変化も見て取れ，ゼミの歴史を感じる一幕であった。いずれにせよ，ゼミ選択で迷った2つのゼミに結局は両方ともに所属し，また中野ゼミ一期生の先輩のもとでゼミ最終期生が学ぶという不思議な縁が結ばれたように思う。

岡田先生の専門である地域経済学とこれまで学んできた農業経済学がともに射程に入りそうなテーマとして，卒業論文は乙訓・京都西山の特産物であるタケノコを素材に，フィールドワークを中心に取り組んだ。地域に根付いた資源の特性や市場構造，ならびに，それら資源と地域との付き合い方など

を考察し，初めての論文執筆に充実感を味わったものの，ある意味では非常に身近な素材を対象として研究を進めたがゆえに，大学院進学後はもう少し自分から「離れた」素材に取り組もうと思い始めた。

　大学院修士課程に進学した際には，中野先生の後任として，同じく中野ゼミの先輩である久野秀二先生が着任したこともあり，岡田・久野両先生のもとで農業経済学と地域経済学をともに学ぶチャンスが生まれた。大学院では，岡田先生と久野先生のゼミ以外にも，「現代農政研究会」や「地域経済研究会」といった学内外の研究メンバーによるワークショップを通じて，アグリビジネス論や多国籍企業論，農業政策論，途上国開発論，さらには，地域産業論，地域開発政策論といった農業経済学や地域経済学に関する研究諸成果に触れるとともに，それぞれ OB/OG を中心とした学内外の研究メンバーに，研究方法や学界の動向など多くを吸収させてもらった。特に，農政研では，中野ゼミの先輩である立命館大学の松原豊彦先生や神戸市外国語大学の千葉典先生には色々と議論の相手になっていただいた。

　大学院ゼミや上記研究会において，先輩院生および先輩研究者は，対象とする国・地域，さらには，研究テーマを絞って継続的な研究を進めており，それが研究成果を出すためには当然の取り組み方だとは認識しつつも，自分の中では，修士論文を入口として，博士課程を含めた大学院在籍中の研究対象を選択する際に，ひとつの国・地域，産業等に固定することに対して抵抗があり悩んでいた。ただ，学部の卒論執筆を経て，自分から少し「離れた」素材にチャレンジしてみようという思いはあったため，国際的な食料・農業問題に関心が強い久野先生とは細々な相談を繰り返していた。その過程で，久野先生も興味を持っていた国際機関と多国籍企業による官民パートナーシップの話題が浮上したのである。FAO とアグリビジネスによる官民協同事業の問題点を久野先生が自著で指摘しつつも，その実態の分析はまだ着手されていない状況を踏まえ，また，国際的な食料・農業問題を国際機関の側面から取り上げることは，ある意味で，どこか特定の国・地域・産業に制約されずに研究を発展させる余地があり，研究テーマとして非常に望ましい対象であった。それまで，特に国際機関に対する興味関心はなかったものの，研究空白といえる状態であったことや研究の広がりの可能性を感じたことも

あって，納得しながら研究テーマを選択できたように思う。ただ，逆に，非常に自分から「離れた」素材を選んでしまったようにも感じたが……。いずれにせよ，御自身が温めてきたテーマでありながらも，その素材を提供してくれた久野先生には感謝する次第である。

　国際機関と企業との官民パートナーシップの実態を明らかにし，現在の国連開発政策につながる歴史的な背景を解明するために，FAO アーカイブスから当時の政策資料や報告書を入手し，事実関係の整理を中心に取り組んだ。修士論文では，研究対象との時間的，物理的距離もあったため，フィールドワークではなく，主に文献資料に基づいて分析を進め，ファクトファインディングとしての成果をあげることができたように思う。しかし，国際機関への理解を深めるとともに，国際機関の謎が深まったのも事実であった。そのため，博士課程に進学して以降は，もともと食料・農業問題への関心から出発した研究だったが，徐々に，その問題解決のためには，国際機関そのものの構造や力学関係に研究の焦点を移行させ，資料分析を通じた実証的な研究だけでなく，理論的な研究にも取り組むようになっていった。

　こうして国際機関研究に取り組む一方で，地域農業を素材とした研究も並行して進めており，地元京都の伝統野菜である京野菜や京都市郊外の農地転用などについて，統計データ分析やヒアリング調査を中心に行い，食料・農業問題への関心は継続的に持続させてきた。また，西宮市農業振興計画の策定や京都府農業会議における農地価格動向調査，京都市伏見区におけるまちづくりに関する委託調査等を通じた自治体や行政機関との付き合いを通じて，地域と関わりながら調査研究を進めるとともに，組織としての活動に付きまとう予算制約やセクショナリズム，議会との関係など，現実の政策執行における課題を学ぶ貴重な機会を得られた。さらに，地域経済学の理論的展開や実証分析の成果にも多く触れる中で，徐々に，都市と農村の分離・対立や地域的不均等発展の問題にも魅了され，経済問題の地理的・空間的な現象や地域経済の階層構造を強く意識するようになっていった。このような成果は本書にも取り込まれ，国際機関の組織編制における国家や資本との再帰的な関係や経済空間の階層性の視点といった視点へと昇華されている。地域農業に接した調査研究や地域経済学への接近がなければ，こうした視点を国際

機関研究に組み込むことはできなかったであろう。同様に，国際的な食料・農業問題やアグリビジネス論に関する研究からも，規制の二面性や多国籍アグリビジネスによる政治的権力といった視点に触発され，国際機関と国家，資本との関係性を考えるうえで重要な示唆が得られた。したがって，自分の中では，農業経済学と地域経済学をベースとしていたからこそ，結果として，本書が提起するような「国際機関の政治経済学」を構想することができたと認識している。

そういう意味では，本書の成果は大学院に進学して以降，ともに学び，ともに悩んだ研究仲間，さらには，研究会・学会および調査の現場でお世話になった諸先生方や自治体・地域の方々に多くを負っている。特に，生意気な意見を多くぶつけさせてくれるとともに，何気なくも有意義なアドバイスを与えてくれていた院生時代の先輩・同期・後輩たちと多くの時間を共有できたことは，大学院生活の大きな財産である。名和洋人，藤本晴久，三輪仁，渡邉英俊，水島和哉，三重遷一，大貝健二，小山大介，森原康仁，林昌宏の各氏とは，院生同士で勉強会を開催したり，シンポジウムを企画・運営してみたり，研究合宿を実行してみたり……と単調になりがちな研究生活の中でも多くの試みを行い，いい思い出となっている。また，遠藤環，宇都宮千穂，関根佳恵，倪卉，ジョン・ランビーノ，郭思宜の各氏には，研究会運営等において貴重なアドバイスをいただいた。

また，改めていうに及ばず，指導教員の二人の先生には常に目をかけていただいた。大学院生の時点で，一見異なってみえる2つの研究テーマ（国際機関研究と地域農業・地域経済研究）を同時に進めるに際して，グローバルな問題とローカルな問題をともに進めていきたい気持ちがある一方で，当然ながら研究時間・資源の分散による進捗の遅れや自分の専門分野は何なのかという不安に苛まされる機会も度々生じた。その都度，岡田先生には御自身の経験を踏まえ，いつかそうしたグローバルな視点とローカルな視点がうまく接合して独自の成果をあげられるようになるとの励ましをいただき，背中を押し続けてもらった。地域経済学の分野に限らず，多くの有益な助言をいただくとともに，大学教員や研究者としての姿勢を学ばせていただいた。なお，久野先生にとっては，どのような方向性で博士論文をまとめていくのだ

ろうかと指導上の不安を感じさせた可能性も高いが，国内外の先端的な研究成果をともに学ぶ機会を与えていただいたり，国際学会や国際ワークショップでの経験を積ませてもらったりと，その後の研究上において役に立つ多くの経験をさせていただいた。特に久野先生とともに，大学院ゼミやワークショップで多数の文献・研究論文を素材に議論をしてきたが，本書の理論部分には，その成果を多く反映させることができた。

また，この二人の先生以外にも多くの先輩研究者を生み出し，つながりの深い研究環境に飛び込ませてくれた中野先生，さらには，研究科長という役職にありながらも，学位論文審査において副査を引き受けていただいただけでなく，本書の出版助成においても支援をしてくださった植田和弘先生にも，感謝する次第である。学部から大学院博士課程までの10年間を京都大学で過ごしたが，経済学部・経済学研究科の先生方はもちろんのこと事務室や図書室・資料室の職員の方々にも日々お世話になった。さらには，学部時代から大学院まで長く付き合いのある友人たちにも恵まれ，田中鮎夢，中村良太，宮本章史，森本壮亮の各氏とは，専門分野は異なっていてもお互いに切磋琢磨しあえる関係のもと，経済学をめぐる多面的な視野を養うこともできたように思う。

横浜国立大学に着任してからは，現在所属する大学院国際社会科学研究院の同僚の先生方に，暖かい配慮をいただき，自由に，伸び伸びとしながら，大学教員としての経験を少しずつ積ませていただいている。これまでとは異なる環境の中でも，委縮することなくマイペースなままに教員生活を過ごせている。特に，上川孝夫先生，大門正克先生，長谷部勇一先生，岡部純一先生，山崎圭一先生には着任以来，公私にわたり色々と気にかけていただき，教育面や研究面においても多くを学ばせてもらっている。また，大妻女子大学の田代洋一先生には，農業政策や経済政策の分析視角に関して，多くの示唆を与えていただいている。

また，本書を出版する機会を与えていただいた公益財団法人全国銀行学術研究振興財団に，感謝の意を表したい。京都大学学術出版会の鈴木哲也さん，桃夭舎の高瀬桃子さんには，こちらの意図をよく理解して対応していただき，内容・形式・デザイン面で非常に満足する著作へと仕上げていただい

た。京大学術出版会に在籍していた斎藤至さんには，本書の出版に向けて尽力していただいた。経済学部時代からの友人でもあり，また，国際政治学を大学院にて学んでいた経験もある斎藤さんには，経済学および政治学の両方の視点から博士論文を評価してもらい，出版に向けた準備について，公私にわたり色々と助言をもらった。

　先生や仲間に恵まれた大学・大学院生活を経て，大学教員としての道を歩んできていると，これまでの経緯を振り返ってみても改めて感じるところであるが，こうした生活を支えてくれた家族には心から感謝したい。大学教員としての父・正興の背中を見て育ったがゆえに，進路選択においても大きく影響を受けたといえるが，一般的には「世間知らずでわがままで理屈っぽい」傾向が強い研究者を，家庭内で二人も支えることになった母・三千江の苦労には頭が下がる思いである。横浜への移動に伴い，慣れ親しんだ故郷の京都を離れ，それまでの仕事も辞めざるを得なかった妻・理恵には申し訳なく思うとともに，長男・寧生の育児と仕事との慌ただしい毎日にもかかわらず，いつも支えてくれていることに感謝の言葉を捧げたい。ありがとう。

2014 年 7 月

　　　　　　　　　　　　横浜保土ケ谷の緑あふれるキャンパスにて
　　　　　　　　　　　　　　　　　　　　　　　　　　　池島祥文

初出一覧

序章　京都大学大学院経済学研究科課程博士請求論文，池島祥文「国際開発政策とグローバル・ガバナンス――国際機関の政治経済学」（2013年3月提出・学位取得）序章をもとに加筆修正．

第1章　課程博士請求論文，第1章をもとに加筆修正．

第2章　課程博士請求論文，第2章をもとに加筆修正．

第3章　池島祥文（2010）「国際機関の『普遍性』と市場の統合化」京都大学経済学会編『経済論叢』第184巻　第1号，pp.59-75をもとに加筆修正．

第4章　池島祥文（2009）「途上国農業開発における国連機関と多国籍アグリビジネスの協同モデル――FAO産業協同プログラム（ICP）を事例に」政治経済学・経済史学会編『歴史と経済』第204号，pp.1-15をもとに加筆修正．

第5章　池島祥文（2011）「国際機関の財政的『自律性』と開発援助政策」立命館大学経済学会編『立命館経済学』第59巻　第6号，pp.436-459をもとに加筆修正．

第6章　池島祥文（2013）「『開発の民営化』と国連機関による多国籍企業規制の転回」横浜国際社会科学学会編『横浜国際社会科学研究』第18巻　第1・2号，pp.1-26をもとに加筆修正．

終章　課程博士請求論文，終章をもとに加筆修正．

# 索引（人名，組織名等，事項）

## ■人名索引

Ghali, Boutros Boutros　194-195
Hansen, Peter　194
Hugill, J.A.C　202
Saouma, Edouard　126
Waldheim, Kurt Josef　127

## ■組織名等索引

American Cyanamid　108
BASF　108, 121
Bayer　108, 121
British Petroleum　110
Cadbury　112-114
Campbell　110
Cargill　109-110
CGIAR →国際農業研究協議グループ
Ciba-Geigy　108
Continental Can　109-110
Cyanamid　121
DAC →開発援助委員会
Deere　110
Del Monte　110
EU →ヨーロッパ連合
FAO →国連食糧農業機関
FMC　108, 121
GATT →関税及び貿易に関する一般協定
Heinz　106, 109-110
Hoechst　108, 121
Hoffman La Roche　108
Hudson　121
IBM　121
ICAO →国際民間航空機関
ICD →産業開発評議会
ICP →産業協同プログラム
IEC →国際電気標準会議
ILO →国際労働機関
IMF →国際通貨基金
IMO →国際海事機関
Imperial Chemical　108
ISO →国際標準化機構
ITU →国際電気通信連合（国際通信連合，国際電信連合）
Massey-Ferguson　110
Migros　110
Montedison　121

NAFTA →北米自由貿易協定
Nestlé　106, 109-110, 116
OECD →経済協力開発機構
Pegesch Mbh　121
Rossi Catelli　110
Sandoz　108, 121
Shell　106, 108
Stauffer　108
Tat Konserve Sanayii A.S.　109-110, 112
UNCED →国連環境開発会議
UNCTAD →国連貿易開発会議
UNCTC →国連多国籍企業センター
UNDP →国連開発計画
UNESCO →国連教育科学文化機関
UNHCR →国連難民高等弁務官事務所
UNICEF →国連児童基金
Unilever　106, 110
Uniroyal　121
Wellcome Foundation　121
WFC →国連世界食料会議
WFP →国連世界食糧計画
WHO →世界保健機関
WTO →世界貿易機関
開発援助委員会（DAC）　5
関税及び貿易に関する一般協定（GATT）　3-4, 33, 38, 41, 77, 93-94, 96-98, 102-193, 194, 196-200, 204, 213
グローバル・コンパクト　14, 101, 119, 140, 153, 168, 200-204, 213, 218
経済協力開発機構（OECD）　5, 172, 193, 197
賢人会（Group of Eminent Persons）　190, 202
国際海事機関（IMO）　48, 87-88, 92, 97
国際行政連合　51, 75
国際金融公社（IFC）　110, 179
国際通貨基金（IMF）　3-4, 32-33, 35, 38-42, 48, 70, 77, 81-85, 93, 97, 136, 139-140, 145, 157-158, 168, 177, 188, 196, 205

索引（人名，組織名等，事項） | 245

国際電気通信連合（国際通信連合，国際電信連合）（ITU）　35, 48, 87-88, 92, 97
国際電気標準会議（IEC）　87-88, 97
国際農業開発基金（IFAD）　156
国際農業研究協議グループ（CGIAR）　160-161
国際標準化機構（ISO）　14, 63, 87-88, 92, 97
国際貿易機関（ITO）　93
国際貿易センター（ITC）　35
国際民間航空機関（ICAO）　48, 87-88, 92, 97
国際労働機関（ILO）　14, 35, 40, 42, 63, 116, 200
国連（国際連合）　4, 30, 34-35, 38, 51, 70, 102, 118, 124, 129, 139, 145, 153, 156, 160, 164, 168-169, 194-195, 198-201, 204, 212, 215, 218
国連安全保障理事会　35
国連開発計画（UNDP）　35-37, 40-42, 104-105, 125, 127, 133, 148-155, 157, 160, 163, 199-200, 204, 213, 217
国連環境開発会議（UNCED）　119, 194, 198-200, 204, 213
国連環境計画（UNEP）　35
国連教育科学文化機関（UNESCO）　35, 116, 155, 160
国連経済社会理事会　189-190
国連工業開発機関（UNIDO）　35, 116, 155
国連合同エイズ計画（UNAIDS）　35
国連児童基金（UNICEF）　35-36, 40, 116
国連食糧農業機関（FAO）　23, 30, 32, 35-36, 49, 63, 101-102, 104-110, 112-113, 115-116, 118-129, 133, 140, 148, 153-161, 163, 202, 214, 217
国連女性開発基金（UNIFEM）　35
国連人口基金（UNFPA）　35
国連世界食料会議（WFC）　117-119, 120, 122, 124, 130, 156
国連世界食糧計画（WFP）　37

国連多国籍企業委員会　190-191, 199
国連多国籍企業センター（UNCTC）　37, 63, 190-191, 193-196, 198-199, 204
国連難民高等弁務官事務所（UNHCR）　35-36, 49
国連人間環境会議　117, 120, 122
国連人間居住計画（UN-HABITAT）　35
国連貿易開発会議（UNCTAD）　35-36, 41, 116, 118, 125, 172, 196-198, 200, 204, 213
産業開発評議会（ICD）　127, 129
住友化学　121
世界銀行　3-4, 28, 30, 33, 35, 38-42, 49, 70, 93, 101, 104, 136, 139-140, 145, 157-158, 168, 177-178, 180-181, 183, 186-188, 196, 204-205, 213
世界持続可能開発ビジネス評議会（World Business Council for Sustainable Development）　119, 199
世界食料理事会　156
世界知的所有権機関（WIPO）　36
世界農薬工業連盟（Groupment International des Associations Nationales des Fabricant de Produits Agrochimigues）　120
世界貿易機関（WTO）　3-4, 32, 35, 38, 42, 48, 63, 70, 77, 92-94, 96-98, 198, 204, 213
世界保健機関（WHO）　35-36, 42, 49, 116, 121-122, 127, 129, 148, 155, 160
多国間投資保証機関（MIGA）　179
多国籍企業委員会→国連多国籍企業委員会
多国籍企業センター→国連多国籍企業センター
北米自由貿易協定（NAFTA）　79, 197
モンテレー国連開発会議　159
ヨーロッパ共同体（EC）　197
ヨーロッパ連合（EU）　79, 144-145, 218

■事項索引

CSR →社会的貢献
EPTA →拡大技術援助プログラム
FAO の財源構造　134, 164, 212 →組織名等索引の"国連食糧農業機関"も参照
FDI →海外直接投資
Global Sustainable Development Facilities　152, 218
Growing Inclusive Markets Initiative　153
Growing Markets Initiative　218

Growing Sustainable Business　153, 218
ICP →産業協同プログラム
NEX →ナショナル・エグゼキューション
NGO →非政府組織
NIEO →新国際経済秩序
ODA →政府開発援助
OECD ガイドライン　194, 200 →組織名等索引の"経済協力開発機構"も参照

Supra-Nation　78-79, 97, 129, 218
TCP　→技術協力プログラム
UNDPの財源構造　134, 163, 212　→組織名等索引の"国連開発計画"も参照

「アクター」としての国際機関　49, 50, 71, 210, 216　→国際機関
アグリビジネス　29, 31
　　多国籍アグリビジネス　27-28, 30, 62, 101-102, 105-106, 110, 115, 117-118, 123, 126, 128, 130, 160-161, 202, 210, 212, 214
アジア新興工業経済地域（NIEs）　41, 174, 195
アナーキカル・ソサイエティ（無政府社会）　51
一元的な市場　8, 214　→市場
埋め込まれた自由主義　54　→自由主義

海外直接投資（FDI）　135, 159, 163, 167, 171-172, 174-179, 182-183, 186-190, 193, 196, 198, 200, 203-204, 213, 215
外形的存在　8, 85
開発
　　開発援助政策　7, 30, 43, 133, 136, 142-145, 155, 157, 159, 163, 167, 212
　　開発協力　5, 6
　　開発の民営化　167-168, 188, 200-201, 203-204, 213, 215
　　金融部門開発　180-182, 186
　　途上国開発　5-6, 35, 39-42, 136, 138, 142, 147-148, 155, 158-160, 164, 167, 169, 171, 177-178, 180, 186, 188, 190, 202-204, 209, 212-213, 215, 217-218
　　人間開発　138, 152, 158
　　農業開発　28, 30, 101, 105-109, 115, 118, 128-130, 153, 156-161, 202, 212, 215
外部への権力行使（power of International Organizations）　216　→権力、国際機関
改良主義　40, 41
拡大技術援助プログラム（EPTA）　147-148
ガバナンス・ギャップ　37
加盟国の二重性　48, 52, 71, 137
カルタヘナ精神（spirit of Cartagena）　197-198, 200
官民協同事業　212, 214, 217
官民パートナーシップ（public-private partnership）　63, 70, 101-104, 119, 128-130, 140, 152-153, 159-162, 164, 212, 215-218

規格の整合化　92, 97
規格の標準化　87, 89-90, 92
技術協力プログラム（TCP）　156-157
技術的国際機関　87-88, 90, 92
技術のハーモナイゼーション　90, 92
規制　89, 129, 183, 190, 195, 213, 216
　　規制緩和　9, 14-15, 31, 58, 64, 136, 177-178
　　規制の国際的整合化　13, 120-121, 130
　　規制の二面性　14
　　規制の民営化　61, 63
　　共同規制　14-15, 61
　　公的規制　13, 14, 15
　　行動規制　199
　　再規制　15
　　自主規制（self-regulation）　14, 59-61, 63, 129, 199
　　私的規制（private regulation）　14, 129
　　市民的規制　14-15
　　多国籍企業規制　102, 118, 168-169, 188, 195-196, 199-200, 203-204, 213, 215
強制的権力　11, 12　→権力
競争的国民国家　64, 69
協同関係　127
共同規制　14-15, 61　→規制
均一的市場　75-76, 94, 97-98, 211　→市場
金融部門開発　180-182, 186　→開発
空間的階層　78-79, 97, 218
グリーンフィールド・プロジェクト（greenfield project）　185-186
グローバル・イシュー　3-4, 9, 11-12, 23, 25-27, 30, 33-34, 36-38, 41-43, 67, 135, 159, 162, 164, 200-201, 209-210
グローバル・ガバナンス　12, 33-34, 36-37, 52, 55, 58-59, 61, 71, 209-211, 217-218
　　グローバル食料・農業ガバナンス（Global Agrifood Governance）　62
グローバル・コンパクト　14, 101, 119, 140, 153, 168, 200-204, 213, 218
グローバル機関（global institutions）　36
経済協力　5-6, 135
経済協力開発機構（OECD）ガイドライン　194, 200
権原　26-27
現実主義　52-53, 55-56, 71, 211
賢人会会合　193　→組織名等索引の"賢人会"も参照
言説的権力　13　→権力
権力　11-12, 52, 56- 57, 60, 64, 79, 90, 135, 140,

索引（人名，組織名等，事項） | 247

158, 211
権力行使　11, 55, 58-59, 64, 71, 211
外部への権力行使（power of International Organizations）　216 →国際機関
言説的権力　13
構造的権力　11, 12, 13
主観生産的権力　12
制度的権力　11-12
道具的権力　13
内部における権力行使（power in International Organizations）　13, 216 →国際機関
コア資金　148-149, 151
構成主義　54-56, 71, 211
構造主義　39
構造調整借款・融資　39-40, 180, 181, 182
構造調整政策　40-41, 83-85, 139-140, 157, 181, 188
構造的権力　11, 12, 13 →権力
構造的なジレンマ　162, 164
公的規制　13, 14, 15 →規制
行動規制　199 →規制
行動規範（code of conduct）　58, 61-63, 169, 188, 190-195, 198, 200, 202, 204, 213, 215
行動指針（ガイドライン）　193
国際開発政策　5-6, 209-210, 212-213, 215, 217-218
国際機関　6, 42, 44, 47, 75, 135
　「アクター」としての国際機関　49, 50, 71, 210, 216
　「システム」としての国際機関　50, 52, 54, 71, 210, 216
　「フォーラム」としての国際機関　48-50, 71, 210, 216
　国際機関内部における権力行使（power in International Organizations）　13, 216
　国際機関による経済的機能　63, 71, 211
　国際機関による市場形成　7, 10, 13, 214, 216 →市場
　国際機関による秩序形成　50, 52, 55-56, 59, 64, 71, 211
　国際機関の外部への権力行使（power of International Organizations）　13
　国際機関の自律性　10, 33, 66-67, 125, 129, 134-135, 137-138, 141, 152, 157, 159-164, 212, 215-216
　国際機関の組織構造　36, 43, 58, 137, 155
　国際機関の内面的特質　8, 10, 13, 66, 214-215

国際機関の普遍性　9-10, 47, 78, 80, 211, 215-216
国際機関の役割　4, 7, 10, 13, 29, 32, 43, 75, 77-78, 98, 141, 164, 168, 209-211, 214-215
　資本蓄積を促進する役割（regulation for business）　14, 128, 200, 204, 213, 216
　資本蓄積を抑制する役割（regulation of business）　14, 128, 200, 204, 213, 216
　主体としての国際機関　8, 10, 66, 137
国際機関・国家・資本（の関係性）　6, 10, 33, 57-58, 59, 64, 67, 69-70, 72, 129, 135-136, 140-141, 163-164, 205, 211- 214, 216-218
国際財政　135-136, 145, 163
国際制度　28, 42, 53, 58, 60, 79-80, 97-98, 211, 215
国際秩序　51-53, 55, 59
国際通貨制度の国際的整合化　85, 97 →制度の国際的整合化
国際農業調整ガイドライン　102
国際レジーム論　53
国際連盟　51
国連→組織名等索引の"国連（国際連合）"も参照
　国連システム　4, 37, 88, 103, 105, 124, 126-127, 133, 152, 155, 159, 162, 168, 199, 204-205, 213, 215
　国連機関の財源構造　133
　国連と資本によるパートナーシップ　201-205
　国連の二面性　37
　国連の民営化　203
　第一次国連開発の10年　105, 155, 189
国連開発援助　133-134, 136, 145-149, 151-153, 155, 157, 159, 162-164, 199-200, 212, 215
国連開発計画→組織名等索引の"国連開発計画"も参照
　国連開発計画のコスト・シェアリング　148-150
　国連開発計画の財源構造　134, 163, 212
国連開発政策　103, 130
国連食糧農業機関の財源構造　134, 164, 212 →組織名等索引の"国連食糧農業機関"も参照
国連知的歴史プロジェクト（the UN Intellectual History Project）　37-38
国連ミレニアム開発目標　35, 43, 101, 119,

153, 159, 209, 218
国家→国際機関・国家・資本（の関係性）
　　国家の国際化　64, 69-70
　　国家の相対的自律性　70, 153, 163
　　主権国家　67
コンセッション（concession）　184, 186

再規制　15　→規制
再帰的重層性　67, 69-70, 72, 129, 141, 163-164, 205, 211-213, 216-217　→国際機関・国家・資本（の関係性）
再帰的な主体間関係　10, 67
産業協同プログラム（Industry Cooperative Programme）　30, 101, 103, 105-110, 112, 115-123, 126-128, 130, 140, 161-162, 202, 212, 217
自主規制（self-regulation）　14, 59-61, 63, 129, 199　→規制
市場
　　市場開拓　123, 187, 202, 204, 214-215
　　市場からの排除　26
　　市場の失敗　26, 39, 129, 217
　　市場の統合　7-8, 76, 98
　　一元的な市場　8, 214
　　均一的市場　75, 76, 94, 97, 98, 211
　　国際機関による市場形成　7, 10, 13, 214, 216
　　包括的な市場育成（Growing Inclusive Market）イニシアティブ　203
「システム」としての国際機関　50, 52, 54, 71, 210, 216　→国際機関
私的基準（private standard）　62-63
私的規制（private regulation）　14, 129　→規制
資本→国際機関・国家・資本（の関係性）
　　資本による価値増殖過程　69-70, 72, 141, 164, 216
　　資本による食料・農業の包摂　28-29, 210
　　資本による政治的機能　63, 71, 211
　　資本による秩序形成　59, 60, 63-64, 71-72
　　資本の論理　8, 29, 58, 129
資本蓄積　14-15, 28, 31, 60, 62-64, 70-71, 175, 180, 215
　　資本蓄積を促進する役割（regulation for business）　14, 128, 200, 204, 213, 216　→国際機関の役割
　　資本蓄積を抑制する役割（regulation of business）　14, 128, 200, 204, 213, 216　→国際機関の役割

市民社会組織　141, 218
市民的規制　14-15　→規制
社会的貢献・社会的責任（CSR）　13, 62, 201-202
社会的諸関係の制度的表現形態　69, 141
自由主義　33, 52-56, 71, 211
　　埋め込まれた自由主義　54
従属理論　39-41, 54
主観生産的権力　12　→権力
主権国家　67　→国家
主体としての国際機関　8, 10, 66, 137　→国際機関
食料・農業システム　27-28, 31-32, 210
食料・農業問題　23, 25, 28-30, 32, 43-44, 129, 156, 209-210, 214
食料価格指数（Food Price Index）　23
食料サミット　32, 119
自律性（国際機関の）　10　→国際機関
新グラムシ主義　56-57, 59, 71
新国際経済秩序（NIEO）　40-41, 57-58, 117-118, 125, 129, 193, 197
新古典派開発経済学　39-40
新自由主義　31
政治経済学　4, 7, 29-30, 38, 58, 71-72, 209-211, 214
制度的権力　11-12　→権力
制度の国際的整合化　7, 75, 84, 96, 98, 102, 211, 214-215
　　国際通貨制度の国際的整合化　85, 97
　　貿易制度の国際的整合化　94, 97
政府開発援助（ODA）　136, 142, 144-145, 154-155, 157-159, 167, 171, 204, 212
政府の失敗　39, 129
世界システム論　54
世界秩序　51-52, 56, 59, 210-211, 216
潜在能力（ケイパビリティ）　26
相互依存論　53
総合病害虫管理（Integrate Pest Management）　121-122
相対的自律性（国家の）　70, 153, 163　→国家
組織の論理　10, 129, 138, 152-153, 155, 157, 164

第一次国連開発の10年　105, 155, 189　→国連
対外主権　50
対内主権　50
ダイベスティチャー（divestiture）　185-186
多国間援助　41, 143-145, 155, 163, 167, 204
多国籍アグリビジネス，27-28, 30, 62, 101-102, 105-106, 110, 115, 117-118, 123, 126, 128,

索引（人名，組織名等，事項） | 249

130, 160-161, 202, 210, 212, 214 →アグリビジネス
多国籍企業　170, 176, 189
　　多国籍企業規制　102, 117, 168-169, 188, 195-196, 199-200, 203-204, 213, 215 →規制
　　多国籍企業の活用政策（business-friendly policy）　198
地球公共財（global public goods）　41-43
秩序形成　50, 52, 71 →国際機関による秩序形成
中心−周辺理論　40
道具的権力　13 →権力
途上国開発　5-6, 35, 39-42, 136, 138, 142, 147-148, 155, 158-160, 164, 167, 169, 171, 177-178, 180, 186, 188, 190, 202-204, 209, 212-213, 215, 217-218 →開発
途上国市場の創出　8, 214, 215

内部における権力行使（power in International Organizations）　216 →国際機関
ナショナル・エグゼキューション（NEX）　150, 151
二国間援助　41, 143-145, 149, 155, 163, 167, 171, 204
人間開発　138, 152, 158 →開発
ネットワーク外部性　80, 92
農業開発　28, 30, 101, 105-109, 115, 118, 128-130, 153, 156-161, 212, 215 →開発
農業政策の国際的整合化　125
農業の「商品化」　27

非営利組織（NPO）　6
非国家主体　3, 6, 33-34, 50, 52-53, 57, 59-60
非政府組織（NGO）　3, 6, 60, 199
批判的国際政治経済論　55-57, 59, 71, 211, 214

貧困ギャップ　187
貧困削減　136, 187, 205, 213
フードレジーム　30-32, 210
「フォーラム」としての国際機関　48-50, 71, 210, 216 →国際機関
物質的凝縮　10
普遍性　9-10, 47, 78, 211 →国際機関
プライベート・オーソリティ（private authority）　60, 63, 71
プライベート・ガバナンス（private governance）　61-63, 71
プライベート・レジーム（private regime）　59-60, 63, 71
ブレトンウッズ機関　36, 168
並列的な主体間関係　10
ヘゲモニー　56-57
貿易制度の国際的整合化　94, 97 →制度の国際的整合化
包括的な市場育成（Growing Inclusive Market）イニシアティブ　203 →市場

マネジメント・リース契約（management and lease contract）　185
緑の革命　122-123, 125, 129
ミレニアム開発目標→国連ミレニアム開発目標
民営化　9, 64, 70, 153, 161, 176-179, 182-186, 204
民間部門開発行動プログラム（Private Sector Development Action Program）　178-184, 186-188, 204, 213

利害関係　10, 43, 57, 79, 129, 137, 168
利害対立　79, 85, 90, 126, 138, 215
利害調整　9, 10, 12, 90, 164, 212, 216
ワシントン・コンセンサス　177-178

Photo Resources

First cover: FAO
Back cover: FAO and World Bank
Title pages:
  Introduction: FAO
  Chapter 1: FAO
  Chapter 2: FAO and NSS2014
  Chapter 3: IMF, World Bank and United Nations
  Chapter 4: FAO
  Chapter 5: FAO
  Chapter 6: United Nations (UN Photo/Evan Schneider, 
          UN Global Compact) and TRAC
  Conclusion: FAO

[著者紹介]

池島　祥文（いけじま　よしふみ）

横浜国立大学大学院国際社会科学研究院准教授。
専攻：国際開発政策論，地域経済学，農業経済学。
京都大学博士（経済学）。京都大学大学院経済学研究科博士後期課程単位取得満期退学，横浜国立大学経済学部を経て現職。
主要な論文として，「大都市におけるフードデザート問題と都市農業」『農業・農協問題研究』53，2014 年のほか，「地域産業政策の展開とその到達点」『地域経済学研究』27，2014 年（共著），「国際社会のなかの東日本大震災と復興」田代洋一・岡田知弘編『復興の息吹き：人間の復興・農林漁業の再生』農山漁村文化協会，2012 年，"Commodification of Local Resources and Its Paradox: A Case of Traditional Vegetables in Kyoto", *Yokohama Journal of Social Sciences* 16（4・5），2012（共著），など。

| | |
|---|---|
| 国際機関の政治経済学 | ⓒIKEJIMA Yoshifumi 2014 |

2014 年 8 月 10 日　初版第一刷発行

著　者　　池島祥文
発行人　　檜山爲次郎
発行所　　京都大学学術出版会
京都市左京区吉田近衛町 69 番地
京都大学吉田南構内（〒606-8315）
電　話（075）761-6182
ＦＡＸ（075）761-6190
ＵＲＬ　http://www.kyoto-up.or.jp
振　替　01000-8-64677

ISBN978-4-87698-499-2
Printed in Japan

印刷・製本　亜細亜印刷株式会社
定価はカバーに表示してあります

本書のコピー，スキャン，デジタル化等の無断複製は著作権法上での例外を除き禁じられています。本書を代行業者等の第三者に依頼してスキャンやデジタル化することは，たとえ個人や家庭内での利用でも著作権法違反です。